理论、方法与实践

——汉语反义同源现象及相关问题研究

潘薇薇　著

同濟大學出版社
TONGJI UNIVERSITY PRESS
·上海·

图书在版编目(CIP)数据

理论、方法与实践：汉语反义同源现象及相关问题研究 / 潘薇薇著. -- 上海 ：同济大学出版社，2022.12
ISBN 978-7-5765-0523-8

Ⅰ. ①理… Ⅱ. ①潘… Ⅲ. ①汉语—同源词—研究 Ⅳ. ①H139

中国版本图书馆 CIP 数据核字(2022)第 236325 号

理论、方法与实践——汉语反义同源现象及相关问题研究
潘薇薇 **著**
责任编辑 丁国生 **责任校对** 徐春莲 **封面设计** 张 微

出版发行 同济大学出版社 www.tongjipress.com.cn
(地址:上海市四平路 1239 号 邮编:200092 电话:021-65985622)
经 销 全国各地新华书店
排 版 南京月叶图文制作有限公司
印 刷 常熟市华顺印刷有限公司
开 本 710 mm×1000 mm 1/16
印 张 17
字 数 340 000
版 次 2022 年 12 月第 1 版
印 次 2022 年 12 月第 1 次印刷
书 号 ISBN 978-7-5765-0523-8

定 价 66.00 元

序

《理论、方法与实践——汉语反义同源现象及相关问题研究》是一部系统、深入、全面研究反义同源问题的填补空白之作。

"反义同源"现象,在汉语词汇系统中客观存在着,前贤多有关注和探讨。晋代郭璞氏注《尔雅》,提出"反覆旁通"说,唐代何休氏注《公羊传》,有"美恶同辞"之议,可视为对反义同源问题的初步认识。传统训诂学中有所谓"反训",对反义同源问题时有触及。但由于训诂学历来都是经学的附庸,而非语言文字学本体研究,这个问题在漫长的"小学"时期一直悬而未决。直到近代,语言文字学走向独立,对这个问题的认识才推进了一大步。章太炎的《国故论衡》、黄侃的《尔雅音义》、沈兼士的《右文说在训诂学上之沿革及其推阐》、杨树达的《古书疑义举例续补》、张舜徽的《说文解字约注》等对此均有猎涉,其探讨不仅有学理的阐发,还有典型个案分析。陆宗达先生在《说文解字通论》中明确指出,反义同源现象"在语源学上称为相反同根。"然而,对反义同源问题系统、深入的研究——个案的穷尽归纳、衍生机制方面的阐释也就是从发生学角度对有关规律的揭示,尚属空白。

笔者招收博士研究生,2006年始设语源学研究方向。语源学研究,要求熟知的文字学、训诂学、音韵学而三通之,许多曾想报考的考生都望而却步,入门的诸友生,多作专书研究,作语源学本体研究者少。2013级博士生潘薇薇君,孤怀卓识,入学后乃以"反义同源问题研究"为博士学位论文选题,勇气可嘉。反义同源问题就是汉语语源学、词汇学中的一个尖端性、疑难性问题。

本书发端于作者对语源学的研究,旁搜远绍,紬绎耑绪,抉发赜隐,思深而语新。作者首先对"反义同源"的形态作了描写,继而指出反义同源在词汇系统中有三种表现形式。其一是同一个语源分化语义相反的单音词,共考释79组,附语义相对者8组。其二是同一个语源分化出书面表现为同一声符的形声字所记录的两个或多个语义相反单音词,共归纳70组。其三是同一个单音词分化出语义相反的两个义项,共考释近200组。

《理论、方法与实践——汉语反义同源现象及相关问题研究》对反义同源现象所作的类型划分是科学的、可以信从的,而所作的个案研究也是迄今为止最穷尽的。

全书在描写的基础上进而走向解释。文章从哲学、古代文化学、语言学、自然科学等多个学科,多角度地对反义同源现象的成因作了深度的剖析。

作者借鉴了我国古代的"阴阳"学说,运用"一生为二"即阴阳互根原理,并以西方"创世神话"相印证,指出客观事物包括语言对立统一现象存在的普遍性。从语言与思维关系角度,引用了美国语言学家布龙菲尔德的"刺激-反应"理论,沃尔夫的"萨丕尔-沃尔夫假说"理论,揭示了语言中产生反义同源现象的心理机制。又用自然科学领域中的磁现象、干电池、中和反应欲分解反应、雌雄同体等问题的分析来印证反义同源的产生机制。"学贵心悟,守旧无功","学而不化,非学也。"本书的第三章"'反义同源'现象成因分析"鞭辟入里,新人耳目,写得厚重沉实。所研究的是语言问题,而其论证跨越语言学广泛猎涉多个学科,上升到了人类对客观世界认知的高度。立说不尚卮词,自闢蹊径,思接古今中外,视通文理诸科。

全书将宏观的理论研究与微观的个案研究紧密结合。整个研究过程,体现了语源学研究的基本原则。对多义的单音词词义的分析,以本义推断为基点,在本义推寻中坚持文字形体结构分析,同时冲破传统形义学以文字为本位、拘泥于形体鼓其臆说的藩篱,把文字看成语言的书面符号。在训诂推断过程中,克服了传统义训的不足,论说某词某义,都交代其理据,特别是紧紧抓住音义关联之钤键。

敝帐固非郢门,而潘君实为高擘,苟无知识面之广博、理论思辨能力之强,断难为此作。在笔者看来,《理论、方法与实践——汉语反义同源现象及相关问题研究》是全国语言学界的一个优秀研究成果。付梓之日,丐为作序,遂书所感,姑以为序。

殷寄明

己亥年冬月

记于静一斋

前 言

“反义同源”是汉语言中客观存在的现象，而这一现象早在古代已为学人所注意。训诂学即有“反复旁通”“美恶同名”之说。近世以来，更多的学者从语源学角度出发，更加深入地研究这一现象，然而迄今为止没有针对汉语“反义同源”现象的专门研究。

汉语语源学曾经在20世纪80年代迅速崛起，建立起学科基本理论框架，澄清了诸如“同源词”的概念、“语源”的概念、同源词音义关系以及同源词考释系联的标准，等等；在这一理论框架的指导下还进行了大规模的考释实践，建立了一定规模的汉语同源词语料库。然而在近20年的汉语研究中，同源词研究却渐渐处于失语的状态，这一点可以从知网及万方的数据库关键词检索中得到印证，有关同源词的研究主要聚焦在专著或者个案上，从事这一领域研究的学者也不多，近10年来国家社科基金及教育部人文基金中标项目中以汉语同源词为研究对象的也很稀少，可以说同源词研究处在失焦的状态，既有成果稀少，吸引的注意力更少，同源词研究在汉语研究的版图中处于边缘地位了。

这是一个让人惋惜的状态，因为有海量的语言事实，却没有与之相适应的研究关注，难道是这一研究领域所有的研究任务都已经完成了吗？恰恰相反，这一领域还有许多未解决的问题，作为一个独立的三级学科，汉语语源学遭遇了严重的学科危机，一些问题长期被悬置。比如本书研究的汉语“反义同源”现象，在此之前就研究得不够充分；再比如同源词研究两大重点之一的语音通转关系，直接关系到同源关系判定，然而在不同构拟的上古音体系中，同源关系存在出入，如何解决这一难题？

表面看来，是仍有研究空白亟待填补；实质上，则是学科面临着范式危机，亦即用什么研究范式、研究框架来解决这些问题。长期以来，汉语同源词研究都隶属于历史语言学研究范畴，这一划分具有显著的优越性，比如在历史语言学的语音对应框架下解决了同源词的语音通转关系研究，但是单一研究范式也带来了明显的问题，比如始终没有就同源词的成因作出发生学的阐释，除了"古今音变，方言音殊"，作为人类思维的产物，同源词产生的认知机制是怎样的？再比如围绕同源词的形成，除了方言地域因素，研究视野是否需要扩大到作为语境的文化？与之相应，研究思路与研究方法是否也应该更加多维化？现有的同源词判定高度依赖语音通转关系，如果当语音通转在不同的上古音体系中出现分歧的时候，我们是否有其他的路径能够帮助确定同源关系呢？"反义同源"呈现的是一种逻辑学上的悖论，而"反义同源"的表现形式、音义关系、形成机制都没有得到过全面阐释，甚至对于"反义同源"这一现象的存在是否成立都有争论。之所以有空白、有争论，就是因为现有的研究框架与研究思路无法全面解释这些问题，也正是研究方法的缺乏，使得这一领域的许多问题或是没有被发现，或是发现了却无法解决；积重之下，汉语同源词研究这一领域、汉语语源学这一学科，逐渐被边缘化了。换句话说，不是问题不存在，而是因为我们没有更多的方法和工具去解决问题，所以人为地搁置了它们。

然而问题始终在那里，一直在等待解决。本书不仅填补了汉语同源词研究的某些空白，还开拓了若干研究边界，使研究方法更加多样化。本书提出反义同源词在语音上存在规律性音转，在语义上相反、相对之特征，构建了一套合理的理论体系，用以系联、考释反义同源词。在大量个案考释的基础上，详细描写了汉语"反义同源"现象的三种表现形式：反义同源单音词、声符相同的反义同源词组以及一词兼有相反二义，考察了反义同源单音词的语音通转类型及语义关系分类，得出语义、语音上的近缘关系是反义同源单音词的绝对主流；提出声符相同的反义同源词组其相反义来自作为语源的声符，从学术史回顾及考释实践两部分对该类型反义同源现象进行考察；将一词兼有相反二义视为"反义同源"现象的一种，指出兼有相反语义的这个语词接近未分化的语源，通过200余组个案考释，按照其语义特征，分别从"反向引申"与"同一事物的不同方面"两个角度，论证这种类型成立的理由。

研究方法上，本书尝试将历史语言学与认知语言学相结合，提出语源结构是认知结构的表征，用转喻机制解释语源分化，用意象图式观与隐喻机制解释同源词数量增殖，通过个案考察将反义同源词的增殖概括为几种基本意象图式的跨域映射。语源本身即具有混沌性、包容性的特点，“反义而同源”的语源结构也投射到了思维轨迹上。语词增殖的过程，就是身体作为主体去经历或感受然后形成具体概念和几种基本意象图式，经由隐喻的思维机制，不断地进行跨概念域映射，最终形成更大的概念范畴的过程。将认知语言学理论及研究方法引入语源学是本书在研究方法上的一个创新。

本书对于“阴-阳”概念形成及其范畴扩容的多重方法分析，是对汉语同源词研究边界的一次开拓，从同源词入手研究作为文化关键词的概念的形成、发展与流变；打开研究视野，除了汉语语源学本体研究外，将语源学与概念史、认知文化语言学、批评话语分析融合在一起，建立联合研究界面，将既往同源词研究从方言地理及音义关系拓展到受文化影响的认知和文化为什么及如何影响认知的深度尝试，从研究范式及研究视野上对汉语语源学进行突破。

本书是 2020 年教育部人文社会科学研究青年基金项目“理论、方法与实践——汉语反义同源及相关问题研究”（项目批准号：20YJC740046）的资助成果。汉语同源词研究领域还有许多未尽研究亟待解决，笔者将继续在挖掘新材料、运用新方法这一思路的指引下，在这一领域深耕，希望未来能继续有新成果献上，以飨学人。

潘薇薇

2022 年 9 月 14 日

目 录

第一章

绪　论

一、研究综述

“反义同源”是汉语中客观存在的现象，而这一现象早在古代已为学人所注意。训诂学即有“反复旁通”“美恶同名”之说。《尔雅·释诂》有：“治、肆、古，故也。肆、故，今也。”郭璞注曰：“肆既为故，又为今，今亦为故，故亦为今。此义相反而兼通者。”又：“徂、逝，往也。”又：“徂、在，存也。”郭注曰：“以徂为存，犹以乱为治，以曩为向，以故为今，此皆训诂义有反复旁通，美恶不嫌同名。”《公羊传·隐公七年》：“《春秋》贵贱不嫌同号，美恶不嫌同辞。”何休注：“若继体君亦称即位，继弑君亦称即位。皆有起文，美恶不嫌同辞也。”

近世以来，更多的学者从语源学角度出发，更加深入地研究这一现象。

章太炎、黄侃、陆宗达、沈兼士、王力等先生都有一些探讨。章太炎先生在《国故论衡·上》的《转注假借说》中有言：“语言之始，义相同者多从一声而变，义相近者多从一声而变，义之相对、相反者，亦常由一音之变。”①太炎先生在书中列举多例：“相对相反者亦以一音转变，故先言天，从声以变则为地；先言昜，从声以变则为侌；先言古，从声以变则为今；先言始（古音如台），从声以变则为冬（今终始之本字）；先言疏，从声以变则为数；先言精（音本如青），从声以变则为粗……”该篇共列双声相转者 23 对，叠韵相转者 16 对，位部皆同而义相反者 17 对。

黄侃先生在《手批尔雅义疏》中说：“《广雅》：‘育，长也；育，稚也’，‘曩，久也；曩，向也’，‘陶，喜也；陶，忧也’，‘泞，清也；泞，泥也’即是此例。《尔雅》：

① 《国故论衡·转注假借说》，章太炎撰，上海古籍出版社 2003 年版，第 40-41 页。

'哉,始;在,终''落,始;落,死''繇,忧;繇,喜''育,长;育,稚''鞠,盈;鞠,穷''念,思;勿念,勿忘'皆是其例。古字义相反者多同声。天地、男女、生死、阴阳、玄黄、鳏寡、古今、多少、好恶、文武、明晦之类皆是。就《说文》言,'祀'从巳声而训无已,巳与无已相反,亂从𤔔而训烦,治与烦相反;𠤕,《说文》训未定,而疑,《诗》训定;婼,《说文》训不顺,而'若',书训顺也;贼从则声,取'毁则为贼'之义,埤从卑声,取'高义下基'之义。不可枚举。"①

《黄侃文字声韵训诂笔记》:"中国文字凡相类者多同音,如:竹,冬生艸也,古音读若凋,凋、冬双声,冬亦有凋意是也。其相反、相对之字,亦往往同一音根,有时且同一字。相反者如生死、始终、爱恶之类是也,相对者如天地、父母、男女之类是也。其同一字者,则如落:始、死二义,息:休息、生息二义(今生息字作瘜)等字是也。"②

沈兼士先生在《右文说在训诂学上之沿革及其推阐》一文中,提出了"相反义分化式"这一概念,他以声符字"亢"的孳乳分化为例,"亢"兼有"高上"及"洼下"两义,其中"高上"义分化出"炕、甿、阬"等一系列同源词,"洼下"义分化出"迒、甿、阬","盖言语之体势为流动的、多面的,一语得含有反正两义,自是言语之天然作用"。③

王力先生在《同源字典》中收录了一批反义同源单音词,如④:

景:日光。

影:物体挡住日光,四周有光,中间无光。

献:进献。

饗:神享受人所进献的祭品。

貣:借入。

貸:借出。

---

① 《黄侃文集·手批尔雅义疏》,黄侃著,中华书局 2006 年版,第 1480-1481 页。

② 《黄侃文字声韵训诂笔记》,黄侃著,上海古籍出版社 1983 年版,第 47 页。

③ 《沈兼士学术论文集·右文说在训诂学上之沿革及其推阐》,沈兼士著,中华书局 1986 年版,第 153-154 页。

④ 《同源字典》,王力著,商务印书馆 1982 年版,第 35-37 页。

赊：赊入。

貰：赊出。

买：买入。

卖：卖出。

粜：卖米。

籴：买米。

受：接受。

授：授予。

赘：典押入。

质：典押出。

入：进入。

纳：使入。

这些考释实践印证了王力先生已注意到了汉语言中存在的反义同源现象。

陆宗达先生《〈说文解字〉通论》："一切事物都包含着矛盾的两方面，并由此而推动事物的发展。词汇、词义的发展也符合这个法则。这就是说，客观事物的矛盾性必然要反映到语言上来，因而产生了词的界说和概念的差异，由一个语源可以发展成为两个互相对立的词。例如，天与地，古与今，男与女，始与终等等，都是两两属于对立面的词，而这些词又都是双声，可见是由同一语源派生的。这在语源学上称为'相反同根'。"①"一个语根同时反映了事物矛盾着的两个方面，因而由'相反同根'的规律产生语词，发展汉字。"②

陆宗达、王宁先生在《训诂方法论》一书中谈及"反正的引申"，认为："在汉族早期的哲学思想里，相反相成的理性认识就很普遍。训诂上也很早就发现了一种词义互训的规律，叫做相反为训，也称反训。反训表现为两种情况，一种是反义词互训，如'乱，治也'，'落，始也'；另一种情况是同一个词可以用一对反义词来分别训释。如《广雅·释诂》既由'藐，广也'的的训释，又有'藐，小也'的训

① 《〈说文解字〉通论》，陆宗达著，北京出版社1981年版，第62页。

② 《〈说文解字〉通论》，陆宗达著，北京出版社1981年版，第63页。

释。这两种训释都表明，相反或相对立的两个意义，可以在同一个词形上互相引申出来。”①

张世禄先生在《张世禄语言学论文集·汉语同源词的孳乳》中说：“矛盾对立的事物，双方处于一个统一体中是互相依存的，所以反映这种关系的相对或相反的意义，也必定是互相联系的。矛盾对立的事物，又在一定条件下向着相反的方向转化；因之反映着这种转化的过程，在词义的发展过程当中就有反训的现象，如‘乱’训‘治’，‘故’训‘今’之类。这就是同一个词或词素有相对或相反的意义。这样词义向着对立面转化的发展结果，运用到新词的构造和孳生当中，就成为同一词源里产生反义词的现象。”②“由同一语源上产生出来的词，不但有意义相类或相同的，也有意义相对或相反的，用同样或类似一个语音来表示矛盾对立的意义；这又说明语音和词义之间，又相适应，又相矛盾的情况，更促进了新词的产生和词汇的丰富化。”③

伍铁平教授在《论反义词同源和一词兼有相反二义》中总结反义同源现象：“世间万物都是矛盾对立的统一体。矛盾对立的双方无不在一定条件下向其对立面转化，这一辩证规律在语言中也有反映。反义词同源和一词兼有相反二义的现象就是这方面的一种表现。”④在《论反义词同源和一词兼有相反二义》及《再论词义向其反面转化和一个词兼有相反的两个意义》中，他从多种语言词汇的词根及语义分析入手，证明反义同源现象是语言中客观存在的事实。

殷寄明教授在《语源学概论》中评价“美恶同辞”现象：“两种性质相反的事物或同一事物性质相反的两个方面可以用同一语词形式来表达。实质上，这就是语词与语词语源相同而其意义却相反或相对的理据。”⑤在10卷本《汉语同源词大典》中，他系联了大量声符相同的反义同源词，用考释实践证明了反义同源现象是汉语语言客观存在的事实。

遗憾的是，汉语语言学界迄今尚未有深入、全面的针对“反义同源”现象的研究，本书拟从汉语“反义同源”个案分析入手，描写出“反义同源”的三种形式，

---

① 《训诂方法论》，陆宗达、王宁著，中国社会科学出版社1983年版，第151页。
② 《张世禄语言学论文集》，张世禄著，学林出版社1984年版，第533页。
③ 同②。
④ 《论反义词同源和一词兼有相反二义》，伍铁平著，《外语教学与研究》，1986年第2期。
⑤ 《语源学概论》，殷寄明著，上海教育出版社2000年版，第179页。

并从多个视角揭示“反义同源”现象产生的规律。

二、何谓同源词

在阐明同源词的判定条件前，首先要厘清一个概念，即“语源”，只有同出于一个“语源”的词才能称为同源词，而汉语语词发展增殖的一个重要规律就是由源词出发分化孳乳出数量众多的同源词。

（一）何谓“语源”

章太炎先生在《国故论衡·语言缘起说》开篇即称：“语言者，不冯虚起。呼马而马，呼牛而牛，此必非恣意妄称也，诸言语皆有根。先征之有形之物，则可睹矣。何以言雀？谓其音即足也。何以言鹊？谓其音即错错也。何以言雅？谓其音亚亚也。何以言雁？谓其音岸岸也。何以言鴐鹅？谓其音加我也。何以言鶻鵃？谓其音磔格钩鵃也。此皆以音为表者也。何以言马？马者，武也。何以言牛？牛者，事也。何以言羊？羊者，祥也。何以言狗？狗者，叩也。何以言人？人者，仁也。何以言鬼？鬼者，归也。何以言神？神者引出万物者也。何以言祇？祇者，提出万物者也。此皆以德为表者也。要之以音为表，惟鸟为众；以德为表者，则万物大抵皆是。乃至天之言颠，地之言底，山之言宣，水之言准，火之言毁，土之言吐，金之言禁，风之言氾，有形者大抵皆尔。以印度胜论之说仪之，实、德、业三，各不相离。人云，马云，是其实也；仁云，武云是其德也；金云，火云是其实也；禁云、毁云，是其业也。一实之名，必与其德若，与其业相丽。故物名必有由起。”①太炎先生呼“语源”为“语根”，在他看来，汉语之“语根”主要有两个来源，一个是拟音，亦即文中所言：“何以言雅？谓其音亚亚也。何以言雁？谓其音岸岸也。”以动物的叫声拟字为它们各自命名，亦即《山海经》中常说的“其名自呼”。另一个来源则是以事物的特征来命名，亦即“以德为表”，而“以德为表”的命名类型中，事物的“德、实、业”是从不同层面分析而来，都属于事物的特性，因而是“德、实、业三，各不相离”，它们共同构成了另一种“语根”。

黄侃先生《文字声韵训诂笔记·略论推寻语根之法》：“自是而外，凡有语义，必有语根。言不空生，论不虚作，所谓名自正也。《左传》言名有五，是则制

---

① 《国故论衡·语言缘起说》，章太炎撰，上海古籍出版社2003年版，第31页。

名则必有故，语言缘起，岂漫然无所由来，无所由来则无此物也。”①黄侃先生所谓的“语根”即是“语源”，在他看来“语源”是先于文字的客观存在。

沈兼士先生《应用右文以探寻语根》篇中亦提出了“语根”的概念：“语言必有根。语根者，最初表示概念之音，为语言形式之基础。换言之，语根系构成语词之要素，语词系由语根渐次分化而成者，此一般言语之现象也。”②

杨树达先生于语源学功绩甚巨，《积微居小学金石论丛》一书中以语源学之视角探查语源、说解字义、系联同源词，冲破以形解义、拘泥于形体的藩篱，从语音、语义结合之语源入手，考察文字分化、孳乳之理。卷一载：“语言之根柢，欧洲人谓之 Etymology，所谓语源学也。盖语根既明，则由根以及干，由干以及枝叶，纲举而万目张，领挈而全裘振，于是训诂之学得以得一统宗，清朝一代极盛之小学得一结束，其善一也。”③

陆宗达、王宁先生在《训诂学原理》中提出了“原生词”和“同源派生词”这对概念。“根词指最早派生其他词的总根，它的音义是按照约定俗成的规律结合起来的，这种词我们称作原生词。原生词的音与义是它所派生的同源词的音义的渊源。在同源词中，直接派生他词的词称作源词。”④“约定词指在约定俗成基础上产生的词，音义结合是偶然的。约定词也称原生词。派生词指由旧词分化出新词，新词和旧词之间的音和义有历史渊源关系，彼此音近义通。”⑤“由同一词根派生出的词叫同源派生词，简称同源词。”⑥“根词指同源派生词的总根，根词一定是原生词。源词则指某一派生词所由出的词。”⑦

张永言先生沿用了苏联语言学家布达多夫的概念，称之为“词的内部形式”。“所谓词的内部形式，又叫词的词源结构或词的理据，指的是以某一语音表达某一意义的理由或根据。”⑧“语言的词汇是不断地发展丰富的，发展的主要途径是创造新词，而新词的创造又多半是在已有的语言材料和构词方法的基础

① 《文字声韵训诂笔记》，黄侃著，上海古籍出版社 1983 年版，第 59 页。
② 《沈兼士学术论文集》，沈兼士著，中华书局 1986 年版，第 168 页。
③ 《积微居小学金石论丛》，杨树达著，科学出版社 1955 年版，第 50 页。
④ 《训诂学原理》，陆宗达、王宁著，中国国际广播出版社 1996 年版，第 49 页。
⑤ 《训诂学原理》，陆宗达、王宁著，中国国际广播出版社 1996 年版，第 134-135 页。
⑥ 《训诂学原理》，陆宗达、王宁著，中国国际广播出版社 1996 年版，第 135 页。
⑦ 同⑥。
⑧ 《关于词的内部形式》，张永言著，《语言研究》1981 年第 1 期。

上进行的。因此,新词的语音形式和意义内容之间的联系,一般说来并不是偶然的。这就是说,除了一些‘原始名称’以外,语言里的词大多是有其内部形式可寻,或者说有其理据可说的。”①

刘叔新先生在《汉语描写词汇学》的“词的内部形式”一节写道:“学者们只就词义方面来看,把词义自身的表现形式,或者如某学者说的,‘用词表达概念的方式’,称为词的内部形式。”②“词的内部形式是词义最初形成时反映事物对象的特点所采取的形式,它为词形所制约和固定。”③本书无意探究张、刘两位先生所称的“词的内部形式”是否有将词的语法结构及语义结构混为一谈的嫌疑,这里引用两位先生所提出的“词的内部形式”,看重的是他们所定义的概念中的共性,即词义最初形成时是由某一语音来表达某一语义的,并且这种结合得到了固定,而这种在使用最初即被固定的语音与语义的结合,可视为语言中的语源。

“语根”“原生词”“词的内部形式”,可视为学界对“语源”这一概念主要的三种定义,这里将忽视以上三种概念的不同之处,探寻它们的共性,即“语源”的特征。通过对上述三种概念的详细征引,我们得知,语源是语言中客观存在的,在文字创制前就已形成的,是语音与语义的固定结合,是后来语词增殖与发展的内在根据。根据语源的以上特点,本书引用殷寄明教授在《语源学概论》一书中对语源的定义:“语源是文字产生之前口头语言中语音与语义的结合体,是后世语言中的语词音义的历史渊源,是语词增殖、词汇发展的语言学内在根据。”④

(二) 同源词的概念

王力先生在《同源字典·同源字论》中说:“凡音义皆近,音近义同,或义近音同的字,叫做同源字。这些字都有同一来源。或者是同时产生的,如‘背’和‘负’;或者是先后产生的,如‘犛’(牦牛)和‘旄’(用牦牛尾装饰的旗子)。同源字是以某一概念为中心,而以语音的细微差别(或同音),表示相近或相关的几个概念。”⑤“为什么说它们是同源呢?因为它们在原始的时候本是一个词,完全

① 《关于词的内部形式》,张永言著,《语言研究》1981 年第 1 期。
② 《汉语描写词汇学》,刘叔新著,商务印书馆 2005 年版,第 235 页。
③ 同②。
④ 《语源学概论》,殷寄明著,上海教育出版社 2000 年版,第 4 页。
⑤ 《同源字典》,王力著,商务印书馆 1982 年版,第 3 页。

同音,后来分化为两个以上的读音,才产生细微的意义差别。有时候,连读音也没有分化(如‘暗、闇’),只是字形不同,用途也不完全相同罢了。”“同源字产生的另一个原因是方言的差异。”①“同源字必然是同义词,或意义相关的词。但是,我们不能反过来说,凡同义词都是同源字……语音的转化是有条件的。”②“通假字不是同源字,因为它们不是同义词,或意义相近的词。”③“异体字不是同源字,因为它们不是同源而是同字,即一个字的两种或多种写法。”④“我们所谓的同源字,实际上就是同源词。我们从语言的角度来看同源字,就会发现,同字未必同源,不同字反而同源。”⑤“语言中的新词,一般总是从旧词的基础上产生的。例如梳头的工具总名是‘櫛’,后来櫛又分为两种,齿密的叫‘篦’,齿疏的叫‘疏’。”⑥“还有一类很常见的同源字,那就是分别字。”⑦“同源字还有一个最重要的条件,就是读音相同或相近,而且必须是以先秦古音为依据,因为同源字的形成,绝大多数是上古时代的事了。”⑧

本书无意讨论王力先生将“同源字”“同源词”两个概念完全等同是否合理、将同源词分化过程总结为先有义变而后音变是否妥当等问题,看中的是王力先生在《同源字论》中关于何谓同源词的一个成体系的理论界定,这个界定在现代科学语源学上非常重要,事实上后来的关于同源词的种种定义都是在这个基础上逐步完善起来的。

张世禄先生在《汉语同源词的孳乳》中说:“所谓‘同源词’,是指音近义通或音同义近,可以认为同一词源,即表示相关意义的音素派生出来的词。”⑨

蒋绍愚先生《古汉语词汇纲要》:“同源词是同一语源的词,这些词读音相同或相近,词义相同或相关。”⑩何九盈、蒋绍愚先生的《古汉语词汇讲话》将同源词分为四种类型,分别为“同字形的同源词”“用区别字和累增字表达的同源词”“用孳乳字表达的同源词”“不同字形的同源词”,其中第四种类型的同源词“它

① 《同源字典》,王力著,商务印书馆1982年版,第4页。
② 《同源字典》,王力著,商务印书馆1982年版,第5页。
③④⑤,同②。
⑥ 《同源字典》,王力著,商务印书馆1982年版,第6页。
⑦ 同⑥。
⑧ 《同源字典》,王力著,商务印书馆1982年版,第12页。
⑨ 《张世禄语言学论文集》,张世禄著,学林出版社1982年版,第529页。
⑩ 《古汉语词汇纲要》,蒋绍愚著,北京大学出版社1989年版,第178页。

们的读音在古代是相同或相通的，意义也互相关联。至于字形的不同，并不妨碍它们是同源词；同源词的研究，正是要摆脱字形的束缚，从读音和意义两方面去寻求一组词在语源上的联系”。① 同时还提出了判定同源词的三个必不可少的条件：第一，首先要读音相同或相通，并且应该是上古音系统中的读音相同。关于语音“相通”，书中作了两种区分，一是“几个字韵部相同，声母虽然不同，但属于同一发音部位”；二是“几个字声母相同，韵部虽不相同，但或是主要元音相同，韵尾的辅音相对应”②。根据以上区分，可知何、蒋两位先生认为同源词应该在语音上具有近缘关系，在发音部位及主要元音方面高度接近。判定同源词的第二个条件是语义相同或相关，这里“相同指的是几个词在一个或几个意义上相同，并不是说几个词的意义全部相同”，“确定同源词，要以词为单位，不要以字为单位”。③ 第三，同源词在词义发展上是出自同一语源的。何、蒋两位先生将同源词“音近义通”的概述作了细化，但是在判定语音亲缘关系上，仍然是王力先生构拟的声纽和韵部更具操作性，本书第一部分“反义同源单音词”即采用王先生构拟的上古音声纽及韵部系统，只在个别音的归属如喻四的分类上有所不同。何、蒋两位先生注意到同源词并不是所有的义项都是相同的，但没有指出这种不相同是由词义引申造成的，即语源分化后又各自引申，甚至还有词义假借的情况发生。与王力先生不同的地方是，何、蒋两位先生提出了确定同源词要以词为本位，区分了同源字与同源词。

王宁先生在《训诂学原理》中说：“由同一根词直接或间接派生出来、因而有音近义通关系的词叫同源词。同源词包括根词和同源派生词，形成一个词族。词族是一个有系统的音义关系群。”④

殷寄明教授在《语源学概论》中说：“同源词即语源相同的语词，从发生学的角度说，同源词是由同一语源孳乳分化出来的语词，在语音上具有相同或相近之特征，而在语义上则有相同、相反或相对、相通之特征。”这个同源词的定义在于阐明了同源词“语义相近”的几种可能情况，并从发生学的高度宏观定义同源词，而本书的研究重点则是同源词几种语义关联中的语义相反情况。

---

① 《古汉语词汇讲话》，何九盈、蒋绍愚著，中华书局 2010 年版，第 94 页。
② 《古汉语词汇讲话》，何九盈、蒋绍愚著，中华书局 2010 年版，第 97-98 页。
③ 《古汉语词汇讲话》，何九盈、蒋绍愚著，中华书局 2010 年版，第 99 页。
④ 《训诂学原理》，王宁著，中国国际广播出版社 1996 年版，第 49 页。

黄易青教授《上古汉语同源词意义系统研究》:"从理论上说,上古汉语同源词是从一个语根派生出来的,从而声音相同或相近,意义相同或相关的这样一些有发生学上的渊源关系的词。因此,同源词之间应该具有这样的关系:(一)有渊源关系,(二)声音相同或相近,(三)意义相同或相关。"①"声音关系和意义关系二者就是同源词研究最先也最主要的研究对象。"②

关于"同源词"的定义阐述还有很多,此处不一一列举,只摘取其中具代表性的几种。以上所列,包括同源词的发生原理、判定标准以及同源词之间内在联系,众家之说各有长短,我们在此只取共识。综上所述,所谓同源词,是同一语源分化、孳乳而来,它们在语音上具有近缘的通转关系,在语义上则具有相同、相对、相反的特征,同源词的判定要从音、义两方面同时进行,而这个概念正是本书同源词考释、系联的理论基础。

(三) 关于"音近"

关于"音近",赘言几句。作为系联同源词的重要证据,"音近"关系一直是学界争论的焦点,已有专文——侯占虎的《对"音近义通"说的反思——近年来汉语词源学研究形式管窥》对此进行概括。"'音近'作为一个术语有两方面缺陷。其一,过于笼统、含混。其二,不能确切地指称同源词组或词族中各个个体之间的语音亲缘关系。"③在此再次提及"音近"的标准及范畴,是为本书系联同源词建立一个可靠又直观的语音标准。

关于语音分化的原因,陈第在《毛诗古音考·自序》中总结为:"盖时有古今,地有南北,字有更革,音有转移,亦势所必至。"④古今音殊为历时层面,方言音变为共时层面,这个"四有"甚为精辟。吴泽顺的博士论文《汉语音转研究》中阐释了"音转"的详细原因,其中之一为同源分化。"同源词有一部分保持同音,而大多数则在词义运动和共时变异、历时变异的双重作用下发生了音转。"⑤

语源的音义是如何分化的?章太炎先生《国故论衡·转注假借说》说:"盖

① 《上古汉语同源词意义系统研究》,黄易青著,商务印书馆 2007 年版,第 49 页。
② 同①。
③ 《语源学概论》,殷寄明著,上海教育出版社 2000 年版,第 141 页。
④ 《毛诗古音考》,(明)陈第著,中华书局 1988 年版,第 7 页。
⑤ 《汉语音转研究》,吴泽顺著,湖南师范大学博士学位论文,2004 年,第 35 页。

字者，孳乳而浸多。字之未造，语言先之矣；以文字代语言，各循其声。方语有殊，名义一也，其音或双声相转，叠韵相施，则为更制一字。”①

何谓“音近”？什么样的语音存在通转关系？章太炎在《成均图》中列出了韵部的六种语音通转关系，满足这六种通转关系的可称之为“音近”。太炎先生将韵部分为阴弇、阳弇，阴侈、阳侈，并规定阴弇与阴弇为同列，阳弇与阳弇为同列，阴侈与阴侈为同列，阳侈与阳侈为同列。

（1）凡同列相比为近旁转。

（2）凡同列相远为次旁转。

（3）凡阴阳相对为正对转。

（4）凡自旁转而成对转为次对转。

（5）凡阴声、阳声虽非对转，而以比邻相出入者，为交纽转。

（6）凡隔轴声者不得转，然有间以轴声隔五相转者，为隔越转。②

其中（1）、（2）为旁转，（3）、（4）为对转；（1）、（2）、（3）、（4）为正声，（5）、（6）为变声。

又《一字重音说》有：“今以《说文》证之，凡一物以二字为名者，或则双声，或则叠韵。”③《古双声说》：“及夫喉、牙二音，相互蜕化，募原相属，先民或弗能宣就。”④“百音之祖，必返喉牙。”⑤“然音或有绝异，世不能通，撢钩元始，喉、牙足以衍百音，百音亦终trained复喉牙。”⑥

综上所述，章太炎的“音近”标准是：（1）双声、叠韵，（2）同一音者虽旁纽亦为双声，（3）喉、牙二音相互蜕化，且为百音之祖，（4）韵部满足《成均图》所示的六种通转关系。

《黄侃文字声韵训诂笔记·论语言变化》：“要之文字音义之增多，训诂之繁衍，不外分化语与转语二途，又不外以双声叠韵为其变化之轨辙也。”⑦《黄侃论学杂著·与人论治小学书》：“音同者，古本音相同，或今变音相同也；音近者即

① 《国故论衡》，章太炎著，上海古籍出版社 2003 年版，第 36 页。
② 《国故论衡》，章太炎著，上海古籍出版社 2003 年版，第 12 页。
③ 《国故论衡》，章太炎著，上海古籍出版社 2003 年版，第 22 页。
④ 《国故论衡》，章太炎著，上海古籍出版社 2003 年版，第 28 页。
⑤ 《国故论衡》，章太炎著，上海古籍出版社 2003 年版，第 29 页。
⑥ 同⑤。
⑦ 《黄侃文字声韵训诂笔记》，黄侃著，上海古籍出版社 1983 年版，第 206 页。

叠韵相转，亦即旁转也；音转者即双声相转，亦即对转、旁转也。”①黄侃依据其师之说，将叠韵相转分为四类：(1)同类音相转，(2)喉音与牙音相转，(3)舌音与齿音相转，(4)喉、牙音可舒作舌、齿、唇音，舌、齿、唇音可敛作喉、牙音。

王力先生在《同源字典·同源字论》中将同源词的语音关系分为声纽及韵部两部分共12种通转关系。

韵部：

(1) 同韵部者为叠韵。

(2) 同类同直行者为对转，这是元音相同而韵尾的发音部位也相同。

(3) 同类同横行者为旁转。这是元音相近，韵尾相同(或无韵尾)。

(4) 旁转而后对转者为旁对转。

(5) 不同类而同直行者为通转。这是元音相同，但是韵尾发音部位不同。

(6) 虽不同元音，但是韵尾同属塞音或同属鼻音者，也算通转。

“在同源字中，叠韵最为常见，其次是对转。至于旁转、旁对转、通转，都比较少见。”②

声纽：

(1) 同纽者为双声。

(2) 同类同直行，或舌齿同直行者为准双声。

(3) 同类同横行者为旁纽。

(4) 同类不同横行者为准旁纽。

(5) 喉与牙，舌与齿为邻纽。

(6) 鼻音与鼻音，鼻音与边音，也算邻纽。

“在同源字中，双声最多，其次是旁纽。其余各种类型都比较少见。”③

很显然，王力先生提出的同源词语音通转关系是用传统音韵学术语传达了现代语音学的观念，声纽与韵部是两个独立的系统，只有这两个系统同时存在语音通转的可能，才能判定为同源词。声纽内部之所以存在准双声、旁纽、准旁纽、邻纽的关系，是因为发音部位相近；而韵部之间之所以存在语音通转关系，

---

① 《黄侃论学杂著》，黄侃著，中华书局1964年版，第163页。

② 《同源字典》，王力著，商务印书馆1982年版，第17页。

③ 《同源字典》，王力著，商务印书馆1982年版，第20页。

是因为发音的方式相近，或者说开口的大小程度接近。在此借鉴历史比较语言学确定亲属语言同源关系的方法，“确定同源成分的原则主要是：语义上相同或相近，语音上存在完整的、成系统的对应关系。成系统的对应关系是确定同源成分的关键，因为只要在语音上有对应关系，所比较的成分在意义上就必有联系”。[①] “同源词‘语音相近’的近，实质就是语音对应，我们正是凭这一点把它与借词区别开来。”[②]“汉语和印欧语系语言的结构类型不同，它的语素的语音结构现在大都是单音节的，而且在古代，一个语素基本上也就是一个词，所以有人称为单音节词。由于这一特点，汉语的语词结构与印欧系语言有很大区别。原始印欧语的构词以派生法为主，词根加上词缀，就可以构成新词；而在先秦汉语（甚至更早的时候）中，以语词的单音节结构为主要特点的构词法往往是通过词根内部的语音交替构造新词。”[③]本书所系联、考释的第一种类型——反义同源的单音词就包含在徐通锵先生所指的这种语源分化类型中。

综上所述，我们将同源词系联规则中的“音近”框定为同源词之间存在语音对应规律，在汉语同源词研究领域，这种语音对应规律就是声母及韵部在从上古汉语发展到中古汉语时的各种语音通转。“我们从语音方面判断同源词要致力于证明它们在语音上的流转关系，而不是证明它们在语音上的相同、相近。同源词的关系与其说是‘音近义通’，不如说是‘音转义通’。”[④]

强调同源词语音上的近缘通转，是因为上古音体系距现代汉语的声韵调系统去时已远，而目前学界各家的构拟又不一而足，为了防止在同源词考释中落入“无所不通，无所不转”的窠臼，出现强拉硬扯的人为臆造，本书采用王力先生在《同源字论》中构拟的上古音声纽和韵部体系，取该体系既具有高可信度又直观的特征，在“反义同源单音词”部分，将采用数据统计的方法，证明同源词在语音上的相同及相近关系。

---

① 《历史语言学》，徐通锵著，商务印书馆 1991 年版，第 84 页。

② 《历史语言学》，徐通锵著，商务印书馆 1991 年版，第 37 页。

③ 《历史语言学》，徐通锵著，商务印书馆 1991 年版，第 74 页。

④ 《上古汉语同源词语音关系研究》，孟蓬生著，北京师范大学出版社 2001 年版，第 27 页。

第二章 “反义同源”的三种形式

本章将以考释为主，将“反义同源”现象按照表现形式分为三种类型，分别为反义同源的单音词、声符相同的反义同源单音词、含有相反或相对的两个义项的单音词三种形式。其中第一及第三种形式将用大量的个案考释及理论分析来呈现，第二种形式将采用回顾学术史的方式来展现研究发展的路径。

一、反义同源的单音词

反义同源的单音词，就是A和B两个单音词，在文字形体上完全不同，有一对相反或相对的语义，且A、B两个语词在语音上存在通转关系。这一类已考证的有79组，需要说明的是，以下针对本类型的考释并非是穷尽性的。本书采用的是王力先生构拟的上古音声、韵系统，取其广泛的认同度以及直观的可操作性，但是再精准的构拟也是后人跨越厚厚的历史阻隔对先人语言系统的一种推测，而语源分化是自人类有成体系的语言之初就开始的漫长过程，那时的语音体系不是上古音而是远古音，在远古音的语音体系中，又有哪些词是上古音体系中没有语音通转关系却确实是来自同一语源分化的？我们不得而知。

既然将本书的语音判定标准置于上古音体系中，就间接表明了这是一项历时的考察，而入选的同源词多是由于古今音变造成的。但是语源分化的原因除了古今音变，还有方言音殊，而受方言影响出现的语音分化，则是共时性的。我们在同源词判定中所强调的语音通转关系，其实就是青年语法学派的“音变规律无例外”，这种判定的范式相信所有的音变都是有规律可循的，既提供了判定同源词的线索，也将不是连续式音变造成的语源分化排除在外。除此之外还有文白异读造成的“叠置式变异”，这种变异是“竞争”的结果，就是“一个方言向另一个方言吸收结构要素”。① 由这种叠置式音变造成同源分化就不能用上古音体系来解释，因此本部分的研究在数量上不可能是穷尽性的，但是这并不妨碍研究的信度，本部分所系联、考释的反义同源单音词，意在说明汉语中存在“反义同源”这一客观事实。

（一）语义相反

1. 本|末②

本，原指草木的根。《说文・木部》：“本，木下曰本。从木，一在其下。”《诗经・大雅・荡》：“枝叶未有害，本实先拨。”《吕氏春秋・辩土》：“是以晦广以平，则不丧本茎。”高诱注：“本，根也。”白居易《东坡种花》：“划土壅其本，引泉溉其枯。”后引申出事物的基础或主题、起始、根源等义。《论语・学而》：“君子务本，本立而道生。”何晏注：“本，基也。”《广雅・释诂》：“本，始也。”《吕氏春秋・无义》：“故义者百事之始也，万利之本也。”高诱注：“本，原也。”《礼记・乐记》：“乐者音之所由生也，其本在人心之感于物也。”孔颖达疏：“本，犹初也。”

末，原意为树梢。《说文・木部》：“末，木上曰末，一在其上。”《左传・昭公十一年》：“末大必折，尾大不掉。”后泛指物的端、梢。《玉篇・木部》：“末，端也。”徐灏《说文解字注笺・木部》：“末，引申为凡颠之称。”《周礼・考工记・弓人》：“下柎之弓，末应将同。”郑玄注：“末，犹箫也。”孙诒让正义：“箫，弓末也。《释名》：‘弓其末曰箫。’言箫，梢也。”其诸多引申义项中有一个是“终了、末尾、最后”。《小尔雅・广言》：“末，终也。”《玉篇・木部》：“末，尽也。”《尚书・立政》：“自一话一言，我则末惟成德之彦，以乂我受民。”孔颖达疏：“末训为终。”《史记・韩长孺列传》：“强弩之极，矢不能穿鲁缟；卫风之末，力不能漂鸿毛。非初不劲，末力衰也。”

本、末皆为指事字，在“木”上加“一”，记其处。本，帮纽真部字；末，明纽月部字，帮、明旁纽，真、月旁对转，可证本、末为一对反义同源的单音词。

---

① 《历史语言学》，徐通锵著，商务印书馆 2008 年版，第 385 页。

② 由于本书讨论的是汉语反义同源现象，需大量引用古籍，行文中根据需要酌情保留繁异体字。

2. 出|入

出，本义是从里面到外面，与“进”“入”相对。《说文·出部》：“出，进也。象草木益滋，上出达也。”《甲骨文字诂林》引孙诒让《名原》：“金文毛公鼎作，石鼓文作，皆从止，龟甲文则作，中亦从止。明古文出字取足形出入之义，不象草木上出形。”《集韵·至韵》：“出，自内而外也。”《诗经·郑风·出其东门》：“出其东门，有女如云。”陶潜《归去来辞》：“云无心以出岫，鸟倦飞而知还。”出有离开义，《玉篇·出部》：“出，去也，远也。”《诗·小雅·宾之初筵》：“既醉而出，并受其福；醉而不出，是谓伐德。”郑玄笺：“出，犹去也。”

入，《说文·入部》：“入，内也。象从上俱下也。”可知入本义为“从外到内”，《玉篇·入部》：“入，进也。”《春秋·隐公二年》：“夏五月，莒人入向。”《三国志·吴志·吴主传》：“秦始皇帝遣方士徐福将童男童女数千人入海，求蓬莱神山及仙药。”入有接纳义，《玉篇·入部》：“入，纳也。”《左传·宣公二年》：“谏而不入，则莫之继也。”《战国策·秦策四》：“王资臣万金而游，听之韩魏，入其社稷之臣于秦。”高诱注：“入，纳也。”

出，昌纽物部字，昌纽为穿母三等；入，日纽缉部字，穿、日旁纽，物、缉通转，语义关联及语音上的通转关系可证出、入为一对反义同源的单音词。

3. 潮|汐

潮，本义为江河水流向海，也指海水因受太阳和月亮的引力而定时涨落的现象。《集韵·宵韵》：“淖，《说文》水朝宗于海。隶作潮，通作朝。”桂馥义证：“言水赴海，亦如诸侯之见天子也。《诗》：‘沔彼流水，朝宗于海。’《笺》云：‘水流而入海，小就大也。’”又《广韵·宵韵》：“潮，潮水。”《字汇·水部》：“潮者，地之喘息也，随月消长，早曰潮，晚曰汐。”汉枚乘《七发》：“江水逆流，海水上潮。”李益《江南曲》：“早知潮有信，嫁与弄潮儿。”

汐，《字汇·水部》有“早曰潮，晚曰汐”，可知“潮汐”乃同一物，《广韵·昔韵》：“汐，潮汐。”以潮训汐，亦可证两者语义相通。雷浚《说文外编·俗字·玉篇中》：“《说文》无汐字。《汉书·枚乘传》：‘游曲台，临上路，不知朝夕之池。’潮作朝，汐作夕，古假借字。”

潮，定纽宵部字；汐，邪纽铎部字。定、邪邻纽，宵、铎旁对转。潮汐二字在训诂实践中可互训，且在语音上相通转，可证潮、汐为一对反义同源词。

4. 乘|除

乘，本义为登、升。容庚《金文编》：“乘，从大在木上。《说文》从入桀，非。”李孝定《甲骨文字集释》：“乘之本义为升为登，引申之为加其上。”《释名·释姿容》：“乘，升也，登亦如之也。”《易·同人》：“乘其墉，弗克攻，吉。”《汉书·陈汤传》：“夜过半，木城穿，中人却入土城，乘城呼。”颜师古注：“乘，登也。”乘由“登、升”义引申出“加、叠加”义，后者亦即“乘除”之乘，《银雀山汉墓竹简·孙膑兵法·官一》：“乘削以伦物。”贾谊《论积贮疏》：“兵旱相乘，天下大屈。”

除，本义为宫殿的台阶。《说文·阜部》：“除，殿陛也。”段玉裁注：“殿谓宫殿。殿陛谓之除。因之凡去旧更新皆曰除。取拾级更易之义也。”《玉篇·阜部》：“除，殿阶也。”引申为去掉、清除之义。《广雅·释诂二》：“除，去也。”《洪武正韵·鱼韵》：“除，去之也。”《尚书·泰誓》：“树德务滋，除恶务本。”《素问·奇病论》：“治之以兰，除陈气也。”除还有减免义，《墨子·号令》：“归敌者父母妻子同产，皆车裂。先觉之，除。”《汉书·循吏传·文翁》：“又修起学官于成都市中，招下县子弟以为学官弟子，为除更繇。”颜师古注：“不令从役也。”

乘，船纽蒸部字，船为床纽三等。除，定纽鱼部字。床、定为准双声，蒸、鱼旁对转。

5. 宠|辱

宠，本义是尊崇。《说文·宀部》：“宠，尊居也。”《国语·楚语下》：“宠神其祖，以取威于民。”韦昭注：“宠，尊也。”《汉书·艺文志》：“随时抑扬，违离道本，苟以哗众取宠。”颜师古注：“宠，尊也。”《新唐书·王潮传》：“乾宁中，宠福州为威武军，即拜潮节度使、检校尚书左仆射。”

辱，《说文·辰部》：“辱，耻也。”杨树达《积微居小学述林·释辱》：“辱字从寸从辰，寸谓手，盖上古之世，尚无金铁，故手持磨锐之蜃以芸除秽草，所谓耨也。”杨说确是，辱乃是耨之初文，为去除秽草的工具，《说文》所训耻辱义当为引申义。《周易·系辞上》：“枢机之发，荣辱之主也。”《左传·襄公十八年》：“子殿国师，齐之辱也。”杜预注：“奄人殿师，故以为辱。”范仲淹《岳阳楼记》：“登斯楼也，则有心旷神怡，宠辱皆忘，把酒临风，其喜洋洋者矣。”

宠，透纽东部字。辱，日纽屋部字。定、日准旁纽，东、屋对转。

6. 出|纳(通假)

出,本义从里面到外面。《说文·出部》:“出,进也。象草木益滋,上出达也。”孙诒让《名原》:“古出字取足形出入之义,不象草木上出义。”《集韵·至韵》:“出,自内而外也。”《诗·郑风·出其东门》:“出其东门,有女如云。”叶绍翁《游园不值》:“满园春色关不住,一枝红杏出墙来。”出有离开义,《玉篇·出部》:“出,去也;远也。”《诗经·小雅·宾之初筵》:“既醉而出,并受不福;醉而不出,是谓伐德。”郑玄笺:“出,又去也。”《新唐书·窦建德传》:“夏王奄定河朔,号为威强,今一出不复,非天命有归哉?”

纳,本义为湿濡状。《说文·糸部》:“纳,丝湿纳纳也。从糸,内声。”金文“纳”字作“内”,古文字入、内、纳通用,内,《说文·入部》:“内,入也。”桂馥义证:“凡自外入为内,所入之处亦为内。今人分去、入二声,而入声之内以纳为之。”故纳有接收义,《广雅·释诂》:“纳,入也。”《书·舜典》:“夙夜出纳朕命,惟允。”《庄子·刻意》:“吹呴呼吸,吐故纳新。”《史记·刺客列传》:“今秦已虏韩王,尽纳其地。”

出,穿纽三等字,物韵。纳,泥纽缉部字。穿、泥准旁纽,物、缉通转。

7. 纯|杂

纯,本义为蚕丝。《说文·糸部》:“纯,丝也。”《论语·子罕》:“子曰:‘麻冕,礼也。今也纯,俭,吾从众。’”何晏集解:“纯,丝也。”蚕丝一色而不杂,故引申为同一颜色的丝织品。《正字通·糸部》:“纯,帛之粹者。”《汉书·五行志》:“服其身,则衣之纯。”颜师古注:“一其色。”《梅福传》:“一色成体谓之醇,白黑杂合谓之驳。”王先谦补注:“官本‘醇’作纯,是。”再引申为不含杂质义。《周易·乾卦》:“刚健中正,纯粹精也。”《诗经·周颂·维天之命》:“文王之德之纯。”朱熹集传:“纯,不杂也。”王充《论衡·本性》:“玉生于石,有纯有驳。”《淮南子·原道》:“纯德独存。”高诱注:“纯,不杂糅也。”

杂,本义为以各种色彩相配制作衣服。《说文·衣部》:“杂,五彩相会。”段玉裁注:“所谓五彩彰施于五色作服也。”《周礼·考工记·画缋》:“画缋之事杂五色。”郑玄注:“此言画缋六色所象及布采之次第,缋以为衣。”引申为驳杂不纯。《方言》卷三:“荆淮海岱杂齐之间。”郭璞注:“俗不纯为杂。”《庄子·刻意》:“水之性,不杂则清,莫动则平。”陶潜《桃花源记》:“夹岸数百步,中无杂树。”丘迟《与陈伯之书》:“暮春三月,江南草长,杂花生树,群莺乱飞。”

纯,禅纽文部字。杂,从纽缉部字。禅、从邻纽,文、缉通转。

8. 粹|杂

粹,本义为纯净无杂质的米。《说文·米部》:“粹,不杂也。”段玉裁注:“粹,本是精米之称。”引申为纯,不杂。《广雅·释言》:“粹,纯也。”段玉裁《说文解字注·米部》:“粹,引申为凡纯美之称。”《周易·乾卦》:“刚健中正,纯粹精也。”孔颖达疏:“纯粹不杂是精灵。”《庄子·刻意》:“无所于逆,粹之至也。”成玄英疏:“智照精明,至纯无杂,故能混同万物,大顺苍生。”《文子·原道》:“不与物杂,粹之至也。”

杂,有驳杂不纯义。《广雅·释诂》:“杂,厕也。”《玉篇·隹部》:“杂,糅也。”引申为混合、掺杂。《墨子·备蛾傅》:“杜格,貍四尺,高者十丈,木长短相杂,兑其上,而外内厚涂之。”《汉书·元帝纪》:“汉家自有制度,本以霸王道杂之,奈何纯任德教,用周政乎!”

粹,心纽微部字。杂,从纽缉部字。心、从旁纽,微、缉通转。

9. 大|细

大,本义为大人。颂鼎,象人正面站立之形,后引申为在面积、体积、容量、数量、力量、强度、年龄、重要性等方面超过一般或超过所比对象。《说文·大部》:“大,天大,地大,人亦大,故大象人形。”王筠《说文解字释例》:“此谓天地之大,无由象之以作字,故象人之形以作大字,非谓大字即是人也。”《广韵·泰韵》:“大,小大也。”《诗经·大雅·行苇》:“酌以大斗,以祈黄耇。”《史记·高祖本纪》:“大风起兮云飞扬,威加海内兮归故乡。”王维《使至塞上》:“大漠孤烟直,长河落日圆。”大亦指在程度、规模、声势、时间等抽象维度上超过一般或超过所比对象。《庄子·知北游》:“天地有大美而不言。”

细,本义为微小的丝。《说文·糸部》:“细,微也。”朱骏声《说文通训定声》:“细者,丝之微也。”引申义与“大”相对,泛指事物细微。《广雅·释诂》:“细,小也。”《尚书·旅獒》:“不矜细行,终累大德。”孔安国传曰:“轻忽小物,积害为大,故君子慎其微。”《左传·襄公四年》:“吾子舍其大而重拜其细,敢问何礼也?”《淮南子·墬形》:“垆土人大,沙土人细。”高诱注:“细,小也。”湘方言中小称“细”,小妹称“细妹”,徽州方言同,大小儿女称为“大细”。

大,定纽月部字。细,心纽脂部字。定、心邻纽,脂、月旁对转。

10. 旦|夕

旦,本义为天明。《说文·日部》:"旦,明也。"饶炯部首订:"谓日出平明之时。"《玉篇·日部》:"旦,早也。朝也,晓也。"《尚书·太甲》:"先王昧爽丕显,坐以待旦。"《诗经·郑风·女曰鸡鸣》:"女曰:'鸡鸣',士曰:'昧旦'。"《韩非子·外储说左》:"夫犬马,人所知也,旦暮罄于前,不可类之,故难。"《乐府诗集·木兰诗》:"旦辞爷娘去,暮宿黄河边。"

夕,本义为傍晚。《说文·夕部》:"夕,莫也。从月半见。"《周礼·天官·宫正》:"宫正掌王宫之戒令纠禁,以时比宫中之官府、次舍之众寡,为之版以待,夕击柝而比之。"郑玄注:"夕,莫也。莫行夜以比直宿者,为其有解惰离部署。"又《周礼·地官·司市》:"夕市,夕时而市,贩夫贩妇为主。"《诗经·小雅·北山》:"偕偕士子,朝夕从事。"陶潜《咏贫士》诗之一:"迟迟出林翮,未夕复来归。"李白《蜀道难》:"朝避猛虎,夕避长蛇。"

旦,端纽元部字。夕,邪纽铎部字。端、邪邻纽,元、铎通转。

11. 嫡|庶(假借)

嫡,本义为正妻。《广韵·锡韵》:"嫡,正也。"《字汇·女部》:"嫡,正室曰嫡。"段玉裁《说文解字注》:"按俗以此为嫡庶字、而许书不尒。葢嫡庶字古只作适。"《诗经·召南·江有汜序》:"勤而无怨,嫡能悔过也。"陆德明释文:"嫡,正夫人也。"孔颖达疏:"嫡,谓妻也。"可知嫡之本义为正妻,可引申为正妻所生之子,亦即嫡子。《列子·力命》:"齐公族多宠,嫡庶并行。"《左传·文公十七年》:"归生左寡君之嫡夷,以请陈侯于楚而朝诸君。"《新唐书·房玄龄传》:"主骄蹇,疾遗直任嫡。"

庶,zhù,甲骨文字形为(周甲一五三),于省吾《释庶》:"甲骨文'庶'是从火石、石亦声的会意兼形声字,亦即'煮'的本字……人类在原始生活中把猎获的动物截断头尾和四肢,有时也剥切为块,以烙烤于燃石之上或投燃石进盛水之器以煮之,是熟食的一种习惯做法。又为了生活上记事的需要,象意依声,因而造出应用的汞字,足证文字的发明与人类的生产和生活是分不开的。古籍中借庶为众庶之庶,又别之煮字以代庶,而庶之本义隧淹没无闻。"于说确是,现在中国湖南的苗族仍有将燃石投进盛水的盆中以煮熟食物的做法,而于省吾在

《释庶》一文中亦列举了类似的人类学证据。

庶，以假借字形式记录了另一词，表示众多义。《说文·广部》：“庶，屋下众也。”《尔雅·释诂》：“庶，众也。”后引申为非正妻生的孩子，《正字通·广部》：“庶，嫡庶。妾所出曰庶子。”《左传·文公十八年》：“杀嫡立庶。”范宣《答殷浩问》：“凡母弟及庶昆弟所谓庶宗大宗，正论其一代之嫡庶耳。”陆机《五等论》：“使万国相维，以成盘石之固；宗庶杂居，而定维城之业。”

嫡，端纽锡部字。庶，音 shù，为书纽鱼部字，书为审纽三等。端、审准旁纽，鱼、锡旁对转。

12. 籴|粜

籴，本义为买入粮食。《说文·入部》：“籴，市谷也。”《玉篇·入部》：“籴，入米也。”《广韵·锡韵》：“籴，市糓米。”《集韵·药韵》：“籴，关中谓买粟麦曰籴。”籴之本义为买入粮食。《公羊传·庄公二十八年》：“臧孙辰告籴于齐。”何休注：“买谷曰籴。”《左传·庄公二十八年》：“冻，饥。臧孙辰告籴于齐。”杜甫《醉时歌》：“日籴太仓五升米，时赴郑老同襟期。”《儒林外史》：“不多时，老妪籴米回，往厨下烧饭去了。”

粜，本义为卖出粮食。《说文·出部》：“粜，出谷也。”《广雅·释诂三》：“粜，卖也。”《玉篇·出部》：“粜，出谷米也。”粜之本义为卖出粮食。《韩非子·内储说》：“韩昭侯之时，黍种尝贵甚，昭侯令人覆廪，吏果窃黍种而粜之甚多。”《管子·轻重丁》：“齐西水潦而民饥，齐东丰庸而粜贱。”聂夷中《咏田家》：“二月卖新丝，五月粜新谷。”

籴，定纽沃部字。粜，透纽宵部字。透、定旁纽，沃、宵对转。

13. 动|止

动，本义为行动。《说文·力部》：“动，作也。古文动从辵。”商承祚《说文中之古文考》：“从辵者，乍行乍止，不静之貌。”《尔雅·释诂》：“动，作也。”《周易·系辞上》：“拟之而后者，议之而后动。”《诗经·豳风·七月》：“五月斯螽动股，六月莎鸡振羽。”《孟子·滕文公上》：“为民父母，使民盻盻然，将终岁勤动，不得以养其父母。”赵岐注：“动，作也。”贾思勰《齐民要术·养羊》：“白羊三月得草力，毛床动，则铰之。”

止，本义为足、脚，后作“趾”。《说文·止部》：“止，下基也。从草木出有址，故以止为足。”徐灏注笺：“凡从止之字，其义皆为足趾。许以为象草木出有址，殆非也。考阮氏《钟鼎款识·父丁卣》有足迹，文作止，正象足趾之形。”后引申为停止，《广韵·止韵》：“止，停也。”《周易·艮卦》：“时止则止，时行则行，动静不失其时，其道光明。”《韩诗外传》卷九：“树欲静而风不止。”也引申为静止，《字汇·止部》：“止，静也。”《庄子·德充符》：“人莫鉴于流水而鉴于止水。”《礼记·乐记》：“故歌者上如抗，下如队，曲如折，止如槀木。”孔颖达疏：“止如槀木者，言音声止静，感动人心，如似枯槀之木，止而不动也。”

动，定纽东部字。止，章纽之部字，章母为照纽三等。定、照准旁纽，之、东旁对转。

14. 恩|怨

恩，本义为恩惠。《说文·心部》：“恩，惠也。”《广韵·痕韵》：“恩，恩泽也，惠也。”《孟子·梁惠王》：“今恩足以及禽兽，而功不至于百姓者，独何与？”《宋史·王曾传》：“夫执政者，恩欲归己，怨使谁归？”可引申为宠爱，《广韵·痕韵》：“恩，爱也。”《诗经·豳风·鸱鸮》：“恩斯勤斯，鬻子之闵斯。”毛传：“恩，爱。”朱熹注：“恩，情爱也。”《乐府诗集·欢闻歌》：“单身如萤火，持底报郎恩。”

怨，本义为怨恨。《说文·心部》：“怨，恚也。”《玉篇·心部》：“怨，恨望也。”《周易·系辞下》：“益以兴利，困以寡怨。”《史记·魏其武安侯列传》：“武安由此大怨灌夫、魏其。”《韩非子·难三》：“桓公能用管仲之功而忘射钩之怨。”《史记·秦本纪》：“缪公之怨此三人入于骨髓。”

恩，影纽真部字。怨，影纽元部字。恩、怨双声，真、元旁转。

15. 甘|苦

甘，本义为美味。《说文·甘部》：“甘，美也。”段玉裁注：“甘为五味之一。而五味之可口皆曰甘。”《尚书·洪范》：“稼穑作甘。”孔传：“甘味生于百谷。”《战国策·韩策》：“臣有老母，家贫，客游以为狗屠，可旦夕得甘脆以养亲。”后引申指甜，《洪武正韵·覃韵》：“甘，甜也。”《诗经·邶风·谷风》：“谁谓荼苦，其甘如荠。”《庄子·山木》：“直木先伐，甘井先竭。”刘知几《史通·自叙》：“词人属文，其体非一。譬甘辛殊味，丹素异彩。”刘基《苦斋记》：“吾闻井以甘竭，李以苦存，夫差以酣酒亡，而勾践以尝胆兴，无亦犹是也夫？”

苦，本义为苦菜。《说文·艹部》：“苦，大苦，苓也。”《诗经·唐风·采苓》：

“采苦采苦，首阳之下。”毛传：“苦，苦菜也。”。孔颖达疏引陆玑曰：“苦菜生山田及泽中，得霜甜脆而美。”《礼记·内则》：“濡豚包苦实蓼。”郑玄注：“苦，苦荼也。”后舍弃具体性义素，虚化引申为苦味，与“甘”味相反，为五味之一。《尚书·洪范》：“润下作咸，炎上作苦。”伪孔传：“焦气之味。”刘勰《文心雕龙·夸饰》：“荼味之苦，宁以周原而成饴？”韩愈《苦寒》：“草木不复抽，百味失苦甜。”李应昇《甘棠集小引》：“苦则吐，甘者茹焉，人情乎。”

甘，见纽谈部字。苦，溪纽鱼部字。见、溪旁纽，鱼、谈通转。

16. 乖|合

乖，本义为违背。《说文·北部》：“乖，戾也。”《玉篇·北部》：“乖，戾也，背也。”《周易·序卦》：“家道穷必乖，故受之以睽。睽者，乖也。”《抱朴子·外篇·博喻》：“志合者不以山海为远，道乖者不以咫尺为证。”“乖”引申为分离。《广雅·释诂》：“乖，离也。”《史记·匈奴列传》：“汉使两使者，一吊单于，一吊右贤王，欲以乖其国。”《后汉书·灵思何皇后纪》：“死生路异兮从此乖。”任昉《与沈约书》：“将乖之际，不忍告别。”武元衡《塞外月夜寄荆南熊侍御》诗：“云雨一乖千万里，长城秋月洞庭猿。”

合，本义为闭合。《说文·亼部》：“合，合口也。”《山海经·大荒西经》：“西北海之外，大荒之隅，有山而不合，名曰不周负子。”《战国策·燕策》：“蚌方出曝，而鹬啄其肉，蚌合而拑其喙。”合也引申为聚合、聚集。《周易·噬嗑》：“刚柔分，动而明，雷电合而章。”《论语·宪问》：“桓公九合诸侯，不以兵车，管仲之力也。”《国语·楚语下》：“于是乎合其州乡朋友婚姻，比尔兄弟亲戚。”韦昭注：“合，会也。”郦道元《水经注·江水》：“大江又东，左合子夏口。”

乖，见纽微部字。合，匣纽缉部字。见、匣旁纽，微、缉对转。

17. 寒|喧

寒，本义为冷。《说文·宀部》：“寒，冻也。从人在宀下，以茻荐覆之，下有冰。”段玉裁《说文解字注》：“冻当作冷。”《尚书·洪范》：“曰燠，曰寒。”孔颖达疏：“寒是冷之极。”《史记·刺客列传》：“风萧萧兮易水寒。”可引申为声音凄凉。潘岳《秋兴赋》：“蝉嘒嘒而寒吟兮，雁飘飘而南飞。”江淹《别赋》：“櫂容兴而讵前，马寒鸣而不息。”高适《燕歌行》：“杀气三时作阵云，寒声一夜传刁斗。”袁枚《赤壁》：“我来不共吹箫客，乌鹊寒声静夜闻。”

喧，本义为惊呼，《集韵·元韵》："吅，《说文》：'惊呼也。'亦作喧。"引申为声音大而嘈杂，如喧哗、喧嚣。《玉篇·口部》："喧，大语也。"《尉缭子·治本》："故如有子十人，不加一饭；有子一人，不损一饭，焉有喧呼酖酒以败善类乎？"陶潜《饮酒》之五："结庐在人境，而无车马喧。"王安石《金山寺》："夜风一何喧，大舶夹双橹。"陆游《喜雨》："蛙蛤徒自喧，蛟龙卧如蛰。"

寒，匣纽元部字。喧，晓纽元部字。寒、喧叠韵，晓、匣旁纽，故寒、喧两字为反义同源单音词。

18. 好(hǎo)|恶(è)

好，本义为女子。《说文·女部》："好，美也。从女，子。"段玉裁注曰："好，本女子，引申为凡美之称。"扬雄《方言》："自关而西，秦晋之间，凡美色或谓之好。"引申为善，优点多。《广韵·皓韵》："好，善也。"《诗经·大雅·崧高》："其风肆好，以赠申伯。"《诗经·小雅·正月》："好言自口，莠言自口。"《论语·子张》："譬之宫墙，赐之墙也及肩，窥见室家之好。"《战国策·赵策》："鬼侯有子而好，故入之于纣。"《礼记·仲尼燕居》："敢问礼也者，领恶而全好者与？"郑玄注："好，善也。"

恶，本义为罪过，罪恶。《说文·心部》："恶，过也。从心，亚声。"《广韵·铎部》："恶，不善也。"《易经·大有》："有君子有遏恶扬善，顺天休命。"《左传·定公五年》："使复其所，吾以志前恶。"杜预注："恶，过也。"刘勰《文心雕龙·奏启》："术在纠恶，势必深峭。"韩愈《三星行》："无善名已闻，无恶声已欢。"

好，晓纽幽部。恶，影纽铎部。好(上声)，晓母幽部字；恶(e，去声)，影母铎部字。晓、影邻纽，幽、铎旁对转，可证好(上声)、恶(e 去声)为一对反义同源单音词。

19. 好(hào)|恶(wù)

好(hào)，《玉篇·女部》："好，爱好也。"《易经·谦卦》："人道恶盈而好谦。"《诗经·小雅·彤弓》："我有嘉宾，中心好之。"《左传·召公二十五年》："喜生于好，怒生于恶。"

恶，本义为罪过，上文已详述。后引申为讨厌，读为 wù。《广韵·暮韵》："恶，憎恶也。"《易经·谦卦》："人道恶盈而好谦。"《论语·里仁》："唯仁者，能好人，能恶人。"《荀子·天论》："天不为人之恶寒而辍冬。"《史记·韩世家》："公之所恶者张仪也。”《睡虎地秦墓竹简·为吏之道》:“毋喜富,毋恶贫。”

好(hào),晓纽幽部。恶(wù),影纽鱼部字。晓、影邻纽,幽、鱼旁转,从语音上亦可证好(hào)、恶(wù)为一对反义同源的单音词。

20. 结|解

结,结的本义为打结,使条状物相交联形成疙瘩或用这种方式制作成物品。《说文·糸部》:“结,缔也。”徐铉笺注:“凡以绳屈之为椎谓之结,古者佩觿专为解结用也。”《周易·系辞》:“上古结绳而治,后世圣人易之以书契。”《老子》第二十七章:“善结,无绳约而不可解。”《汉书·董仲舒传》:“古人有言曰:‘临渊羡鱼,不如退而结网。’”

解,本义为用刀分割牛,引申为解人之体。《说文·角部》:“解,判也。从刀判牛角。”商承祚《殷墟文字类编》:“此象两手解牛角,丷象其残靡。”《庄子·养生主》:“庖丁为文惠君解牛。”《墨子·节葬》:“昔者越之东,有輆沐之国者,其子长生,则解而食之,谓之宜弟。”《楚辞·离骚》:“虽体解吾犹未变兮,岂余心之可惩。”王逸注:“虽获罪支解,志犹不艾也。”贾谊《治安策》:“屠牛坦一朝解十二牛。”

结,见纽质部字。解,见纽支部字。结、解双声,均为见纽,支、质主要元音相同,为通转关系;语义上的相反,语音上的相近相通可证结、解为反义同源的单音词。

21. 进|退

进,本义为向前向上移动,即上进。《说文·辵部》:“进,登也。”《古文字诂林》载林义光说“进,当从隹声”。高鸿晋《中国字例》:“字从隹,从止,会意。止即脚,隹脚能进不能退,故以取意。”《玉篇·辵部》:“进,前也。”《周礼·夏官·大司马》:“车徒皆作,遂鼓行,徒衔枚而进。”郑玄注:“进,行也。”《诗经·大雅·常武》:“进厥虎臣,阚如虓虎。”郑玄笺:“进,前也。”《韩非子·外储说右下》:“进则引之,退则策之。”《左传·召公二十年》:“齐侯田于沛,召虞人以弓,不进。”

退,本义为退却,后退。《玉篇·辵部》:“退,却也。”《周易·乾卦》:“知进而不知退,知存而不知亡,知得而不知丧,其唯圣人乎!”《周易·大壮卦》:“羝羊触藩,不能退,不能遂。”《左传·哀公二年》:“吾救主于车,退敌于下,我右之上也。”《国语·晋语一》:“敌入而凶,救败不暇,谁能退敌?”

进，精纽真部字。退，透纽微部字。精、透邻纽，微、真旁对转。

22. 静|躁

静，《广韵·静韵》："静，安也。"《玉篇·青部》："静，息也。"静有安静、宁静义。《周易·坤卦》："坤至柔，而动也刚，至静而德方。"《诗经·邶风·柏舟》："静言思之，寤辟有摽。"毛传："静，安也。"孔颖达疏："安静而思念之。"《国语·晋语八》："宵静女德，以伏蛊慝。"刘勰《文心雕龙·养气》："水停以鉴，火静而朗。"

躁，本义为性情急，不安静。慧琳《一切经音义》卷七引《字书》："躁，急性也。"按，字从足，谓足不驻蹕而动。《篇海类编·身体类·足部》："躁，不安静也。"躁可引申为动义。《广韵·号韵》："躁，动也。"《论语·季氏》："言未及之而言，谓之躁。"郑玄注："躁，不安静也。"《管子·心术上》："躁者不静。"《礼记·月令》："处必掩身毋躁。"《韩非子·喻老》："重为轻根，静为躁君。《汉书·天文志》："用兵静吉躁凶。"

静，从纽耕部字。躁，精纽宵部字。精、从旁纽，耕、宵旁对转。古时典籍中，静、躁这对反义词已频频被用于顶真的修辞手法中，语义上的相反，语音上的相近可证静、躁为一对反义同源词。

23. 利|钝

利，本义为锋利。《说文·刀部》："利，铦也。"《玉篇·刀部》："利，剡也。"《周易·系辞》："二人同心，其利断金。"《荀子·劝学》："木受绳则直，金就砺则利。"《孟子·公孙丑下》："兵革非不坚利也。"韩愈《送区册序》："江流悍急，横波之石，廉利侔剑戟。"

钝，本义为不锋利。《说文·金部》："钝，錭也。"段玉裁注："古亦假顿为之。"《广韵·慁韵》："钝，不利也。"《正字通·金部》："钝，刀剑不利也。"《韩非子·显学》："水击鹄雁，陆断驹马，则臧获不疑钝利。"《汉书·贾谊传》："莫邪为钝兮，鈆刀为銛。"《百喻经·就楼磨刀喻》："嫌刀钝故，求石欲磨。"

利，来纽脂部字。钝，定纽文部字。来定旁纽，脂文旁对转，"利"在文献中屡有用作"钝"之反训，利、钝为一对反义同源词。

24. 买|卖

买，本义为商品交易活动，兼有买、卖二义。《说文·贝部》："买，市也。《孟子》曰：‘登垄断而网市利。’”商承祚《殷墟佚存考释》：“买，象以网取贝之形。”后专指购进，以钱换物。《庄子·逍遥游》：“请买其方百金。”《急就篇》：“貰贷买卖肆其便。”颜师古注：“出曰卖，入曰买。”《墨子·经说上》：“买鬻，易也。”《韩非子·外储说左上》：“郑人买其椟而还其珠。”《左传·昭公二十六年》：“鲁人买之，百两一布。”后有“卖”字，“买”专表买进义，且成为基本义。

卖，本义是以物换钱，与“买”相对。《说文·出部》：“卖，出物货也。”段玉裁注：“出买者，出而与人买之也。”《广韵·卦韵》：“卖，出物也。”《左传·昭公二十九年》：“公执归马者卖之，乃不归马。”杜预注：“卖其马。”《战国策·西周策》：“越人请买之千金，折而不卖。”《汉书·食货志下》：“大农诸官尽笼天下之货物，贵则卖之，贱则买之。”

买，明纽支部字。卖，明纽支部字。买、卖二字为双声叠韵，买为会意字，卖为形声包会意字，从出买声。徐灏笺注：“买卖本是一字，后以其声异而从出以别之，书传买卖二字往往互用。如《周官·贾师》：‘凡国之卖儥’，郑注：‘故书卖为买。’”徐灏之言可确。买、卖为双声叠韵的反义同源词。

25. 盲|明

盲，本义为眼睛失明。《说文·目部》：“盲，目无牟子。”《释名·释疾病》：“盲，茫也，茫茫无所见也。”《庄子·逍遥游》：“岂唯形骸有聋盲哉？夫知亦有之。”《韩非子·解老》：“目不能决黑白之色则谓之盲。”柳宗元《答韩愈论史官书》：“左丘明以疾盲，出于不幸。”可引申为昏暗，或喻不能辨识事物或事理。《荀子·赋》：“列星殒坠，旦暮晦盲。”《吕氏春秋·明理》：“有众日并出，有昼盲，有宵见。”高诱注：“盲，冥也。”《论衡·谢短》：“夫知今不知古，谓之盲瞽。”韩愈《代张籍与李浙东书》：“当今盲于心者皆是。”裘廷梁《论白话为维新之本》：“士无大志，商乏远图，农工狃旧习，盲新法。”

明，本义为光明、明亮。《说文·明部》：“明，照也。”商承祚《说文中之古文考》：“朙、明皆古文也……囧象光之煽动，有明意，故可用为明。……日月相合以会明意。”《尔雅·释言》：“明，朗也。”《广韵·庚韵》：“明，光也。”《周易·系辞》：“日往则月来，月往则日来，日月相推，而明生焉。”《荀子·天论》：“在天者莫明于日月。”《史记·历书》：“日月成，故明也。”李白《秋浦歌》：“不知明镜里，何处得秋霜。”

盲，明纽阳部字。明，明纽阳部字。两字意义相反，双声叠韵，为一对同源的反义词。

26. 明|灭

明，本义为光明、明亮，《尔雅·释言》：“明，朗也。”《说文·明部》：“明，照也。”《广韵·庚韵》：“明，光也。”可引申为照亮、变明。汉王符《潜夫论·遏利》：“知脂腊之可明灯也。”干宝《搜神记》：“方士齐人李少翁，言能致其神。乃夜施帷帐，明灯烛，而令帝居他帐，遥望之。”杜甫《月》：“四更山吐月，残夜水明楼。”刘禹锡《途中早发》：“马踏尘上霜，月明冈头路。”王安石《游褒禅山记》：“火尚足以明。”

灭，本义为尽，绝。《尔雅·释诂》：“灭，绝也。”《说文·水部》：“灭，尽也。”可引申为熄灭义。《篇海类编·地理类·水部》：“灭，火熄也。”《书·盘庚上》：“若火之燎于原，不可向迩，其犹可扑灭。”潘岳《哀永逝文》：“户阖兮灯灭，夜何时兮复晓?”

明，明纽阳部字。灭，明纽月部字。明、灭双声，阳、月通转。明、灭的引申义互为反义，语音相近，可证明、灭为一对反义同源词。

27. 荣|枯

荣，《说文·木部》：“荣，桐木也。”于省吾《释𤇾·双剑誃古文杂释》：“盖𤇾之本义，上从二火，下象交萦之形。故从𤇾之字，荧𦃃莹营荣萦等，均有光明交互繁盛之义也。”方濬益《缀遗斋彝器款识考释》：“𤇾即荣之古文……象木枝柯相交之形，其端从炏，木之华也……华之义为荣。”可知荣有繁茂、盛多义，此义项套用桐木之“荣”字。《荀子·大略》：“宫室荣与? 妇谒盛与?”杨倞注：“荣，盛也。”《素问·四气调神大论》：“春三月，此为发陈，天地俱生，万物以荣。”陶潜《归去来兮辞》：“木欣欣以向荣，泉涓涓而始流。”

枯，本义为枯槀。《说文·木部》：“枯，槀木也。《夏书》曰：‘唯、箘、辂、枯’。木名也。”段玉裁注于“木名”前加“枯”字。槀，《说文·木部》：“槀木枯也。”枯、槀二字在《说文》中用以互训，可知义相近。《周易·大过卦》：“枯杨生稊。”孔颖达疏：“枯谓枯槁。”《礼记·月令》：“(孟夏之月)行冬令则草木蚤枯。”曹冏《六代论》：“夫泉竭则流涸，根朽则叶枯。”白居易《赋得古原草送别》：“离离原上草，一岁一枯荣。”马致远《天净沙·秋思》：“枯藤老树昏鸦，小桥流水人家。”

荣，匣纽耕部字。枯，溪纽鱼部字。匣、溪旁纽，耕、鱼旁对转。

28. 茹|吐

茹，本义为喂牛马。《说文·艸部》：“茹，饮马也。”《方言》卷七：“茹，食也。吴越之间，凡贪饮食者谓之茹。”引申为吃，吞咽义。《孟子·尽心》：“舜之饭糗茹草也，若将终身焉。”《诗经·大雅·烝民》：“柔则茹之，刚则吐之。”《庄子·人间世》：“回之家贫，唯不饮酒不茹荤者数月矣。”《汉书·董仲舒传》：“食于舍而茹葵。”颜师古注曰：“食菜曰茹。”又如“茹毛饮血”“吃斋茹素”“茹恨”等词，“茹”均为吃、吞咽义。

吐，本义为使东西从口中出来。《说文·口部》：“吐，寫也。”《释名·释疾病》：“扬、豫以东，谓泻为吐也。”《玉篇·口部》：“吐，口吐。”《荀子·赋篇》：“冬伏而夏游，食桑而吐丝。”《史记·鲁周公世家》：“然我一沐三捉发，一饭三吐哺。”宋刘义庆《世说新语·德行》：“公于是独往食，辄含饭着两颊边。还，吐与二儿。”《水浒传》第六回：“只见树影里一个人探头探脑，望了一望，吐了一口唾，闪入去了。”

茹，日纽鱼部字。吐，透纽鱼部字。茹、吐叠韵，日、透准旁纽，书传中茹、吐也被当作相反义用作对比修辞，可知茹、吐为一对反义同源词。

29. 深|浅

深，《说文·水部》：“深，水。出桂阳南平，西入营道。”可知深为水名，书传中却多用为与“浅”相对之义，表从水底到水面的距离远，该义套用了深水之“深”字作为本字。《周礼·醢人》载“深蒲”，郑玄注：“蒲蒻入水深，故曰深蒲。”《诗经·邶风·谷风》：“就其深矣，方之舟之。”左思《魏都赋》：“回渊漼，积水深。”刘禹锡《陋室铭》：“山不在高，有仙则名；水不在深，有龙则灵。”苏轼《石钟山记》：“郦元以为下临深潭，微风鼓浪，水石相击，声如洪钟。”

浅，本义为水不深。《说文·水部》：“浅，不深也。”“深”“浅”互为相反义。《玉篇·水部》：“浅，水浅也。”《诗经·邶风·瓠有苦叶》：“深则厉，浅则揭。”孔颖达疏：“若过深水则厉，浅水则褰衣。”《古诗十九首·迢迢牵牛星》：“河汉清且浅，相去复几许？”毛文锡《浣溪沙》词：“七夕年年信不违，银河清浅白云微。”书传中“浅”多用作“水少”义。

深，书纽侵部字，书纽为审纽三等。浅，清纽元部字。审、清邻纽，侵、元通转。

30. 生|熟

生，本意为生长、长出。《说文·生部》："生，进也。象草木生出土上。"段玉裁注："下象土，上象出。"徐灏笺注："《广雅》曰：'生，出也。'生与出同义，故皆训为进。"《广韵·庚韵》："生，生长也。"《诗经·大雅·卷阿》："梧桐生矣，于彼朝阳。"《诗经·小雅·信南山》："生我百谷。"《荀子·劝学》："蓬生麻中，不扶而直。"

正在生长之物皆未成熟、定型，故可引申为"未经加工、锻炼"之义，亦即生熟之"生"。《荀子·礼论》："饭以生稻，唅以槁骨，反生术矣。"《史记·项羽本纪》："项王曰：'赐之彘肩。'则与一生彘肩。"《晋书·孝友传·孙晷》："时年饥谷贵，人有生刈其稻者，晷见而避之。"杨万里《同尤延之京仲远玉壶饯客》："金杯玉酒沉寒冰，青李来禽尚带生。"汉语中有"生铁""生石膏"等词，"生"亦是未经加工、锻炼之义。

熟，本义为食物加热到可以吃的程度。《玉篇·火部》："熟，烂也。"《广韵·屋韵》："熟，成也。"引申为成熟。《尚书·金縢》："秋，大熟，未收。"《礼记·礼运》："熟治万物。"《左传·宣公二年》："宰夫胹熊蹯不熟。"《庄子·人间世》："夫柤梨橘柚果蓏之属，实熟则剥。"韩愈《送张道士》："霜天熟柿栗，收拾不可迟。"

生，生纽耕部字，生纽为审纽二等。熟，禅纽沃部字。审、禅旁纽，耕、沃旁对转，可证生、熟为一对反义同源单音词。

31. 始|终

始，本义为初，开始。《说文·女部》："始，女之初也。"段玉裁注："《释诂》曰：初，始也。此与为互训。"《尚书·吕刑》："蚩尤惟始作乱。"《周易·乾卦》："大哉乾元，万物资始。"《老子》第一章："无名天地之始。"《周易·恒卦》："始求深也。"虞注："乾为始。"《礼记·经解》："君子慎始。"《荀子·王制》："天地者，生之始也。"魏征《谏太宗十思疏》："忧懈怠则思慎始而敬终。"韩愈《曹成王碑》："王始政于温，终政于襄。"

终，《说文·糸部》："终，絿丝也。"林义光《文源》："（甲骨文）象两端有结形。"许说不确，甲骨文字形象丝两端打结，终之本义当为终止，与"始"相对。《睡虎地秦墓竹简·封诊式·经死》："索上终权，再周结索。"《广雅·释诂一》：

“终，极也。”《广雅·释诂四》：“终，穷也。”可知终有“极，穷尽”义，《庄子·天道》：“夫道，于大不终，于小不遗，故万物备。”《周易·系辞》：“《易》之为书也，原始要终，以为质也。”《诗经·大雅·荡》：“靡不有初，鲜克有终。”《国语·鲁语上》：“终则讲于会，以正班爵之义。”韦昭注：“终，毕也。”刘勰《文心雕龙·章句》：“原始要终，体必鳞次。”元稹《莺莺传》：“始乱之，终弃之，固其宜矣。”

始，书纽之部字，书为审纽三等。终，章纽东部字，章为照纽三等。照、审旁纽，之、东旁对转。始、终在文献中多作相对义，语音有通转关系，可证始与终为一对反义同源词。

32. 疏|数(shuò)

疏，本义为疏导、开通。《说文·𠫓部》：“疏，通也。从㐬从疋，疋亦声。”朱骏声通训定声：“㐬者，子生也；疋者，破包足动也。孕则塞，生则通，因转注为开通分远之谊。”《国语·周语》：“疏为川谷，以导其气。”后引申为分散、分开。银雀山汉墓竹简《孙膑兵法·积疏》：“敌积，故可疏；盈，故可虚。”《淮南子·道应》：“知伯围襄子于晋阳，襄子疏队而击之，大败知伯。”高诱注：“疏，分也。”《新唐书·南诏传》：“雨矢射王师。威疏军行，向矢所发丛射之。”

数，本义为计算，点数。《说文·攴部》：“数，计也。”桂馥义证：“计也者，本书筭计历数者算数也。《一切经音义》：‘数，计也。阅其数曰数也。’”《周礼·廪人》：“以岁之上下数邦用，以知足否，以诏谷用，以治年之凶丰。”

数(shuò)，引申为紧凑义。《尔雅·释草》：“莽，数节。”郭璞注：“竹类也。节间促。”陆德明释文：“数，犹促也。”《墨子·备城门》：“门扇数，令相接三寸，施土扇上。”毕沅注：“数，同促也。”《孟子·梁惠王》：“数罟不入洿池，魚鳖不可胜食也。”赵岐注：“数罟，密网也。”《吕氏春秋·辩土》：“慎其种，勿使数，亦无使疏。”

疏，山纽鱼部字。数，山纽屋部字。疏、数双声，鱼、屋旁对转，疏、数在书典中亦被当作相对义使用，语音相近，可证疏、数(shuò)为一对反义同源词。

33. 夙|夕

夙，本义为早晨。《说文·夕部》：“㚢，早敬也。从丮。持事虽夕不休，早敬者也。”《尔雅·释诂》：“夙，早也。”《玉篇·夕部》：“夙，旦也。”《尚书·舜典》：“夙夜为寅，直哉惟清。”孔传：“夙，早也。言早夜敬思其职，典礼施政教，使正直而清明。"《诗经·召南·行露》:"岂不夙夜,谓行多露。"《诗经·齐风·东方未明》:"折柳樊圃,狂夫瞿瞿。不能辰夜,不夙则莫。"毛传:"夙,早;莫,晚。"李密《陈情事表》:"臣以险衅,夙遭闵凶:生孩六月,慈父见背;行年四岁,舅夺母志。"

夕,本义为傍晚。《说文·夕部》:"夕,莫也。从月半见。"孙海波《甲骨文录考释》:"卜辞月、夕同文,惟以文意别之,盖月出二字之谊同取于月初见,故易混也。"《诗经·小雅·北山》:"偕偕士子,朝夕从事。"《左传·昭公元年》:"君子有四时:朝以听政,昼以访问,夕以脩令,夜以安身。"《周礼·地官·司市》:"夕市,夕时而市,贩夫贩妇为主。"陶潜《咏贫士》诗之一:"迟迟出林翮,未夕复来归。"

夙,心纽沃部字。夕,邪纽铎部字。心、邪旁纽,沃、铎旁转,可证夙、夕为一对反义同源词。

34. 喜|恶

喜,本义为快乐,喜悦。《说文·喜部》:"喜,乐也。"《玉篇·口部》:"喜,悦也。"《诗经·小雅·菁菁》:"既见君子,我心则喜。"毛传:"喜,乐也。"可引申为爱好义。《诗经·小雅·彤弓》:"我有嘉宾,中心喜之。"《史记·田敬仲完世家》:"盖孔子晚而喜《易》。"嵇康《与山巨源绝交书》:"卧喜晚起,而当关呼之不置。"

恶(wù),《广韵·暮韵》:"恶,憎恶也。"《周易·谦卦》:"人道恶盈而好谦。"《左传·隐公元年》:"庄公寤生,惊姜氏,故名曰寤生,遂寤之。"《史记·韩世家》:"公之所恶者张仪也。"陈继儒《珍珠船》:"燕恶艾,雀欲夺其巢,即衔艾置其巢中,燕见艾避去。"

喜,晓纽之部字。恶,影纽铎部字。晓、影邻纽,之、铎旁对转,喜、恶为一对反义同源词。

35. 消|息

消,消之本义为除去。《说文·水部》:"消,尽也。"《广雅·释诂四》:"消,减也。"引申为消减、衰退。《释名·释言语》:"消,削也,言减削也。"《字汇·水部》:"消,衰也,退也。"《周易·泰卦》:"内君子而外小人,君子道长,小人道消也。"《周易·丰卦》:"日中则昃,月盈则食,天地盈虚,与时消息,而况于人乎?况于鬼神乎?"高亨注:"消息犹消长也。"《淮南子·原道训》:"此膏烛之类也,火逾然而消逾亟。"蔡邕《陈太丘碑》:"元方在丧毁瘁,消形呕血。"周邦彦《过秦楼》:“空见说,鬓怯琼梳,容消金镜。”

息,本义为呼吸时进出的气。《说文·心部》:“息,喘也。”段玉裁注:“喘,疾息也。喘为息之疾者析言之。此云息者喘也,浑言之。人之气急曰喘,舒曰息。引申为休息之称。又引申为生长之称。”《释名·释言语》:“息,塞也。言物滋息塞满也。”《集韵·职韵》:“息,生也。”后引申为滋生义。《周易·革卦》:“水火相息。”王弼注:“息者,生变之谓也。”孔颖达疏:“息,生也。”《庄子·秋水》:“消息盈虚,终则有始。”《荀子·大略》:“有国之君,不息牛羊;错质之臣,不息鸡豚。”韩愈《柳州罗池庙碑》:“猪牛鸡鸭,肥大蕃息。”

消,心纽宵部字。息,心纽职部字。消、息双声,宵、职旁对转。《周易》乾卦主阳,坤卦主阴。阳升则万物滋长,故称息;阴降则万物灭,故称消。《史记·历书》:“盖黄帝考定星历,建立五行,起消息,正闰余,于是有天地神祇物类之官,是谓五官。”一息一消乃为平衡,消息在书传中就有用作相对义,语音相近,可证消、息为一对反义同源词。

36. 休|咎

休,本义为休息。《说文·木部》:“休,息止也。”《诗经·大雅·民劳》:“民亦劳止,汔可小休。”《诗经·周南·汉广》:“南有乔木,不可休思。”可引申为美好义。《尔雅·释诂下》:“休,美也。”《广韵·尤韵》:“休,美也,善也。”《易经·大有卦》:“顺天休命。”郑注:“美也。”《诗经·豳风·破斧》:“哀我人斯,亦孔之休。”毛传:“休,美也。”休亦引申为吉庆义,《尔雅·释言》:“休,庆也。”邢昺疏:“谓嘉庆也。”《拾雅·释训》:“休,福禄也。”《左传·襄公二十八年》:“以礼承天之休。”杜预注:“休,福禄也。”《战国策·魏策》:“休祲降于天。”《国语·楚语下》:“无不受休。”休有喜悦、欢乐义,《广雅·释诂》:“休,喜也。”《诗经·小雅·菁菁者莪》:“既见君子,我心则休。”《国语·周语下》:“为晋休戚。”成语“休戚与共”之“休”即为此义。

咎,本义为凶,灾祸。《说文·人部》:“咎,灾也。”《尔雅·释诂上》:“咎,病也。”《尚书·大禹谟》:“君子在野,小人在位,民弃不保,天降之咎。”孔传:“言民叛天宰之。”《左传·庄公二十一年》:“郑伯效尤,其亦将有咎。”贾谊《吊屈原赋》:“嗟苦先生,独离此咎。”《史记·淮阴侯列传》:“盖闻天与弗取,反受其咎。”陆机《君子行》:“休咎相乘蹑,翻覆若波澜。”

休，晓纽幽部字。咎，群纽幽部字。晓、群旁纽，休、咎叠韵，语音相近，语义相反，休、咎为一对反义同源词。

37. 掩|扬

掩，本义为隐蔽、遮蔽。《说文·手部》："掩，敛也。""掩"的异体字为"揜"，《说文·手部》："自关以东谓取曰揜。一曰覆也。"段玉裁注曰："《方言》曰：掩、索、取也。自关而东曰掩，自关而西曰索，或曰抯。按许所据方言盖作揜。李善注子虚、上林赋引方言亦作揜也。今《广雅》：掩，取也。字作掩。"《方言》："掩，薆也。"戴震疏证："《释名》曰：'薆，隐也。'注云：'谓隐蔽。'"《尚书·盘庚》："世选尔劳，予不掩尔善。"孔传："言我世世选汝功勤，不掩蔽汝善。"《仪礼·士丧礼》："掩练帛，广终幅。"《左传·僖公三十三年》："且吾不以一眚掩大德。"李白《梦游天姥吟留别》："天姥连天向天横，势拔五岳掩赤城。"

扬，《说文·手部》："扬，飞举也，从手，昜声。"于省吾《释鬼方昜》："甲骨文昜字习见……称'鬼方昜'者两见，今录之于下：己酉卜，宄贞，鬼方昜，亡咎。五月(乙 6684)。己酉卜，内贞，鬼方昜，亡咎。五月(甲 3343)。以上两条都属于第一期，语例相同。"①"按，昜与敭古今字……鬼方昜的昜字作动词用，是说鬼方飞扬而去，言其逃亡之速，故下句以无咎为言。"②可知扬的本义为飞举，升高。《诗经·小雅·沔水》："鴥彼飞隼，载飞载扬。"《礼记·檀弓》："平公曰：'寡人亦有过焉。酌而饮寡人！'杜蒉洗而扬觯。"汉王逸《九思·逢尤》："飘风起兮扬尘埃，走鬯罔兮乍东西。"姚鼐《登泰山记》："大风扬积雪击面。亭东自足下皆云漫。"

凡掩蔽，以物遮物，皆自上而下；"扬"即上扬，义正相反。掩，影纽谈部字。扬，以纽阳部字，以纽为喻纽四等字。关于喻纽四等字的来源，下文将有专门论述，本书采用董同龢先生的意见，认为喻母四等有舌根音，因而影、以邻纽，谈、阳主要元音相同，且韵尾都为鼻音，可以通转。

38. 生|死

生，本义为生长、长出。《说文·生部》："生，进也。象草木生出土上。"段玉裁注："下象土，上象出。"徐灏笺注："《广雅》曰：'生，出也。'生与出同义，故皆训

---

① 《甲骨文字释林·下卷》，于省吾著，中华书局 1979 年，第 424 页。
② 同①。

为进。”《广韵·庚韵》：“生，生长也。”《诗经·大雅·卷阿》：“梧桐生矣，于彼朝阳。”《诗经·小雅·信南山》：“生我百谷。”《礼记·月令》：“瓜生，苦菜秀。”《荀子·劝学》：“蓬生麻中，不扶而直。”可引申为“活”义，与“死”相对。《诗经·邶风·击鼓》：“死生契阔，与子成说。”《论语·颜渊》：“爱之欲其生，恶之欲其死。”《汉书·韩信传》：“陷之死地而后生，投之亡地而后存乎？”

死，《说文·死部》：“死，澌也。人所离也。”段玉裁注：“《方言》：‘澌，索也，尽也。’是澌为凡尽之称，人尽曰死。”甲骨文“死”，甲 1165 作，前 5.41.3 作；金文“死”，西周早期大盂鼎作，西周晚期颂壶作。商承祚《殷墟文字类编》：“甲文象生人拜于朽骨之旁，‘死’之谊昭然也。”《甲骨文字诂林》：“象生人拜于朽骨之旁，死之义也。”①《释名·释丧故》：“人始气绝曰死。死，澌也，就消澌也。汉以来谓死为物故，言其诸物皆就朽故也。”可知“死”之本义为生命终结，与“生”相对。《尚书·康诰》：“暋不畏死，罔弗憝。”《列子·天瑞》：“死者，人之终也。”《礼记·月令》：“靡草死，麦秋至。”《左传·哀公十六年》：“民知不死，其亦夫有奋心。”李商隐《无题》：“春蚕到死丝方尽，蜡炬成灰泪始干。”

生，生纽耕部字，生纽为审纽二等。死，心纽脂部字。审、心邻纽，耕、脂通转，二字在文献中被当做相反义使用，生、死为一对反义同源词。

39. 题|蹄

题，本义为额头。《说文·页部》：“题，頟也。”《尔雅·释言》：“颠，题也。”郭璞注：“题，额也。”邢昺疏：“皆为额也。”《韩非子·解老》：“弟子曰：‘是黑牛而白题也。’”《礼记·王制》：“南方曰蛮，雕题交趾，有不火食者矣。”孔颖达疏：“题为頟也。”《楚辞·招魂》：“雕题黑齿，得人肉以祀，以其骨为醢些。”王逸注：“题，頟也。”可引申为物体的前端或顶端。《小尔雅·广服》：“题，头也。”《孟子·尽心》：“堂高数仞，榱题数尺，我得志，弗为也。”《淮南子·本经训》：“乃至夏屋宫驾，县联房植，橑檐榱题，雕琢刻镂。”高诱注：“题，头也。”

蹄，本义指马、牛、羊、猪等动物生在趾端的角质物。《释名·释形体》：“蹄，底也。足底也。”贾昌朝《群经音辨》卷六：“蹄，兽足也。”亦指具有这种角质物的脚。《周易·说卦》：“其于马也，为美脊，为亟心，为下首，为薄蹄，为曳。”《孟

① 《甲骨文字诂林》第四卷，于省吾主编，中华书局 1999 年，第 2877 页。

子·滕文公》:"兽蹄鸟迹之道,交于中国。"《庄子·马蹄》:"马蹄可以践霜雪。"韩愈《游城南·题于宾客庄》:"马蹄无入朱门迹,纵使春归可得知?"

题,定纽支部字。蹄,定纽支部字。题、蹄双声叠韵,语义相反,为一对反义同源词。

40. 顶|底

顶,本义为头的最上部。《说文·页部》:"顶,颠也。"《易经·大过》:"过涉灭顶,凶,无咎。"韩愈《论佛骨表》:"焚顶烧指,百十为群。"可引申为物体的最上部。《方言》卷六:"顶,上也。"《淮南子·修务训》:"今不称九天之顶,则言黄泉之底,是两末之端议,何可以公论乎!"杜甫《西枝村寻置草堂地夜宿赞公土室》之二:"晨光稍朦胧,更越西南顶。"沈括《梦溪笔谈》:"山顶有大池,相传以为雁荡。"

底,本义为物体的下层或下面。《说文·广部》:"底,山居也。一曰下也。"段玉裁注:"下为底,上为盖。今俗语如是。"《广韵·荠韵》:"底,下也。"《左传·昭公元年》:"勿使有壅蔽湫底。"《列子·汤问》:"实惟无底之谷。"宋玉《高唐赋》:"俯视峥嵘,窐寥窈冥;不见其底,虚闻松声。"引申为尽头、末尾义。郭璞《元皇帝哀策文》:"灵庆有底,见龙在田。"汉语有月底、年底等词。

顶,端纽耕部字。底,端纽脂部字。顶、底双声,耕、脂通转,语义相反,语音相近且可通转,可证顶、底为一对反义同源词。

41. 教|学

教,本义为教化。《说文·攴部》:"教,上所施下所效也。"徐锴系传:"攴所执以教道人……"段玉裁注:"上施,故从攴;下效,故从孝。"玄应《一切经音义》引《三苍》曰:"教,诲也。"《广韵·效韵》:"教,教训也。"教也有教育、教诲义。《礼记·学记》:"教也者,长善而救其失者也。"《春秋繁露》:"精华,教政之本也。"《周礼·师氏》:"以教国子弟。"《孟子·梁惠王》:"谨庠序之教,申之以孝悌之义。"章学诚《文史通义·原学》:"教也者,教人自知适当其可之准,非教之舍己而从我也。"

学,《说文·教部》:"学,觉悟也。"《广雅·释诂》:"学,效也。"《玉篇·子部》:"学,受教也。"《字汇·子部》:"学,受教传业也。"《尚书·说命》:"学于古训,乃有获。"《诗经·周颂·敬之》:"日就月将,学有缉熙于光明。"郑玄笺:"且欲学于有光明之光明者，谓贤中之贤也。”陆游《示子遹》：“汝果欲学诗，工夫在诗外。”

教，见纽宵部字。学，匣纽沃部字。见、匣旁纽，宵、沃对转。学还有一个音，jiào，就是“教授”义。《广雅·释诂》：“学，教也。”《集韵·效韵》：“教，《说文》‘上所施下所效’。或作学。”《国语·晋语》：“顺德以学子，择言以教子，择师保以相子。”韦昭注：“学，教也。”《礼记·文王世子》：“凡学世子及学士，必时。”陆德明释文：“学，户孝反，教也。”古教、学二字可相替换用，可知教、学本由一字分化而来，为一对反义同源词。

42. 聪|聋

聪，本义为听而能审察是非真假，《说文·耳部》：“聪，察也。从耳，悤声。”《管子·宙合》：“耳司听，听必须闻，闻审谓之聪。”尹知章注：“耳之所闻，既顺且审，故谓之聪。”可引申为听觉灵敏。《礼记·杂记》：“视不明，听不聪，行不正，不知哀，君子病之。”《孟子·离娄》：“师旷之聪，不以六律，不能正五音。”《荀子·劝学》：“目不两视而明，耳不两听而聪。”韩愈《元和圣德诗》：“皇帝神圣，通达古今，听聪视明，一似尧、禹。”

聋，本义为听觉失灵、迟钝。《说文·耳部》：“聋，无闻也。”《释名·释疾病》：“聋，笼也。如在蒙笼之内，听不察也。”马叙伦也有类似解读，《说文解字六书疏证》：“聋之从龙得声，盖以聋是耳病。耳将聋者，其膜侧而发声龙龙然也。”《广雅·释训》：“聋、聩，皆不能听之疾。”《庄子·逍遥游》：“聋者无以与乎钟鼓之声。”《韩非子·解老》：“耳不能别清浊之声则谓之聋。”《左传·僖公二十四年》：“耳不听五声之和为聋，目不别五色之章为昧。”韩愈《双鸟》：“有耳聒皆聋，有口反自羞。”

聪，清纽东部字。聋，来纽东部字。聪、聋叠韵，清母为齿头音，来母为舌头音，清、来邻纽，语义相反，语音相近，可证聪、聋为一对反义同源词。

43. 陟|垫

陟，本义为登，与“降”相反。《说文·𨸏部》：“陟，登也。”罗振玉《增订殷墟书契考释》卷中：“自𨸏示山陵形，从㢟象二足从下而上。”商承祚《甲骨文字研究下编》：“𨸏为山之无石者，从㢟象人足由下上升形。”《尔雅·释诂》：“陟，升也。”《诗经·周南·卷耳》：“陟彼崔嵬，我马虺隤。”《诗经·商颂·殷武》：“陟彼景山，松柏丸丸。”张衡《东京赋》：“省幽明以黜陟。”骆宾王《秋日山行简梁大官》：“束马陟层阜，回首睇山川。”王士禛《池北偶谈·谈异四·汤学士梦》：“左庶子汤潜庵斌，夜梦登高山，已陟其半，忽一人自后越之先登。”

垫，本义为下陷。《说文·土部》：“垫，下也。《春秋传》曰：‘垫隘。’”扬雄《方言》卷六：“垫，下也。凡屋而下曰垫。”王筠句读：“垫者，陷而下也。”《尚书·益稷》：“洪水滔天，浩浩怀山襄陵，下民昏垫。”郑注：“垫，陷也。”孔颖达疏：“垫是下湿之名。”《左传·襄公二十五年》：“久将垫隘。”《汉书·王莽传》：“武功中水乡民三舍垫为池。”颜师古注：“垫，陷也。”刘禹锡《儆舟》：“目未及瞬而楼倾轴垫，圮于泥沙，力莫能支也。”

陟，知纽职部字。垫，端纽侵部字。古无舌上音，知母归端，故而陟、垫双声；职、侵主要元音相同，可通转。可证陟、垫为一对反义同源词。

44. 家|野

家，本义为住所。《说文·宀部》：“家，居也。从宀，豭省声。”《玉篇·宀部》：“家，人所居，通曰家。”《周易·丰卦》：“丰其屋，蔀其家，窥其户，阒其无人。”《尚书·皋陶谟》：“夙夜浚明有家。”陶潜《桃花源记》：“便要还家，设酒杀鸡作食。”引申为室内义。《诗经·大雅·绵》：“古公亶父，陶复陶穴，未有家室。”毛传：“室内曰家。”孔颖达疏引李巡曰：“谓门以内也。”《尔雅·释宫》：“牖户之间谓之扆，其内谓之家。”郭璞注：“今人称家，义出于此。”

野，本义为郊外。《说文·里部》：“野，郊外也。”段玉裁注：“邑外谓之郊。郊外谓之野。”《周易·坤卦》：“上六，龙战于野，其血玄黄。”《尚书·牧誓》：“王朝至于商郊牧野。”《诗经·邶风·燕燕》：“之子于归，远送于野。”毛传：“郊外曰野。”《诗经·豳风·七月》：“七月在野，八月在宇，九月在户，十月蟋蟀，入我床下。”

家，见纽鱼部字。野，以纽鱼部字，以为喻纽四等，我们认为喻四的有舌根音，故而见、以旁纽，家、野叠韵。

45. 精|粗

精，本义为优质纯净的米。《说文·米部》：“精，择也。”徐锴系传：“精，精择也。”段玉裁注：“择米，谓䉁择之米也。”《论语·乡党》：“食不厌精，脍不厌细。”刘宝楠正义：“精者，善米也。”《庄子·人间世》：“鼓筴播精，足以食十人。”王先谦集解引司马彪曰：“简米曰精。”可引申为纯洁、纯净。《广韵·青韵》：“精，正也。”《易经·乾卦》：“大哉乾乎！刚健中正，纯粹精也。”高亨注：“色不杂曰纯，米不杂曰粹，米至细曰精。此用以形容天德，是其引申义。”《国语·周语》：“袚除其心，精也。”韦昭注：“精，洁也。”《管子·内业》：“精也者，气之精者也，气道乃生。”《国语·楚语下》：“玉帛为二精。”韦昭注：“明洁为精。”

粗，本义为糙米，粗粮。《说文·米部》：“粗，疏也。”段玉裁注：“《大雅·召旻》：‘彼疏斯粺。’笺云：‘疏、麤也。’谓糲米也。麤即粗。”《庄子·人间世》：“吾食也执粗而不臧。”可引申为粗糙，质地粗劣。段玉裁注：“引申假借之凡物不精者皆谓之粗。”《荀子·正名》：“愚者之言，芴然而粗。”《西游记》第九回：“草履麻绦粗布被，心宽强似着罗衣。”

精，精纽耕部字。粗，清纽鱼部字。精、清旁纽，耕、鱼旁对转，可知精、粗为一对反义同源词。

46. 开|合

开，本义为开门。《说文·门部》：“开，张也。”《玉篇·门部》：“开，张也。”杨树达《积微居小学述林·释开辟闭》：“古文，一者象门關之形……古文开从収，以两手取其门关，故为开。”引申为打开，舒展。《易经·系辞上》：“开物成务。”《老子》第二十七章：“善闭，无关楗而不可开。”《诗经·周颂·良耜》：“以开百室，百室盈止，妇子宁止。”东方朔《非有先生论》：“开内藏，振贫穷，存耆老，恤孤独。”张衡《西京赋》：“前开唐中，弥望广潒；顾临太液，沧池漭沆。”《木兰诗》：“开我东阁门，坐我西阁床。”

合，本义为闭，合拢。《说文·亼部》：“合，合口也。”朱芳圃《殷周文字释丛》：“字象器盖相合之形。”余永梁在《殷墟文字考》亦有相同看法。《战国策·燕策二》：“蚌方出曝，而鹬啄其肉，蚌合而拑其喙。”《山海经·大荒西经》：“西北海之外，大荒之隅，有山而不合，名曰不周负子。”《醒世恒言·薛录事鱼服证仙》：“方才把口就饵上一合，还不曾吞下肚子，早被赵干一掣，掣将过去。”引申为聚集，聚合。《易经·噬嗑》：“刚柔分，动而明，雷电合而章。”《国语·楚语下》：“于是乎合其州乡朋友婚姻，比尔兄弟亲戚。”韦昭注：“合，会也。”郦道元《水经注·江水》：“大江又东，左合子夏口。”

开，溪纽微部字。合，匣纽缉部字。溪、匣旁纽，微、缉主要元音相同，可通转，可证开、合为一对反义同源词。

47. 老|少

老，本义为年岁大。《说文·老部》："老，考也。七十曰老。"商承祚《殷墟文字类编》卷八："象老者倚杖之形。"《礼记·曲礼》："七十以上曰老。"《国语·吴语》："有父母耆老而无昆弟者以告。"注："六十曰耆，七十曰老。"《论语·季氏》："及其老也，血气既衰，戒之在得。"邢昺疏："老谓五十以上。"《楚辞·离骚》："老冉冉其将至兮。"王逸注："七十曰老。"《诗经·小雅·北山》："嘉我未老，鲜我方将。"《后汉书·马援传》："穷当益坚，老当益壮。"

少，《说文·小部》："少，不多也。"甲骨文"少"，乙 189 作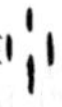；金文"少"，春秋晚期蔡侯纽钟作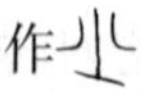。少、小甲骨文为一字，小，《说文·小部》："小，物之微也。"小为象形字，象沙之微小形，本义为微小，与"大"相对，少的本义为数量小。段玉裁注："不多则小，故古文少、小互训通用。"徐灏笺注："多少、老少今分上去二音，然老少之义因乎多少。"《太玄·玄衡》："少，微也。"可引申为年纪小。《玉篇·小部》："少，幼也。"《墨子·兼爱中》："少失其父母者，有所放依而长。"《孟子·万章》："人少，则慕父母；知好色，则慕少艾。"《国语·晋语七》："（祁午）之少也，婉以从令，游有乡，处有所，好学而不戏。"韦昭注："少，稚也。"

老，来纽幽部字。少，书纽宵部字，书为审纽三等。来、审准旁纽，幽、宵旁转，老、少为一对反义同源词。

48. 廉|贪

廉，本义为狭窄。《说文·广部》："廉，仄也。"段玉裁注："此与广为对文，谓逼仄也。"贾思勰《齐民要术·耕田》："凡秋耕欲深，春、夏欲浅；犁欲廉，劳欲再。"石声汉注："犁的行道要狭窄。"后引申为棱角，《广雅·释言》："廉，棱也。"《礼记·月令》："其器廉以深。"孙希旦集解："器廉以深者，外有廉隅，而其中深邃，象金器之严肃而收敛也。"也引申为正直义。《论语·阳货》："古之矜也廉，今之矜也忿戾。"朱熹集注："廉，谓棱角峭厉。"还可引申为廉洁义。《玉篇·广部》："廉，清也。"《周礼·小宰》："一曰廉善，二曰廉能。"《孟子·离娄》："孟子曰：可以取，可以无取，取伤廉，可以与，可以无与，与伤惠，可以死，可以无死，死伤勇。"《贾子·道术》："辞利刻歉谓之廉。"

贪，本义为爱财，不择手段地获取财物。《说文·贝部》：“贪，欲物也。”《方言》卷一：“晋、魏河内之北，谓惏曰残。楚谓之贪。”《墨子·非儒》：“贪于饮食，惰于作务。”《韩非子·十过》：“虞公贪利其璧与马而欲许之。”《战国策·齐策》：“左右皆恶之，以为贪而不知足。”姚合《新昌里》：“近贫日益廉，近富日益贪。以此当自警，慎勿信邪谗。”

廉，来纽谈部字。贪，透纽侵部字。来、透旁纽，谈、侵旁转，可知廉、贪为一对反义同源词。

49. 迎|逆

迎，本义为相逢。《说文·辵部》：“迎，逢也。”段玉裁注：“夆、啎也。逢、遇也。其理一也。”《方言》：“逢、逆，迎也。自关而东曰逆，自关而西或曰迎，或曰逢。”迎有迎接义。《淮南子·时则》：“以迎岁于东郊。”注：“逆春也。”《礼记·昏仪》：“冕而亲迎。”《孟子·梁惠王》：“以万乘之国，伐万乘之国，箪食壶浆，以迎王师。”韩愈《唐故江南西道观察使太原王公神道碑铭》：“制使出巡，人填道迎，显公德。”王安石《白沟行》：“白沟河边蕃塞地，送迎蕃使年年事。”

逆，《说文·辵部》：“逆，迎也。”段玉裁注：“逆迎双声。二字通用。如禹贡逆河、今文尚书作迎河是也。”马叙伦《说文解字六书疏证》卷四：“（逆）乃象人自外来，其首内向也。则足趾外向，明自内出迎之也。”罗振玉《增订殷墟书契考释》：“（甲骨文）逆象（倒）人自外入，而辵以迎之。”《尔雅·释言》：“逆，迎也。”可知逆之本义即为迎接。然逆有反向引申义，颠倒、退却义。《周礼·考工记·匠人》：“囷窌仓城，逆墙六分。”郑玄注：“逆，犹却也。”孙诒让正义：“《广雅·释言》云：‘却，退也。’却墙，谓墙上退却，杀减其广也。”《韩非子·难一》：“今师旷非平公之行，不陈人臣之谏，而行人主之诛，举琴而亲其体，是逆上下之位，而失人臣之礼也。”《左传·文公二年》：“大事于大庙，跻僖公，逆祀也。”郦道元《水经注·江水》：“当崩之日，水逆流百余里。”

迎，疑纽阳部字。逆，疑纽铎部字。迎、逆双声，阳、铎主要元音相同可对转，迎与逆在文献中可互训，可证迎、逆为一对反义同源词。

50. 贫|富

贫，本义为缺少钱财。《说文·贝部》：“贫，财分少也。”《尚书·洪范》：“六极……四曰贫。”孔传:“困于财。”《庄子·让王》:“无财谓之贫。”《荀子·天论》:“强本而节用,则天下不能贫。”可引申为匮乏、缺乏,《广韵·真韵》:“贫,乏也,少也。”《慎子·外篇》:“奢者心常贫,俭者心常富。”《文心雕龙·练字》:“富于万篇,贫于一字。”左思《吴都赋》:“毕天下之至异,讫无索而不臻,溪壑为之一罄,川渎为之中贫。”

富,富的本义为完备,《说文·宀部》:“富,备也。一曰厚也。”《礼记·祭义》:“殷人贵富而尚齿。”可引申为财物多。《玉篇·宀部》:“富,丰于财。”《尚书·洪范》:“五福:一曰寿,二曰富,三曰康宁,四曰攸好德,五曰终考命。”孔传:“富,财丰备。”孔颖达疏:“二曰富,家丰财货也。”《易经·系辞·上》:“富有之谓大业。”韩康伯注:“广大悉备,故曰富有。”《易经·家人》:“富家大吉。”疏:“禄位昌盛也。”曹丕《上留田》:“富人食稻与粱,贫子食糟与糠。”韩愈《赴江陵途中寄赠》:“有司恤经费,未免烦征求。富者既云急,贫者固已流。”

贫,并纽谆部字,谆部归文。富,非纽之部字。古无轻唇音,非纽归帮。帮、并旁纽,之、文主要元音相同,可通转。贫富在文献中经常被用于相反义,可证贫、富为一对反义同源词。

51. 勤|逸

勤,本义为辛劳。《说文·力部》:“勤,劳也。”《尔雅·释诂》:“勤,劳也。”《尚书·天逸》:“厥父母勤劳稼穑。”《尚书·周官》:“尔卿士,功崇惟志,业广惟勤。”《诗经·周颂·赉》:“文王既勤止,我应受之。”《礼记·玉藻》:“勤者,有事则收之。”韩愈《进学解》:“业精于勤荒于嬉,行成于思毁于随。”

逸,本义为逃逸、逃跑。《说文·兔部》:“失也。从辵、兔。兔谩訑善逃也。”段玉裁注:“此以叠韵为训。亡逸者、本义也。引伸之为逸游、为暇逸。”《尚书·皋陶谟》:“无教逸欲有邦。”《左传·桓公八年》:“随侯逸,斗丹获其戎车,与其戎右少师。”杜预注:“逸,逃也。”引申为放纵、荒淫。《尚书·大禹谟》:“罔游于逸,罔淫于乐。”孔颖达疏:“逸为纵体。”《汉书·吴王刘濞传》:“陛下多病志逸,不能省察。”颜师古注:“逸,放也。”高启《劝农文》:“复召父老廷对宣谕,唯恐尔民荒逸惰游以陷于罪,德甚厚也。”

勤,群纽谆部字,谆部归文。逸,以纽质部字,以纽为喻纽四等。本书认为喻四有舌根音,群、喻四为旁纽,文、质旁对转。

52. 清|浊

清，本义为水纯净、透明。《说文・水部》：“清，朗也，澂水之貌。”段玉裁注：“朗者，明也。澂而后明，故云澂水之貌。”《玉篇・水部》：“清，澄也，洁也。”《诗经・魏风・伐檀》：“河水清且涟猗。”《诗经・郑风・溱洧》：“溱与洧，浏其清矣。”曹植《又赠丁仪王粲》诗：“山岑高无极，泾渭扬浊清。”又可泛指纯净、纯洁，《尚书・尧典》：“夙夜惟寅，直哉惟清。”《楚辞・渔父》：“举世皆浊我独清，众人皆醉我独醒。”王逸注：“我独清，志洁己也。”《淮南子・原道》：“圣人守清道而抱雌节。”梁刘勰《文心雕龙・宗经》：“一则情深而不诡，二则风清而不杂。”

浊，指液体不清亮。《释名・释言语》：“浊，渎也。汁滓演渎也。”《篇海类编・地理类・水部》：“浊，不清也。”段玉裁《说文解字注・水部》：“从水。蜀声。直角切。三部。按：浊者，清之反也。诗曰：‘泾以渭浊’，又曰：‘载清载浊’。”浊可引申为脏，不干净。《楚辞・渔父》：“沧浪之水清兮，可以濯我缨；沧浪之水浊兮，可以濯我足。”嵇康《与山巨源绝交书》：“时与亲旧叙阔，陈说平生，浊酒一杯，弹琴一曲，志愿毕也。”姚合《过张邯郸庄》：“雨门延风凉，洗我昏浊肌。”

清，清纽耕部字。浊，澄纽屋部字。古无舌上音，澄母归定。清母齿头音，定母舌头音，清、定邻纽，耕、屋旁对转。清、浊文献中常用为相反义互训，可证清、浊为一对反义同源词。

53. 取|舍

取，本义为捕到猎物时以手割下左耳。《说文・又部》：“取，捕取也。从又从耳。《周礼》：“获者取左耳。”《司马法》曰：“载献聝。聝者，耳也。”商承祚《甲骨文字研究下编》：“(甲骨文取)此字正象以手执割耳之形。”《周礼・夏官・大司马》：“大兽公之，小禽私之，获者取左耳。”郑玄注：“得禽兽者取左耳，当以功记。”《左传・僖公二十二年》：“且今之勍者，皆吾敌也，虽及胡者，获则取之，何有于二毛?”可引申为得到、收取。《广韵・廣韵》：“取，受也。”《玉篇・又部》：“取，收也。”《诗经・魏风・伐檀》：“不稼不穑，胡取禾三百廛兮?”《荀子・劝学》：“青，取之于蓝，而青于蓝。”《孟子・万章上》：“一介不以与人，一介不以取诸人。”《楚辞・天问》：“女岐无合，夫焉取九子。”《史记・鲁仲连邹阳列传》：“所贵于天下之士者，为人排患释难解纷乱而无取也。”

舍，shè,《说文・亼部》：“市居曰舍。”段玉裁注：“馆、客舍也。客舍者何也?

谓市居也。市居者何也？周礼遗人曰：'凡国野之道，十里有庐，庐有饮食。三十里有宿，宿有路室，路室有委。五十里有市，市有候馆，候馆有积。'郑云：'一市之闲，有三庐一宿，候馆及庐、宿皆所谓市居曰舍也。'此市字非买卖所之，谓宾客所之也。"可知舍之本义为客馆。

又可引申为止息之义，段玉裁注曰："舍可止，引申之为凡止之称。释诂曰：'废税赦舍也。'凡止于是曰舍，止而不为亦曰舍，其义异而同也。犹置之而不用曰废，置而用之亦曰废也。论语'不舍昼夜'，谓不放过昼夜也，不放过昼夜，即是不停止于某一昼一夜。以今俗音读之，上去无二理也；古音不分上去，舍捨二字义相同。"《礼记·月令》："（仲春之夜）耕者少舍，乃修阖扇。"陈澔集说："少舍，暂息也。"王俭《褚渊碑文》："感逝川之无舍，哀清晖之眇然。"

《广韵·马韵》："舍，同捨。"舍字上声，有舍弃义。《易经·贲卦》："舍车而徒。"《孟子·告子》："求则得之，舍者失之。"又："舍鱼而取熊掌者也。"《韩非子·难二》："管仲之取舍，非周公旦未可知也。"张衡《东京赋》："今舍纯懿而论爽德，以《春秋》所讳而为美谈。"陶潜《桃花源记》："山有小口，髣佛若有光，便舍船从口入。"谢翱《初到建宁赋诗》："高义便觉生堪舍，礼重方知死甚轻。"

取，清纽侯部字。舍，书纽鱼部字，书为审纽三等字。清、审为邻纽，鱼、侯旁转，取、舍在文献中多被用作一对相反义，语音相近，可证取舍为一对反义同源词。

54. 人|神

人，本义为由古代类人猿进过漫长进化过程后，能使用工具进行劳动，并用语言进行思维的高等灵长类动物。《说文·人部》："人，天地之间性最贵者也。"甲骨文人象人侧面站立之形。《周易·说卦》："立人之道，曰仁与义。"《礼记·礼运》："故人者，天地之德，阴阳之交，鬼神之会，五行之秀气也。"《列子·黄帝》："有七尺之骸、手足之异，戴发含齿，倚而食者，谓之人。"刘禹锡《天论》："人之所能者，治万物也。"俞正燮《癸巳类稿·诵佛经论》："人者，五行之秀，万物之灵。"

神，即传说中的天神，天地万物的创造者和主宰者。《说文·示部》："神，天神，引出万物者。"杨树达《增订积微居小学金石论丛·释神祇》："盖天象之所异者莫神于电，故在古文中，申也、电也、神也，实一字也。其加雨于申而为电，加示与申而为神。”杨说可从，神正乃先人自然崇拜的产物，出于对自然天象的畏惧与崇拜，创造了“神”字，将人力不可解释的自然归纳为神的领域，将神塑造成高于人的存在，是人所生存的世界的造物主。《周礼·大司乐》：“奏《黄钟》，歌《大吕》，舞《云门》，以祀天神。”《礼记·祭法》：“山林川谷丘陵，能出云为风雨，见怪物，皆曰神。”孔颖达疏：“风雨云露并益于人，故皆曰神而得祭也。”《论语·述而》：“子不语怪、力、乱、神。”何晏集解：“神，谓鬼神之事。”《列子·汤问》：“操蛇之神闻之，惧其不已也，告之于帝。”刘向《说苑·修文》：“神者，天地之本，而为万物之始。”

人，日纽真部字。神，船纽真部字，船为床纽三等。日、床邻纽，人、神叠韵。

55. 夜|日

夜，本义为天黑到天亮的一段时间。《说文·夕部》：“夜，舍也。天下休舍也。”夜，喻母四等字铎部；舍，审母三等字鱼部，喻、审旁纽，铎、鱼对转，许慎乃根据音近之理声训是也。《诗经·唐风·葛生》：“夏之日，冬之夜，百岁之后，归于其居。”《诗经·卫风·氓》：“夙兴夜寐，靡有朝矣。”《周礼·鸡人》：“鸡人，大祭祀，夜呼旦，以叫百官。”《左传·庄公七年》：“辛卯夜，恒星不见。”萧纲《陇西行三首》：“沙飞朝似幕，云起夜疑城。”

日，本义为太阳。《说文·日部》：“日，实也，太阳之精不亏。”《易经·系辞》：“日往则月来，月往则日来。”《周易·说卦》：“离为日，为火。”《周礼·大司徒》：“以土圭之法，正日景求地中。”引申为昼、白天之义。《诗经·唐风·葛生》：“夏之日，冬之夜，百岁之后，归于其居。”郑玄笺：“思者于昼夜之长时尤甚。”《孟子·离娄》：“仰而思之，夜以继日。”《世说新语·自新》：“经三日三夜，乡里皆谓已死。”沈复《浮生六记·浪游记快》：“日则驱鹰犬猎于芦丛沙渚间，所获多飞禽。”

夜，以纽铎部字。日，日纽质部字。以纽为喻纽四等字，喻、日旁纽，铎、质虽主要元音不同，但韵尾同属塞音，也属通转。

56. 因|果

因，本义为倚靠、凭借。《说文·口部》：“因，就也。”段玉裁注：“就，高也。为高必因丘陵，为大必就基址，故因从囗大，就其区域而扩充之也。《中庸》曰：‘天之生物，必因其材而笃焉。’《左传》曰：‘植有礼，因重固。’人部曰：‘仍、因也。'《论语》:'因不失其亲,谓所就者不失其亲。'"《韩非子·五蠹》:"论世之事,因为之备。"《孟子·离娄》:"为高必因丘陵,为下必因川泽。"可引申为原因,缘由。《史记·卫将军骠骑列传》:"因前使绝国功,封骞博望侯。"《汉书·王商传》:"自古无道之国,水犹不冒城郭。今政治和平,世无兵革,上下相安,何因当有大水一日暴至?此必讹言也。"

果,本义为植物所结的果实。《说文·木部》:"果,木实也。象果形在木之上。"徐锴系传:"树生曰果,故在上也,指事。"《周易·说卦》:"为果蓏。"孔颖达疏:"木实为果,草实为蓏。"《周礼·场人》:"而树之果蓏,珍异之物。"《素问·藏器法时论》:"五果为助。"注:"谓桃李杏栗枣也。"可引申为事情的结局,即抽象性"结果"义,与"因"相对。鲍照《代邽街行》:"人生随事变,迁化焉可祈;百年难必果,千虑易盈亏。"《南史·范云传附范缜》:"贵贱虽复殊途,因果竟在何处。"

因,影纽真部字。果,见纽歌部字。见、影邻纽,真、歌旁对转,因与果的引申义相反。

57. 瑕|瑜

瑕,本义为有红色的玉,玉质以通透、温润为上品,玉之间夹杂的红色,常被当作玼病。《说文·玉部》:"瑕,玉小赤也。"司马相如《子虚赋》:"赤瑕驳荣,杂臿其间。"郭璞注引张揖曰:"赤瑕,赤玉也。"《广韵·麻韵》:"瑕,玉病也。"《左传·宣公十五年》:"川泽纳污,山薮藏疾,瑾瑜匿瑕,国君含垢,天之道也。"《礼记·聘仪》:"瑕不掩瑜,瑜不掩瑕,忠也。"郑玄注:"瑕,玉之病也。"也引申为缺点,过错。《诗经·豳风·狼跋》:"公孙硕肤,德音不瑕。"毛传:"瑕,过也。"孔颖达疏:"瑕者,玉之病也。玉之有瑕,犹人之有过,故以瑕为过。"《老子》第二十七章:"善行无辙迹,善言无瑕谪。"《左传·闵公元年》:"谚曰:'心苟无瑕,何恤乎无家?'"丘迟《与陈伯之书》:"圣朝赦罪责功,弃瑕录用,推赤心于天下,安反侧于万物。"

瑜,本义为美玉。《说文·玉部》:"瑜,美玉也。"《礼记·玉藻》:"世子佩瑜玉。"《左传·宣公十五年》:"山薮藏疾,瑾瑜匿瑕。"孔颖达疏:"瑾瑜,玉之美名。"《淮南子·缪称》:"无所用之,碧瑜粪土也。"《山海经·西山经》:"羭山神也……瘗用百瑜。"郭璞注:"瑜,亦美玉名。"后引申为美好,美貌。《汉书·礼乐志》:"象载瑜,白集西。"颜师古注:"瑜,美貌也。言此瑞车瑜然色白而出西方也。”

瑕，匣纽鱼部字。瑜，以纽侯部字。以纽为喻纽四等字，有舌根音，匣、喻四为旁纽关系，鱼、侯旁转。

58. 盈|虚

盈，本义为充满。《说文・皿部》：“盈，满器也。”段玉裁注：“满；器者、谓人满宁之，如蹟下云满弩之满。水部溢下云器满也，则谓器中已满。满下云盈溢也，则兼满之、已满而言。”《广雅・释诂》：“盈，充也。”《周易・坎卦》：“水流而不盈。”虞注：“溢也。”《诗经・周南・卷耳》：“采采卷耳，不盈顷筐。”《礼记・祭义》：“乐主其盈。”注：“盈，犹满也。”可引申为饱满、圆满。《礼记・礼运》：“（月亮）三月而盈。”宋玉《神女赋》：“貌丰盈以壮姝兮，苞温润之玉颜。”李善注：“丰盈，肥满也。”《西游记》第四十回：“霜雕红叶林林瘦，雨熟黄粱处处盈。”

虚，本义为大丘。《说文・丘部》：“虚，大丘也。昆仑丘谓之昆仑虚。”《诗经・鄘风・定之方中》：“升彼虚矣，以望楚矣。”《庄子・天运》：“以游逍遥之虚。”大山空旷、渺无人烟，故可引申为空虚义。《广雅・释诂》：“虚，空也。”《易经・归妹》：“上六无实，承虚筐也。”《史记・老子韩非列传》：“良贾深藏若虚，君子盛德容貌若愚。”司马贞索隐：“深藏谓隐其宝货，不令人见，故云‘若虚’。”《商君书・去强》：“仓府两虚，国弱。”苏轼《赤壁赋》：“盈虚者如彼，而卒莫消长也。”也有不足、缺损义。《易经・损卦》：“损益盈虚，与时偕行。”《吕氏春秋・精通》：“月晦则蚌蛤虚，群阴亏。”高诱注：“虚，蚌蛤肉随月亏而不盈满也。”张蠙《寄友人》：“相思不我会，明月几盈虚。”

盈，以纽耕部字。虚，溪纽鱼部字。以纽为喻纽四等，喻四有舌根音，与溪纽为旁纽关系，耕、鱼旁对转。

59. 勇|惧

勇，本义为有胆量，果敢。《说文・力部》：“勇，气也。”段玉裁注：“勇者，气也。气之所至，力亦至焉；心之所至，气乃至焉。故古文勇从心。”《玉篇・力部》：“勇，果决也。”《尚书・仲虺之诰》：“天乃锡王勇智，表正万邦。”《诗经・小雅・巧言》：“彼何人斯，居河之麋；无拳无勇，职为乱阶。”《论语・为政》：“见义不为，无勇也。”《墨子・经上》：“勇，志之所以敢也。”《左传・昭公二十年》：“知死不辟，勇也。”

惧，本义为恐惧。《说文·心部》："惧，恐也。"《广韵·遇韵》："惧，怖惧。"《正字通·心部》："惧，恐怖也。"商承祚《说文中之古文考》："，人恐惧而心目交翼左右视。"《易经·系辞》："其出入以度，外内使之惧。"孔颖达疏："使之畏惧凶咎而不为也。"《诗经·小雅·谷风》："将恐将惧，维予与女。"《孟子·滕文公》："公孙衍、张仪岂不诚大丈夫哉！一怒而诸侯惧，安居而天下熄。"

勇，以纽东部字。惧，群纽鱼部字。以纽为喻纽四等，喻四有舌根音一类，以、群旁纽，东、鱼旁对转。

60. 圆|缺

圆，本义为圆形。甲骨文"圆"，佚一作，员为圆的初文，员上之部件为○，象鼎口之圆形，为明确表意，又在○下加上鼎形，可知圆的本义即为圆形。引申为圆满、周全。《说文·口部》："圆，圜也。全也。"王筠句读："再言此者，言圆非与方相对之圜，乃圆全无缺陷也。"《玉篇·口部》："圆，周也。"《大戴礼记·曾子天圆》："天道曰圆，地道曰方。"《墨子·法仪》："百工为方以矩，为圆以规。"《韩非子·功名》："右手画圆，左手画方。"

缺，本义为器物破损、残缺。《说文·缶部》："缺，器破也。"《玉篇·缶部》："缺，破也。"《诗经·豳风·破斧》："既破我斧，又缺我斨。"《汉书·艺文志》："周室既微，载籍残缺。"《文选·刘歆〈移太常博士书〉》："犹欲抱残守缺。"韩愈《赴江陵途中寄三学士》："自从齿牙缺，始慕舌为柔。"

圆，云纽元部字。缺，溪纽月部字。云母为喻纽三等字，喻三归匣，匣、溪旁纽，元、月对转。

61. 远|近

远，本义为遥远。《说文·辵部》："远，辽也。"《尔雅·释诂》："远，遐也。"《广韵·阮韵》："远，遥远也。"《易经·系辞》："近取诸身，远取诸物，于是始作八卦。"《左传·僖公三十三年》："远主备之，无乃不可乎？"曹植《送应氏》："山川阻且远，别促会日长。"徐珂《清稗类钞·战事类》："火器利袭远，技击利巷战。"

近，本义是附近、距离小。《说文·辵部》："近，附也。"《玉篇·辵部》："近，不远也。"《韩非子·说林上》："庆封为乱于齐而欲走越，其族人曰：'晋近，奚不之晋？'庆封曰：'越远，利以避难。'"《列子·汤问》："日始出时去人近，而日中时近也。远者小而近者大,近者热而远者凉。”《史记·项羽本纪》:“吾入关,秋毫不敢有所近。”刘勰《文心雕龙·定势》:“夫通衢夷坦,而多行捷径者,趋近故也。”

远,云纽元部字,云母为喻纽三等字,喻三归匣。近,群纽谆部字,谆部归文。匣、群旁纽,元、文旁转。

62. 通|塞

通,本义为到达、通达。《说文·辵部》:“通,达也。”《国语·晋语》:“道远难通,望大难走。”韦昭注:“通,至也。”《易经·系辞》:“往来不穷谓之通。”陶潜《桃花源记》:“初极狭,才通人;复行数十步,豁然开朗。”《三国志·蜀志·诸葛亮传》:“荆州北据汉沔,利尽南海,东连吴会,西通巴蜀。”

塞,本义为堵塞。《说文·土部》:“塞,隔也。”《诗经·豳风·七月》:“穹窒熏鼠,塞向墐户。”《列子·汤问》:“惩山北之塞,出入之迂也。”诸葛亮《出师表》:“不宜妄自菲薄,引喻失义,以塞忠谏之路也。”《新唐书·朱敬则传》:“塞罗织之妄源,扫朋党之险迹。”

通,透纽东部字。塞,心纽职部字。透、心邻纽,东、职旁对转。

63. 同|异

同,本义为会合。《说文·冃部》:“同,合会也。”《易经·杂卦》:“大有众也,同人亲也。”《诗经·小雅·吉日》:“兽之所同,麀鹿麌麌。”郑玄笺:“同,犹聚也。”庾信《燕射歌辞·角调曲》:“泾渭同流,清浊异能。”《墨子·经上》:“同重体合类。”

异,《说文·异部》:“异,分也。”杨树达《积微居金文说》:“甲文异字作人头上戴物,两手奉之形,异盖戴之初文。”罗振玉《增订殷墟书契考释》:“(异之古金文)象人举手自翼蔽形。”杨说确是,分开义为异的假借义。《广雅·释诂》:“异,分也。”《礼记·乐记》:“乐者为同,礼者为异。”郑玄注:“异谓别贵贱。”陆贾《新语·道基》:“异是非,明好恶,检奸邪,消佚乱。”《史记·商君列传》:“民有二男以上不分异者,倍其赋。”

同,定纽东部字。异,以纽职部字,以为喻母四等。定、喻准旁纽,东、职旁对转。

64. 往|还

往，本义为前往。《说文·彳部》："往，之也。"《易经·系辞》："寒往则暑来，暑往则寒来，寒暑相推，而岁成焉。"《诗经·小雅·采薇》："昔我往矣，杨柳依依；今我来思，雨雪霏霏。"马戴《送从叔赴南海幕》："身往海边郡，帆悬天际云。"韩愈《感春》之一："东西南北皆欲往，千江隔兮万山阻。"

还，本义为返回。《说文·辵部》："还，复也。"《尔雅·释言》："还，复、返也。"《广雅·释诂》："还，归也。"《诗经·小雅·何人斯》："尔还而入，我心易也。"《左传·隐公四年》："诸侯之师败郑徒兵，取其禾而还。"陶潜《归去来辞》："云无心以出岫，鸟倦飞而知还。"

往，云纽阳部字，云母为喻纽三等字，喻三归匣。还，匣纽元部字。往、还双声，阳、元对转。

65. 新|陈

新，《说文·斤部》："新，取木也。"甲骨文""字象人持物伐木之形，本义为砍伐树木，王筠《说文句读·斤部》："新，薪者新之后累增字。"《马王堆汉墓帛书》："百姓斩木艾新而各取富焉。"古代钻木取火，四季用木种类不同，换季时改换柴木以延续火种，称为"新火"，新为"薪"之初文，现代汉语有"薪火相传"之成语，其新即为新旧之新，故可引申为初次出现之义。《诗经·豳风·东山》："其新孔嘉，其旧如之何?"《论语·为政》："温故而知新，可以为师矣。"和凝《小重山》："新榜上，名姓彻丹墀。"

陈，本义为陈列。《广雅·释诂一》："陈，列也。"《玉篇·阜部》："陈，布也。"徐灏《说文解字注笺·阜部》："陈之本义即为陈列，因为国名所专而后人昧其义耳……《周礼·司命》：'以陈肆辨物而平市。'郑注：陈犹列也。此陈之古义。"《易·系辞》："卑高以陈，贵贱位矣。"孔颖达疏："卑高既以陈列，则物之贵贱得其位矣。"《论语·季氏》："陈力就列，不能者止。"陈列经久则陈旧，故引申为陈旧义，《广韵·真韵》："陈，故也。"《尚书·盘庚中》："失于政，陈于兹。"孔传："今既失政而陈久于此而不徙。"《荀子·富国》："年谷复熟而陈积有余。"贾思勰《齐民要术·造神曲并酒》："此曲得三年停，陈者弥好。"韩愈《答李翊书》："当其取于心而注于手也，惟陈言之务去。"

新，心纽真部字。陈，澄纽真部字。上古音澄纽归定，心、定邻纽，新、陈叠韵。

66. 抑|举

抑，本义为按压。《说文·印部》：“归，按也。从反‘印’。”商承祚《殷墟文字类编》：“卜辞字从爪从人跽，象手抑人而使之跽。”《吕氏春秋·适威》：“若玺之于涂也，抑之以方则方，抑之以圆则圆。”《淮南子·齐俗训》：“若玺之抑埴，正与之正，倾与之倾。”

举，本义为双手向上托物。《说文·手部》：“举，对举也。”《孟子·告子》：“今曰举百钧，则为有力人矣。”《庄子·逍遥游》：“以盛水浆，其坚不能自举也。”桓宽《盐铁论·刑德》：“千钧之重，人不轻举。”

抑，影纽职部字。举，见纽鱼部字。影、见邻纽，职、鱼旁对转。

67. 形|影

形，本义为形象、形体。《说文·彡部》：“形，象形也。”徐灏笺注：“象形者，画成其文物也。”张舜徽《说文解字约注》：“图形、物形谓之形，因之作器而先制模以象其物亦谓之形。”《增韵·青韵》：“形，体也。”《易经·系辞》：“在天成象，在地成形，变化见也。”《尚书·说命》：“乃审厥象，俾以形旁求于天下。”《庄子·天地》：“物成生理谓之形。”《荀子·非相》：“故相形不如论心，论心不如择术。”《史记·太史公自序》：“形者，生之具也。”沈复《浮生六记·闺房记乐》：“其形削肩长项，瘦不露骨。”

影，人或物体因遮住光线而投下的暗像或阴影。《说文·日部》：“景，光也。”段玉裁注：“日月皆外光，光所在处，物皆有影。”景为影的本字。《玉篇·彡部》：“影，形影。”《类篇·彡部》：“影，物之阴影也。”《尚书·大禹谟》：“惠迪吉，从逆凶，惟影响。”孔传：“吉凶之报，如影之随形，响之应声。”《庄子·渔父》：“人有畏影恶迹而去之走者，举足愈数而迹愈多，走愈疾而影不离身。”李白《月下独酌》：“花间一壶酒，独酌无相亲，举杯邀明月，对影成三人。”张先《天仙子》：“沙上并禽池上暝，云破月来花弄影。”

形，匣纽耕部字。影，影纽阳部字。匣、影邻纽，耕、阳旁转。

68. 抑|扬

抑，本义为向下压。《说文·印部》：“归，按也。从反‘印’。”《淮南子·精神》:"病疵瘕者,捧心抑腹。"高诱注:"抑,按也。"柳宗元《答韦中立论师道书》:"抑之欲其奥,扬之欲其明。"沈括《岸老堂记》:"野不加抑而下,视不加明而远者,封高以为之构也。"

扬,本义为飞起、飘扬。《说文·手部》:"扬,飞举也。"《诗经·小雅·沔水》:"鴥彼飞隼,载飞载扬。"《礼记·檀弓》:"杜蒉洗而扬觯。"王逸《九思·逢尤》:"飘风起兮扬尘埃,走罔罔兮乍东西。"

抑,影纽职部字。扬,以纽阳部字,以纽为喻纽四等,有舌根音一类。影、以邻纽,职、阳旁对转。

69. 隐|扬

隐,本义为隐藏、隐蔽。《说文·𨸏部》:"隐,蔽也。"《玉篇·阜部》:"隐,不见也,匿也。"《广韵·隐韵》:"隐,藏也。"《易经·坤卦》:"天地变化,草木蕃,天地闭,贤人隐。"《吕氏春秋·重言》:"桓公管仲虽善匿,弗能隐矣。"《左传·文公十八年》:"昔帝鸿氏有不才子,掩义隐贼,好行凶德。"

扬,本义为飞起。《礼记·乡饮酒义》:"盥洗扬觯。"南朝宋鲍照《上浔阳还都道中》:"腾沙郁黄雾,翻浪扬白鸥。"姚鼐《登泰山记》:"大风扬积雪击面。"

隐,影纽谆部字,谆部归文。扬,以纽阳部字,以纽为喻纽四等,有舌根音一类。影、喻四邻纽,文、阳虽主要元音不同,但韵尾皆为鼻音,仍属通转关系。

70. 种|收

种,zhǒng,本义为植物的种子。《尚书·吕刑》:"稷降播种,农殖嘉穀。"《逸周书·大匡》:"无播蔬,无食种。"《周礼·职方氏》:"其谷宜五种。谓黍、菽、麦、稻也。"《汉书·沟洫志》:"数郡种不得下,民人流散。"颜师古注:"种,五谷之子也。"《博物志·卷六》:"张骞使西域还,乃得胡桃种。"后引申为播种义,读为zhòng。《广韵·用韵》:"种,种植也。"《尚书·大禹谟》:"皋陶迈种德,德乃降,黎民怀之。"《诗经·大雅·生民》:"茀厥丰草,种之黄茂。"《吕氏春秋·辩土》:"慎其种,勿使数,亦无使疏。"《礼记·月令》:"仲秋乃劝种麦。"《梦溪笔谈·采草药》:"一丘之禾,则后种者晚实。"

收,《说文·攴部》:"收,捕也。"收,从攴,丩声,本义为拘捕犯人之义。王绍兰段注订补:"收为捕取罪人也。"《诗经·大雅·瞻卬》:"此宜无罪,汝反收之。"后引申为收获义。《墨子·七患》:"一谷不收谓之馑。"《史记·太史公自序》：“春生夏长，秋收冬藏，此天道之大经也。”李绅《悯农》：“春种一粒粟，秋收万颗子。”

种，澄纽东部字，上古音系统澄纽归定纽。收，书纽幽部字，书纽为审纽三等。定、审准旁纽，东、幽旁对转。

71. 作|息

作，《说文·人部》：“作，起也。”按，兴起义非本义，而为引申义。甲骨文“作”，铁 81.3 作，董莲池认为象耕作土地的农具耒之形，表示耕作时随庛而起的土块，合起来会耕作意，其说可信，作的本义为耕作，兴起为引申义。《周易·系辞》：“包牺氏没，神农氏作。”《周易·乾卦》：“云从龙，风从虎，圣人作而万物睹。”陆德明释文：“郑云：作，起。”张衡《东京赋》：“坚冰作于履霜，寻木起于蘖栽。”苏轼《画佛赞》：“如日出时，眠者皆作。”

息，本义为呼吸时进出的气。《说文·心部》：“息，喘也。”段玉裁注：“喘，疾息也。喘为息之疾者，析言之。此云息者喘也，浑言之。人之气急曰喘，舒曰息。引申为休息之称。”可知停止为引申义。《广韵·职韵》：“息，止也。”《广雅·释言》：“息，休也。”《易·乾》：“天行健，君子以自强不息。”《诗经·郑风·狡童》：“维子之故，使我不能息兮。”《礼记·檀弓》：“细人之爱人也以姑息。”《左传·昭公八年》：“臣必致死礼以息楚。”

作，精纽铎部字。息，心纽职部字。精、心旁纽，铎、职旁转。

(二) 语义相对

1. 夫|妇

夫，本义为成年男子，《说文·夫部》：“夫，丈夫也。从大，一以象簪也。周制以八寸为尺，十尺为丈，人长八尺，故曰丈夫。”徐灏笺注：“男子已冠之称。”高洪缙《中国字例》：“夫，成人也。童子披发，成人束发，故成人戴簪，字倚大（人）画其首发戴簪形，由丈大（人）生意，故为成人意之夫。童子长五尺，故曰五尺之童；成人长一丈（周尺），故曰丈夫。至妻之对曰夫，或丈夫，皆是借用。”《诗经·秦风·黄鸟》：“维此奄息，百夫之特。”《孟子·梁惠王》：“内无怨女，外无旷夫。”后亦指女子配偶，《易经·小畜》：“夫妻反目。”

妇，本义为妇女。《释名·释亲属》：“妇，服也，服家事也。”《说文·女部》：“妇，服也。”段玉裁注：“亦以叠韵为训。”《广雅·释亲》：“女子谓之妇人。”《左传·僖公二十四年》:"女德无极,妇怨无终。"陆机《演连珠》:"是以江汉之君悲其坠履,少原之妇哭其亡簪。"妇也指已嫁的女子。《正字通·女部》:"妇,女子已嫁曰妇。"《易经·蒙卦》:"纳妇吉,子克家。"孔颖达疏:"妇,谓配也。"《白虎通·嫁娶》:"曾子曰:女未庙见而死,归葬于女氏之党,示未成妇也。"

夫、妇二字,在《易经》中已用作相对义,夫为非纽鱼部字,妇为奉纽之部字,上古音非纽归帮,奉纽归并,帮、并旁纽,鱼、之旁转,可证"夫妇"为一组相对的反义同源单音词。

2. 腹|背

腹,本义为厚。《说文·肉部》:"腹,厚也。"《礼记·月令》:"冰方盛,水泽腹坚,命取冰。"郑玄注:"腹,厚也。"引申指人体的肚腹部位。《玉篇·肉部》:"腹,腹肚也。"《老子》第三章:"虚其心,实其腹,弱其志,强其骨。"杜甫《阌乡姜七少府设鲙戏赠长歌》:"偏劝腹腴愧年少,软炊香饭缘老翁。"

背,本义为脊背。《说文·肉部》:"脊也,从肉,北声。"可知背为腹的相对义,《孟子·尽心上》:"其生色也,睟然见于宀,盎于背,施于四体。"王充《论衡·状留》:"且夫含血气物之生也,行则背在上而腹在下。"《素问·脉要精微论》:"背者,胸中之府。"李白《天马歌》:"天马来出月支窟,背为虎文龙翼骨。"袁宏道《满井游记》:"然徒步则汗出浃背。"

腹,非纽沃部字,上古音非纽归帮。背,帮纽之部字。腹、背双声,之、沃旁对转,腹背语义相对,语音有通转关系,可知腹、背为一对反义同源词。

3. 棺|椁

棺,本义为装殓死人的器具。《说文·木部》:"棺,关也,所以掩尸。从木,官声。"《周礼·春官·丧祝》:"及祖,饰棺,乃载,遂御。"《礼记·曾子问》:"下殇用棺衣棺,自史佚始也。"郑玄注:"棺,谓敛于棺。"《孝经·丧亲》:"为之棺椁衣衾而举之。"邢昺疏:"周尸为棺,周棺为椁。"《仪礼·聘礼》:"士介死,为之棺敛之。"《史记·秦始皇本纪》:"棺载辒凉车中,故幸宦者叁乘。"

椁,本义为棺的外层。《说文·木部》:"椁,葬有木𩫏也,从木覃声。"段玉裁《说文解字注》:"以木为之,周于棺,如城之有覃也。"《广雅·释言》:"椁,廓也。"《周礼·地官·闾师》:"不树者无椁。"郑玄注:"椁,周棺也。"《庄子·天下》:"古之丧礼,贵贱有仪,上下有等。天子棺椁七重,诸侯五重,大夫三重,士再重。今墨子独生不歌，死不服，桐棺三寸而无椁。”《汉书·楚元王传》：“嗟呼！以北山石为椁，用纻絮斮陈漆其间，岂可动哉！”至此，棺椁的语义已很清晰，古代的棺有两重，内层曰棺，外层曰椁。

棺，见纽元部字。椁，见纽铎部字。棺椁双声，元、铎通转，可证棺、椁是一对语义相对的反义同源词。

4. 乾|坤

乾，本义为干燥。乾，倝声，《说文·倝部》：“倝，日始出也。”倝的本义为日出时光芒四射的样子，日出则晒物干燥，可知乾的本义为干燥，而卦名之一的“乾”卦则是假借义，后该假借义变成常用义，而“干燥”之本义则逐渐转移至“干”字。因乾卦象征天，因而“乾”又有“天”义。《周易·乾卦》：“《乾》，元、亨、利、贞。”孔颖達疏：“乾者，此卦之名。”《周易·说卦》：“乾，天也。”“乾为天、为圜、为君、为父、为玉、为金、为寒、为冰、为大赤、为良马、为老马、为瘠马、为驳马、为木果。”《易经·杂卦传》：“乾刚坤柔。”葛洪《抱朴子·仁明》：“三光垂象者，乾也，厚载无穷者，坤也。”《后汉书·郭太传》：“吾夜观乾象，昼察人事。”王中《头陀寺碑文》：“应乾动寂，顺民终始。”

坤，本义为卦名。《说文·土部》：“坤，地也。《易经》之卦也，从土，从申。土位在申。”《易经·坤卦》：“坤。元亨，利牝马之贞。”《易经·说卦》：“坤为地，为母。”“坤也者，地也。”坤卦与乾卦相对，坤也有地义。

乾，群纽元部字。坤，溪纽文部字。群、溪旁纽，元、文旁转。

5. 师|生

师，本义为古代军队的一种编制。《说文·帀部》：“师，二千五百人为师。”假借为先生义，《释名补遗·官职训》：“古者称师曰先生。”《玉篇·帀部》：“师，教人以道者之称。”《论语·为政》：“温故而知新，可以为师矣。”《述而》：“三人行，必有我师焉。”《荀子·性恶》：“夫人虽有性质美而心辩知，必将求贤师而事之。”韩愈《师说》：“师者，所以传道授业解惑也。”宋濂《送东阳马生序》：“又患无硕师名人与游。”

生，本义为长出，出生。《说文·生部》：“生，进也。”徐灏笺注：“《广雅》曰：‘生，出也。’生与出同义，故皆训为进。”《广韵·庚韵》：“生，生长也。”引申为弟子，门徒义。《古今韵会举要·庚韵》：“生，诸生弟子之称。”宋濂《送东阳马生序》："东阳马生君则在太学已二年，流辈甚称其贤。余朝京师，生以乡人子谒余。"方苞《左忠毅公逸事》："庑下一生伏案卧，文方成草。"

师，审纽脂部字。生，审纽耕部字。师生双声，脂、耕通转。

6. 天|地

天，本义为人的头顶。《说文・一部》："天，颠也。"王国维《观堂集林・释天》："古文天字，本象人形，殷墟卜辞或作，盂鼎大豐敦作，其首独巨……是天本谓人颠顶，故象人形……二字所以独愤其首者，正特著其所象之处也。"引申为天空义。《尔雅・释天》："穹苍，苍天也。"《诗经・唐风・绸缪》："绸缪束薪，三星在天。"《孟子・梁惠王》："天油然作云，沛然下雨，则苗浡然兴之矣。"韩愈《原道》："坐井而观天，曰天小者，非天小也。"杨万里《晓出净慈寺送林子方》："接天莲叶无穷碧，映日荷花别样红。"

地，本义为大地。《说文・土部》："地，万物所陈列也。"《易经・乾卦》："本乎天者亲上，本乎地者亲下，则各从其类也。"《易经・系辞》："仰则观象于天，俯则观法于地。"《管子・形势解》："地生养万物，地之则也。"柳宗元《天说》："彼上而玄者，世谓之天；下而黄者，世谓之地。"

天，透纽真部字。地，定纽歌部字。透、定旁纽，真、歌旁对转。

7. 首|足

首，本义为头。《说文・百部》："首，百同，古文百也。"商承祚《说文中之古文考》："百者篆文，者古文。曷以古篆别出为部首，以各有隶之者故也，其字从古文者多，篆文者少，又肖其形，遂篆废而古文行也。"《广韵・有韵》："首，头也。"《诗经・邶风・静女》："爱而不见，搔首踟蹰。"《诗经・卫风・伯兮》："愿言思伯，甘心首疾。"《楚辞・九歌・国殇》："带长剑兮挟秦弓，首身离兮心不惩。"韩愈《过鸿沟》："谁劝君王回马首，真成一掷赌乾坤？"

足，本义为腿、脚。《说文・足部》："足，人之足也。"徐锴系传："○象股胫之形。"杨树达《积微居小学述林》："股胫蹠跟全部为足，足从○者，象股胫周围之形。人体股胫在上，跟蹠在下，依人所视，象股胫之○当在上层，象蹠跟之止当在下层。然文字之象形，但有平面，无立体，故止能以口上止下表之也。"《六书故・人九》："自，股胫而下通谓之足。"《尚书・说命》："若跣弗视地，厥足用伤。"

孔传:“跣必视地,足乃无害。”《易经·说卦》:“乾为首、坤为腹、震为足、巽为股、艮为手、兑为口、坎为耳、离为目。”《楚辞·渔父》:“沧浪之水浊兮,可以濯吾足。”《荀子·劝学》:“假舆马者,非利足也,而致千里。”《韩非子·外储说左上》:“手足胼胝,面目黧。”

首,书纽幽部字,书为审纽三等。足,精纽屋部字。审、精邻纽,幽、屋旁对转。

8. 规|矩

规,本义为圆规。《玉篇·夫部》:“规,正圆之器也。”《说文·夫部》:“规,有法度也。”段玉裁改为:“规,规巨,有法度也。”注曰:“规巨,有法度之谓也。可知规之本义为法度。”许慎将引申义当作本义,不确。《孟子·离娄》:“不以规矩,不能成方员。”《韩非子·饰邪》:“悬衡而知平,设规而知圆。”《吕氏春秋·分职》:“巧匠为宫室,为圆必以规,为方必以矩,为平直必以准绳。”《淮南子·俶真训》:“今夫善射者有仪表之度,如工匠有规矩之数。”曹睿《短歌行》:“不规自圆,无矩而方。”

矩,本义为画直角或方形用的曲尺。《正字通·矢部》:“矩,为方之器。”《墨子·法仪》:“百工为方以矩。”《史记·礼书》:“规矩诚错,则不可欺以方员。”司马贞索隐:“矩,曲尺也。”《荀子·不苟》:“五寸之矩,尽天下之方也。”杨倞注:“矩,正方之器也。”程瑶田《考工创物小记·宣欘柯磬折句度法述》:“百工皆持矩以起度,而倨句之度法遂生于矩焉。”引申为方形义。《玉篇·矢部》:“矩,圆曰规,方曰矩。”《六韬·虎韬》:“天浮铁螳螂,矩内圆外,径四尺以上。”《吕氏春秋·序意》:“爰有大圜在上,大矩在下。”高诱注:“矩,方地也。”《太玄·玄图》:“天道成规,地道成矩。”

规,见纽支部字。矩,见纽鱼部字。规矩双声,支、鱼旁转。

(三) 反义同源单音词的语义关系分析

根据上述个案考释情况,反义同源单音词的语义关系可以被概括为四种类型:本义与本义,本义与引申义,引申义与引申义,假借义与引申义。

1. 本义与本义相反

(1) 本:草木的根。

末:树梢。

(2) 出：从里面到外面，与“进”“入”相对。

入：从外到内。

(3) 潮：江河水流向海，也指海水因受太阳和月亮的引力而定时涨落的现象。

汐：《字汇·水部》有“早曰潮，晚曰汐”，可知“潮汐”乃同一物。

(4) 旦：天明，早晨。

夕：傍晚。

(5) 籴：买入粮食。

粜：卖出粮食。

(6) 恩：恩惠。

怨：怨恨。

(7) 规：圆规。

矩：画直角或方形用的曲尺。

(8) 进：向前、向上移动。

退：退却，后退。

(9) 静：安静、宁静。

躁：性情急、不安静。

(10) 利：锋利。

钝：不锋利。

(11) 买：购进，以钱换物。

卖：以物换钱。

(12) 荣：繁茂、盛多义。

枯：枯槁。

(13) 深：从水面到水底的距离大。

浅：水不深。

(14) 始：初，开始。

终：终止。

(15) 夙：早晨。

夕：傍晚。

(16) 掩：隐蔽、遮蔽。

扬：飞举、升高。

(17) 题：额头。

蹄：本义指马、牛、羊、猪等动物生在趾端的角质物。

(18) 教：教化。

学：学习，接受教育。

(19) 陟：登。

垫：下陷。

(20) 精：优质纯净的米。

粗：糙米，粗粮。

(21) 清：水纯净、透明。

浊：液体不清亮。

(22) 人：由古代类人猿经过漫长进化过程后，能使用工具进行劳动，并用语言进行思维的高等灵长类动物。

神：传说中的天神，天地万物的创造者和主宰者。

(23) 瑕：有红色杂质的玉。

瑜：美玉。

(24) 勇：有胆量，果敢。

惧：恐惧。

(25) 远：遥远，指空间距离大。

近：附近，不远。

(26) 通：到达，通道。

塞：堵塞。

(27) 往：去，到。

还：返回。

(28) 形：形象，形体。

影：人或物体因遮住光线而投下的暗像或阴影。

(29) 棺：装殓死人的器具。

椁：棺的外层。

(30) 首：本义为头。

足：本义为腿、脚。

(31) 抑：按压。

举：双手向上托物。

(32) 抑：向下压。

扬：飞起，飘扬。

(33) 隐：隐蔽。

扬：飞起。

2. 本义与引申义

(1) 宠：尊崇。

辱：乃是耨之初文，为去除秽草的工具；引申为耻辱。

(2) 动：行动，为实现某种意图而进行活动。

止：本义为足、脚，后作“趾”，后引申为停止。

(3) 乖：本义为违背，引申为分离。

合：闭，合拢。

(4) 好(hǎo)：本义为女子貌美，引申为善、优点多。

恶(è)：罪过、罪恶。

(5) 结：本义为打结。

解：用刀分割动物或人，引申为剖开、锯开。

(6) 盲：本义为眼睛失明，引申为昏暗。

明：光明，明亮。

(7) 茹：本义为喂牛马，引申为吃、吞咽。

吐：使东西从嘴里出来。

(8) 休：本义为休息，引申为美好义。

咎：凶，灾祸。

(9) 家：本义为住所，引申为室内义。

野：郊外。

(10) 开：本义为开门，引申为打开，舒展。

合：闭，合拢。

(11) 老：年岁大。

少：本义为数量小，引申为年纪小。

(12) 廉：本义为狭窄，引申为棱角，后又引申为正直义，再引申为廉洁义。

贪：爱财，不择手段的获取财物。

(13) 迎：相逢。

逆：本义为迎接，反向引申为颠倒，退却。

(14) 贫：本义为缺少钱财，引申为匮乏。

富：完备。

(15) 勤：辛劳。

逸：本义为逃跑、逃逸，引申为逸游、暇逸。

(16) 夜：天黑到天亮的一段时间。

日：本义为太阳，引申为昼，白天。

(17) 盈：充满。

虚：大丘，引申为空虚义。

(18) 圆：本义为圆形，引申为圆满、周全。

缺：破损、残缺。

(19) 腹：本义为厚，引申为人体的肚腹部位。

背：脊背。

(20) 天：本义为人的头顶，引申为天空。

地：大地。

(21) 顶：本义为头的最上部，引申为物体的最上部。

底：物体的下层或下面。

(22) 聪：本义为听而能审察是非真假，引申为听觉灵敏。

聋：听觉失灵、迟钝。

(23) 生：本义为生长、长出，引申为“活”。

死：生命终结。

3. 引申义与引申义

(1) 乘：本义为登、升，引申为叠加义。

除：本义为宫殿的台阶，引申为清除。

(2) 纯：本义为蚕丝，引申为同一颜色的丝织品。

杂：本义为以各种色彩相配制作衣服，引申为驳杂不纯。

(3) 粹：本义为纯净无杂质的米，引申为纯、不杂。

杂：本义为以各种色彩相配制作衣服，引申为驳杂不纯。

(4) 寒：本义为寒冷，引申为声音凄凉。

喧：本义为惊呼，引申为声音大而嘈杂。

(5) 明：本义为光明、明亮，引申为照亮、点燃。

灭：本义为尽、绝，引申为熄灭。

(6) 疏：本义为疏导、开通，引申为分散、分开。

数：本义为计算点数，引申为紧凑义。

(7) 消：本义为除去，引申义消减、衰退。

息：本义为呼吸时进出的气，引申为滋生义。

(8) 种：本义为植物的种子，引申为播种义。

收：本义为拘捕犯人，引申为聚集、收集。

(9) 夫：本义为成年男子，引申为女子的配偶。

妇：本义为妇女，引申为已嫁的女子。

(10) 大：本义为大人，后引申为在面积、体积、容量、数量、力量、强度、年龄、重要性等方面超过一般或超过所比对象。

细：本义为“微小的丝”，后引申为与“大”相对的义项。

(11) 好(hào)：本义为女子貌美，引申为爱好、喜爱。

恶(wù)：本义为罪过、罪恶，引申为讨厌、憎恶。

(12) 生：本义为生出、长出，引申为未经加工或锻制的义项。

熟：本义为食物加热到可吃的程度，引申为成熟。

(13) 新：本义为砍伐树林，引申为初次出现。

陈：本义为陈列，引申为陈旧。

(14) 作：本义为耕作，引申为兴起。

息：本义为呼吸时进出的气，引申为停止。

(15) 喜：本义为快乐、喜悦，引申为爱好。

恶(wù)：本义为罪过、罪恶，引申为讨厌。

(16) 因：本义为凭借，引申为原因。

果：本义为植物的果实，引申为结果。

(17) 甘：本义为美味，引申为甜。

苦：本义为苦菜，引申为苦味。

(18) 取：本义为用手割下猎物的左耳，引申为获得。

舍：本义为客馆，引申为舍弃。

4. 本义与假借义，引申义与假借义

(1) 同：本义为会合。

异：原为戴之初文，后假借为分开义。

(2) 乾：本义为干燥，后假借为卦名之一。

坤：本义为卦名。

(3) 师：本义是古代军队的一种编制，后假借为先生义。

生：本义为长出、生出，后引申为弟子、门徒。

(4) 出：本义为从里面到外面。

纳：本义为濡湿貌，假借为接受义。

(5) 嫡：本义为正妻。

庶：本义为煮，音 zhù；假借为众多义，再引申为非正妻生的孩子。

5. 词汇义与语源义

本义与本义、本义与引申义、引申义与引申义，以上三种类型的语义关系区分是基于词汇学基础上的，这样的区分可以清晰地展示反义同源单音词的语义亲疏关系。在本部分所考察的所有 79 个样本中，本义与本义相反的反义同源单音词占据了绝对优势，为 33 个，占比 41.77%；本义与引申义相反的案例为 23 例，占比为 29.11%；引申义与引申义相反的案例为 18 例，占比为 22.78%。基于词汇学的语义区分只能直观展示反义同源单音词的语义亲疏情况，却无法解释为什么一组同源词之间会出现本义与引申义、引申义与引申义相反的情况，除了本义与本义直接相反，本义与引申义、引申义与引申义相反也符合同源词判定的另一个条件“义通”吗？词汇学框架内，对语词语义关系的描写，如相同、相近或相反，都是在义项层面的，亦即从词汇学的反义标准出发，一对语词只有本义与本义相反，才会被视为反义词，那么反义同源现象中的“反义”是指这对同源词仅以反义词的形式呈现吗？作为同源词判定标准的“义通”到底是在什么层面上的“通”？语义相反是否可以被视为是“义通”的一种形式呢？

所谓本义、引申义的区分是从词汇学的角度出发的，只有从语源学的理论出发，才能对以上问题作出解释。

王宁先生在《词源意义与词汇意义论析》一文提出“词源意义”与“词汇意义”是两个不同范畴的定义：“词汇意义是语言的词的概括意义，它是词汇学的研究对象。词源意义是指同源词在滋生过程中由词根（或称语根）带给同族词或由源词直接带给派生词的构词理据，它是词源学的研究对象。”[①]“从不同的角度阐释词源意义的实质和内涵，还可以用‘词义特点’、‘源义素’、‘意象’等名称。”[②]在《汉语词源的探求与阐释》中，王宁先生将西方语义学的义项|义素分析法运用到汉语同源词的语义内部结构划分上，她列举了一系列例子：

稍 = |禾类| + |叶末端渐小处|

秒 = |禾类| + |芒末端渐小处|

稍 = |船类| + |尾端渐小处|

霄 = |云霞类| + |最高（顶端）视之渐觉小处|

鞘 = |鞭类| + |系于顶端而细小处|

梢 = |树木类| + |末端渐小处|

消 = |施于水| + |使之少|

销 = |施于金| + |使之少|

削 = |以刀施之| + |使之少|

王宁先生的创举在于通过这种两分法剥离出她称之为“核义素”或“源义素”[③]的成分，而这个成分正是将同源词族联系在一起的构词理据，在以上所举的例子中，“源义素”正是声旁“肖”所携带的“小”义，通过语义两分法，王宁先生判定“同源词的类义素是各不相同的，而源义素是完全相同或相关的。”[④]

以上类型的同源词族，王宁先生概括出一个描写公式，“类义素”称为“N”，

---

① 《词源意义与词汇意义论析》，王宁、黄易青著，载《北京师范大学学报（人文社会科学版）》2002 年第 4 期。

② 同①。

③ 《汉语词源的探求与阐释》，王宁著，载《中国社会科学》1995 年第 2 期。

④ 同③。

“源义素”称为“H”，该组同源词族的语义类型可描写为：Y[X]＝|N[X]|＋|H|。还有一种类型的同源派生关系，即“由表示某一特点的词，直接派生出具有这一特点的新词，这时，源词的整体意义等于派生词源义素所含的意义”①。如“冬”为“终”所派生，“饼”由“并”派生，“脍”由“会”派生，“冠”由“贯”派生，“篦”由“比”派生，“源词的词义与派生词的源义素在内容上是同一的，只是前者为义项，后者为义素，处于不同的结构层次”。这同源派生词组的语义描写公式为：

$$Y1 = |N1| + |H|$$ ②

$$Yh = 0 + |H|$$

很明显，以上案例即为一组声符相同的同源词组，它们的语义关系是相近的，但是这种相近只表现在“源义素”层面，它们与声符之间的关系是源词与同源分化词的关系，这种同源关系是确定的。

我们注意到，王宁先生虽然在理论上关照到同源词族间的“语义相关”情况，但是举例系联的却全部都是语义相同或相近的同源词组，而“语义相关”的情况是否包含“语义相反”类型，此种语义类型的同源词族是否适用她所概括出的两种描写公式，她在后续的研究中并未提及。

对于汉语语言事实中客观存在的反义同源单音词，王宁先生所概括的两种语义描写公式都无法对其进行语义结构描写。以“籴|粜”为例：

籴：本义为买入粮食。

粜：本义为卖出粮食。

“籴”“粜”有相同的类义素——“粮食贸易行为”，但是“源义素”却并不相同，而是截然相反，“籴”为“买”而“粜”为“卖”。再如：

旦：天明。

夕：傍晚。

---

① 《汉语词源的探求与阐释》，王宁著，载《中国社会科学》1995年第2期。

② 同②。

“旦”“夕”的类义素相同，皆为时间概念，“源义素”相反，一为早晨一为傍晚。

规：本义为圆规。

矩：本义为画直角或方形用的曲尺。

“规”“矩”的“类义素”相同，都为画图工具，“源义素”相对，一为圆形一为方形。

生：生长、长出。

死：生命终结。

“生”“死”的“类义素”相同，都是“状态”，“源义素”相反，一为开始，一为终结。

本：草木的根。

末：树梢。

“本”“末”的“类义素”相同，都为“植物类”，“源义素”相反，一为底部一为顶部。

以上所举例是词汇学上所言的“本义与本义”相反。纵观“本义与本义”相反的同源单音词，都具有相同的“类义素”，更确切地说，应该是相同的所指范畴。再以“本义与引申义相反”的同源单音词为例：

宠：尊崇。

辱：乃是耨之初文，为去除秽草的工具，引申为耻辱。

“宠”的“类义素”是心理状态，“源义素”为“尊崇”；“辱”的“类义素”是除草工具，经隐喻映射，跨域引申为“耻辱义”，“源义素”为“贬抑”，“宠”“辱”的“源义素”为一对相反义。

乖：本义为违背，引申为分离。

合：闭，合拢。

“乖”的“类义素”为状态类，经“原因→结果”类型的转喻，引申为“分离”，“源义素”为“分”；“合”的“类义素”为状态类，“源义素”为“闭”。

好(hǎo)：本义为女子貌美，引申为善、优点多。

恶(è)：罪过、罪恶。

“好(hǎo)”的“类义素”为容貌，经隐喻映射引申为“善、优点多”，“源义素”为“优点”。“恶(è)”的“类义素”为道德状态类，“源义素”为“缺点”。

休：本义为休息，引申为美好义。

咎：凶，灾祸。

“休”的“类义素”为动作状态，经隐喻映射引申为“美好义”，“源义素”为“好”。“咎”的类义素为事物性质，“源义素”为“坏”。

“本义与引申义相反”的同源单音词组中，“源义素”仍然呈现为相反的状态。再看“引申义与引申义相反”的同源单音词，如：

纯：本义为蚕丝，引申为同一颜色的丝织品。

杂：本义为以各种色彩相配制作衣服，引申为驳杂不纯。

“纯”，“类义素”为事物名称，引申为“同一颜色的丝织品”，“源义素”为“颜色同一”。“杂”，“类义素”为事物名称，经“整体→部分”类型转喻引申为“驳杂不纯”，“源义素”为“颜色混杂”。

寒：本义为寒冷，引申为声音凄凉。

喧：本义为惊呼，引申为声音大而嘈杂。

“寒”，“类义素”为事物性质，本义寒冷，为身体感觉域，引申义为听觉域，经由通感触发隐喻思维后引申为“声音凄凉”,“源义素”为“冷清”。“喧”,“类义素”为动作状态,经转喻引申为“声音大而嘈杂”,“源义素”为“嘈杂”。

种:本义为植物的种子,引申为播种义。

收:本义为拘捕犯人,引申为聚集、收集。

“种”,“类义素”为事物名称,经“工具→行为”类型转喻引申为“播种义”,“源义素”为“散开”。“收”,“类义素”为动作名称,经“小事件→复杂事件”转喻引申为“聚集、收集”,“源义素”为“聚集”。

夫:本义为成年男子,引申为女子的配偶。

妇:本义为妇女,引申为已嫁的女子。

“夫”,“类义素”为事物名称,经“范畴→成员”类型转喻引申为“女子的配偶”,“源义素”为“男性”。“妇”,“类义素”为事物名称,经词义缩小后引申为“已嫁的女子”,“源义素”为“女性”。

在词汇语义学中,义素为最小的意义单位,不可再分,而反义同源单音词的“源义素”呈现的却是一对相反或相对的意义关系,如果将这一语义现象放置在王宁先生的研究框架中,那么可以说反义同源单音词的“源义素”具有一对完全相反或相对的因子。

王宁先生的关于“词汇意义”与“词源意义”的界定以及义项、义素的两分法只涉语义,不涉语音,下文换一种研究路径来阐释“反义同源单音词”的语义关系,这种研究范式的特点在于,在解释此种类型同源词的语义关联的同时,还一并解释了该种类型同源词产生的机制。

本书采用的是殷寄明教授关于“语源”的定义,“语源”是文字出现前就已存在于口头语言中的音义的结合体,是后世语词增殖的内在根据。与“语源”概念紧密相连的是他对于“语源义”的定义:“语源义是汉民族在文字产生前的原始语言和后世口头语言中的语词,通过已有文字记录,曲折地显现在书面语言词汇实词系统的一种隐性语义。”[①]“语源义,顾名思义是寓示语源的语义,它源于

① 《汉语语源义初探》,殷寄明著,学林出版社1998年版,第35页。

口头语言。”“语源义则是音义的直接结合体，文字只起记音作用，它是一种隐性语义。”①“一个语词的口头形式兼载两个或更多个语源义，亦即一个语源义的语音载体对其他语源义具有兼容性，而不像承载本义的文字形体那样对其他语义具有排他性。”②从词汇学的角度来说，语词只有一个本义，剩下的都是围绕本义展开的义项；而从语源学的角度看，一个音节完全可以同时承载多个语源，这是由汉语音节的有限性决定的，一个音节可以同时承载多个语源，也可以承载一对包含相反或相对语义的语源。语源义通常是抽象的、隐性的，除了王宁先生在《词源意义与词汇意义论析》所总结的第二种同源派生形式（亦即表示某一特点的词，直接派生出具有这一特点的新词，旧词的整体意义作为源义素进入新词，这种情况下这组同源词的语源义是显性的），在同源词组中主要表现为义素的形式。对于反义同源单音词来说，它们的语源同时包含一对语义相反或相对的因子，语源裂变后，这对相反或相对的语义独立开来，不再共用同一个音节，而是在原先音节的基础上发生规律音转，创制出一个新的音节用以承担分裂后独立的语义，这样一组语义相反的同源词就形成了，这种类型的同源词与“右文”分化而来的同源词组最显著的区别在于，大部分情况下无法区分哪个是源词哪个是同源派生词，因而只能通过音义关联进行系联，推源的难度极大。语源分裂后，通过规律音变创制出新词，这组同源词之间的语义关系既可以表现为义项直接相反或相对，也可表现为义素相反或相对。

至于本义与引申义、引申义与引申义相反，它们之间的语义关系表现为义素相反或相对，本义、引申义、假借义是词汇学范畴的术语，在语源学范畴内，都是语源义，同一语源中包含的那对相反或相对的因子才是同源词组语义相反或相对的原因。本义、引申义，它们可以看作包含同一基因的近亲与远亲，它们之间的关联是同一因子联系，它们的内核是一样的——语源分裂后独立的那个语义因子，这就是它们之间的血缘。因而，本义与引申义、引申义与引申义，其实就是父与子、堂兄弟、表兄弟之间的关系，它们之间相同的基因一直贯穿其中，亦即“同条共贯”。通过分离源义素与类义素，我们发现，本义与本义相反的反义同源词，其类义素处于同一个概念域；而本义与引申义相反、引申义与引申义

① 《汉语语源义初探》，殷寄明著，学林出版社 1998 年版，第 37 页。
② 《汉语语源义初探》，殷寄明著，学林出版社 1998 年版，第 51 页。

相反的反义同源词，其类义素处于不同的概念域，词义引申一般经由隐喻或转喻的路径实现，比如“廉|贪”这对反义同源词，“廉”的本义是狭窄，通过转喻，引申为“棱角”，再经由隐喻引申为“正直”和“廉洁”，源义素保持不变，类义素在不同的概念域之间转换；“贪”的本义是“爱财”，“廉”与“贪”的源义素呈现为相反的形态，类义素的概念域不同，而反义同源的语义关系是指源义素层面的，亦即王宁先生所提出的“词源意义”，因为这才是同源词的得义之由。如果我们将同源词的判定条件限定为只有本义相同或相反，在王宁先生所列举的这组声符相同的同源词组中，它们的本义并不相同，真正将它们联系起来的是声符，而声符作为示源性符号，正是语词得以之由，形符则是起修饰限定作用的“类义素”，“类义素”是不稳定的，无法作为同源词判定的语义根据。再如“乘|除”这对引申义与引申义相反的反义同源词，“乘”的本义是“登、升”，通过转喻引申出“叠加”义；“除”的本义是“宫殿的台阶”，又因“殿陛”谓之“除”，凡去旧更新皆曰“除”，转喻引申为清除之义，再经转喻引申为“减少”义，它们之间的联系是空间方位“上|下”，这正是源义素，“类义素”的存在则通过概念域的转换表明词义引申的轨迹。同源词考释领域的既有研究主要集中在语义相同或相近的同源词类别上，这是因为比起语义相近，语义相反这种同源关系似乎在逻辑上呈现一种悖论，因此在成因解析上难度也更大。如果我们将这种源义素相反放置在认知语言学的转喻思维框架下，便会发现这种源义素层面的相反其实仍然源于思维层面的相近。Voßhagen 在 *Opposition as a Metonymic Principle* 中提出，概念整体可以被用来提供通向与其同在一个概念结构的对立面的心理可及，这种对立语义一般是构成同一概念域的一部分，发生在那个涉及对立语义的概念域中的映射受到一些因素的影响，同样也会影响其他的转喻映射，这些因素包括概念的相近性、突显性、社会因素、概念域的理想化结构以及转喻对表达目的的突显功能。[①] 由此可见，源义素相反只是一种外在表征，更深层的原因是这对相反的源义素在心理上呈现一种紧密的毗邻关系。本书第四章将专门从认知语言学的角度解释转喻和隐喻思维在反义同源单音词生成中的作用，其中将解析转喻是如何激发相反源义素产生的。

---

① Opposition as a metonymic principle. Voßhagen, Christian. Metonymy in language and thought. 1999:289-308.

我们将同源词语义关系相反或相对限定在源义素层面，是否会引发同源关系判定的泛化，模糊了同源词的判定标准？答案是不会。因为汉语同源词的同源关系判定有语义和语音两个方面的标准，语义相同、相通或相反、相对，语音则在上古音体系中存在规律性通转关系，同时符合这两个标准，才能确定同源关系，而它们之间复杂的形、音、义关系则可以援引音变构词来阐释。

至于本义与假借义，这种情况虽然少见，但需另述。假借的本质是借音同或音近的音节承载一个无本字的语义，文字学上称之为假借。就语源义来说，有些是显性的，但多数是隐性的，文字假借所形成的语源义即隐性语义。比如“嫡|庶”这对反义同源词，“嫡”的本义是正妻；庶的本义是一种烹调方法，众多义则是“庶”字以其音节承载的一个隐性语义，因为假借，“庶”的语源义以隐性语义的方式呈现出来，在这组个案中，本义与假借义呈现相反关系。从语源分化的角度看，一个包含一对相反或相对因子的语源发生分裂后，其中一个有了自己的文字形体，而另外一个则没有被创制本字，而是借用了音同或音近的音节的文字形体，于被借用的文字形体来说，这个寄寓其中的语义是假借义，这就是为什么会发生本义与假借义、引申义与假借义语义相反或相对。

语源分化的动力来自语言表达功能的需要，而分化的形式是音变构词。关于“音变构词”，已经有许多研究成果，如周祖谟先生的《四声别义释例》用大量的材料证明早在东汉，已经出现了用声调区别语义的构词法。周法高先生在《中国古代语法·构词编》第一章“音变”中从形态学视角讨论了汉语音变构词和词的语法意义的关系：“根据记载上和现代语中所保留的用语音上的差异(特别是声调)来区别此类和相近意义的现象，我们可以推知这种区别可能是自上古遗留下来的；不过好些读音上的区别(尤其是汉以后书本上的读音)却是后来依据相似的规律而创造的。”[①]王力先生在《汉语史稿》第三章“语法的发展”中，举例论析了音表构词与词的语法意义及词汇意义变化关联，上古汉语中的“之”和“其”、“不”和“弗”等词在最初的时候有不同的语法用途，而这些语法用途是靠声母的变化或韵母的变化来表示分别的。[②] 中古汉语的形态表现在声调的变

① 《中国古代语法·构词编》，周法高著，台湾“中央研究院”历史语言研究所1962年，第15页。
② 《汉语史稿》，王力著，中华书局1980年版，第248页。

化上面。同一个词，由于声调的不同，就有不同的词汇意义和语法意义。[①]“在声调变化的许多词当中，就有一部分词是为了区别词汇意义和语法意义而引起分化的。由此看来，我们屡次强调，语音、语法、词汇三方面要密切结合起来研究，那是有事实根据的。”[②]俞敏先生在《古汉语派生新词的模式》一文中推拟了旧词派生新词的三个阶段：“本来只有一个语词，一般来说也只有一个形体。后来在第一阶段，新词派生了，新旧词合用一个形体。在第二个阶段，有了两个形体了，可视新旧词分配不定，新形体也许记早出的语词。在第三个阶段，两个形体分配定了，多一半儿是新形体表示新生的词，可是也有倒过来的。”[⑤]郭锡良先生在《汉语史论集·先秦汉语构词法》中说：“单音节语言要创造新词，只可能有两种方式：一种是通过词义引申分化出新词，可以叫做词义构词；另一种是通过音节中的音素变化构造意义有联系的新词，可以叫做音变构词。”[⑥]孙玉文教授《汉语变调构词研究》从上古汉语同源词角度论述了上古已有变调构词，并且论证了变调构词是一种构词法。在《略论汉语音变构词》中，他将“音变构词”定义为：“通过基础词音节中音素的变化构造意义有联系的新词。依汉语音节声、韵、调三要素，音变构词可以分为变声构词、变韵构词、变调构词三种简单的类型。还有的音变构词，涉及声、韵、调中两种以上的音素变化，这是更复杂的类型。”[⑦]他认为“无论哪种类型的音变构词，原始词和滋生词之间一定要找出词义的关联线索来。”[⑧]

上述诸位先生的研究说明，上古汉语就已经有音变构词的现象，音变构词是汉语单音节词发展中重要的构词法，而通过音节变化构造出的新词，在语义上原始词和滋生词之间也彼此关联。这是因为音变构词从根本上是为了满足表意需求，音节变化只是形式；而用相近或相通的语音来表达相近的语义也符合语言经济性和人类的认知。音变构词是个规律性的造词运动，无论在语音还是语义上，而语源分化构造新词属于音变构词的一种，一个音节同时承载了一

① 《汉语史稿》，王力著，中华书局 1980 年版，第 248 页。
② 同①。
⑤ 《俞敏语言学论文集》，俞敏著，商务印书馆 1999 年版，第 301 页。
⑥ 《汉语史论集（增订本）》，郭锡良著，商务印书馆 2005 年版，第 145 页。
⑦ 《略论汉语音变构词》，孙玉文著，《江苏大学学报（社会科学版）》2011 年第 5 期。
⑧ 同⑦。

对语义相反或相对的语源，在表意清晰的需求驱使下，源词的音节发生规律性音转，使用一个新的音节，承载分化出的语源，滋生词诞生，这种类型的同源词可称为音变构成同源词，本部分所系联的同源词就属于此种类型。

(四) 反义同源单音词的语音关系分析

同源词判定的语音条件是同源词组之间存在着语音通转关系，现将该部分同源词按照声纽及韵部两部分进行语音关联类型分析。

1. 双声叠韵

(1) 盲|明

(2) 题|蹄

(3) 买|卖

2. 声纽

(1) 双声|准双声

恩|怨：影母双声

规|矩：见母双声

结|解：见母双声

明|灭：明母双声

疏|数：审母双声

消|息：心母双声

顶|底：端母双声

陟|垫：端母双声

迎|逆：疑母双声

往|还：匣母双声

腹|背：帮母双声

棺|椁：见母双声

师|生：审母双声

乘|除(床：定)

(2) 旁纽

本|末(帮：明)

出|入(穿：日)

粹|杂(心：从)
籴|粜(透：定)
甘|苦(见：溪)
乖|合(见：匣)
寒|喧(晓：匣)
静|躁(精：从)
利|钝(来：定)
荣|枯(匣：溪)
生|熟(审：禅)
始|终(审：照)
夙|夕(心：邪)
休|咎(晓：群)
教|学(见：匣)
精|粗(精：清)
开|合(溪：匣)
廉|贪(来：透)
贫|富(帮：并)
夜|日(喻：日)
圆|缺(匣：溪)
远|近(匣：群)
作|息(精：心)
夫|妇(帮：并)
乾|坤(群：溪)
天|地(透：定)
家|野(见：以)
勤|逸(群：以)
瑕|瑜(匣：以)
盈|虚(以：溪)
勇|惧(以：群)

(3) 准旁组

宠|辱(定：日)

嫡|庶(端：穿)

动|止(定：照)

茹|吐(日：透)

老|少(来：审)

同|异(定：喻)

种|收(定：穿)

出|纳(穿：泥)

(4) 邻组

潮|汐(定：邪)

纯|杂(禅：从)

旦|夕(端：邪)

好|恶(è)(晓：影)

深|浅(审：清)

喜|恶(晓：影)

生|死(审：心)

聪|聋(清：来)

清|浊(清：定)

取|舍(清：审)

人|神(日：床)

因|果(见：影)

通|塞(透：心)

新|陈(心：定)

形|影(匣：影)

首|足(审：精)

大|细(定：心)

好|恶(wù)(晓：影)

进|退(精：透)

掩|扬（影：以）

抑|举（影：见）

抑|扬（影：以）

隐|扬（影：以）

3. 韵部

（1）叠韵

寒|喧

茹|吐

休|咎

聪|聋

人|神

新|陈

家|野

（2）旁转

恩|怨（文：元）

规|矩（支：鱼）

好|恶（wù）（幽：鱼）

夙|夕（沃：铎）

老|少（幽：宵）

廉|贪（谈：侵）

取|舍（鱼：侯）

瑕|瑜（鱼：侯）

远|近（元：文）

形|影（耕：阳）

作|息（铎：职）

夫|妇（鱼：之）

乾|坤（元：文）

（3）旁对转

本|末（真：月）

潮|汐(宵：铎)

乘|除(蒸：鱼)

嫡|庶(鱼：锡)

动|止(之：东)

好|恶(è)(幽：铎)

进|退(微：真)

静|躁(耕：宵)

荣|枯(耕：鱼)

生|熟(耕：沃)

始|终(之：东)

疏|数(鱼：屋)

喜|恶(之：铎)

消|息(宵：职)

精|粗(耕：鱼)

清|浊(耕：屋)

因|果(真：歌)

通|塞(东：职)

同|异(东：职)

种|收(东：幽)

腹|背(之：沃)

天|地(真：歌)

大|细(脂：月)

利|钝(脂：文)

勤|逸(文：质)

盈|虚(耕：鱼)

勇|惧(东：鱼)

抑|举(职：鱼)

抑|扬(职：阳)

首|足(幽：屋)

(4) 对转

教|学(宵：沃)(ô:ôk)

迎|逆(阳：铎)(ɑŋ:ak)

圆|缺(元：月)(an：at)

宠|辱(东：屋)(oŋ:ok)

粜|籴(沃：宵)(ôk:ô)

(5) 通转

纯|杂(文：缉)(ən:əp)

粹|杂(微：缉)(əi:əp)

旦|夕(元：铎)(an:ak)

甘|苦(鱼：谈)(a:am)

乖|合(微：缉)(əi:əp)

结|解(支：质)(e:et)

明|灭(阳：月)(ɑŋ:at)

深|浅(侵：元)(əm:an)

生|死(耕：脂)(əŋ:et)

顶|底(耕：脂)(əŋ:ei)

陟|垫(职：侵)(ək:əm)

开|合(微：缉)(əi:əp)

贫|富(之：文)(ə:ən)

夜|日(铎：质)(ak:et)

棺|椁(元：铎)(an:ak)

师|生(脂：耕)(ei:əŋ)

出|入(物：缉)(ət:əp)

出|纳(物：缉)(ət:əp)

掩|扬(谈：阳)(am:ɑŋ)

往|还(阳：元)(ɑŋ:an)

隐|扬(文：阳)(ən:ɑŋ)

按照声纽及韵部，将所有考释个案进行语音通转关系分类。通过数据统

计，发现除了“盲|明”“题|蹄”“买|卖”三组是双声叠韵之外，声组部分，双声者有 14 组，旁组者有 31 组，准旁组者为 8 组，邻组者为 23 组。韵部部分，叠韵者为 7 组，旁转为 13 组，旁对转为 30 组，对转者为 5 组，通转者为 21 组。

为了更加直观地展示语音亲缘关系，将双声及叠韵的情况称为点重叠，如“恩|怨”为影母双声，这两个字在组表上的情况即为重叠，“寒|喧”为元部叠韵，它们在韵表上也表现为重叠。

旁组的情况称为直线型，如“本|末”的声组分别为“帮”“明”，“帮”“明”旁组，在王力先生的声组表上，同类同横行者为旁组。除此以外，邻组的情况中，“生|死”的声组也为直线型，“生”为审组，“死”为“心”组，构拟为 sj：s，“审”为舌面音，“心”为齿头音，舌与齿为邻组，但是两者的发音方式相近，在组表上呈直线型。这样直线型的除了旁组的 31 组，还有邻组关系的“生|死”，共 32 组。

准旁组关系的声组则为转折线关系，如“宠|辱”，“宠”为定母字，“辱”为日部字，定、日的发音部位虽都为舌，但是在组表上却为同类不同横行，因为发音方式不一样；准双声关系的“乘|除”声组分别为床和定，也是转折关系；除“生|死”外，剩下的 22 组邻组关系的是转折线型，因此呈转折线型的共有 31 组。

可以认为，声组部分的语音亲缘情况，点重叠型为 13 组，亦即双声，这种情况的语音关系是最近的；直线型为 32 组，主要是旁组关系再加上“生|死”的邻组关系，直线型的主要是发音方式一样，语音亲缘关系次之；转折线型的共 31 组，由准旁组和除上述以外的邻组关系组成，这种类型的发音部位相近，因此语音亲缘关系再次之。

韵母方面也采取上述分类，叠韵的共有 7 组，称为点重叠。旁转的情况，如“规|矩”，为“支”“鱼”旁转，韵部属同一类且在一横行，为直线型，共 13 组。对转如“迎|逆”，为“阳”“铎”对转，构拟为 ɑŋ：ak；“圆|缺”，为“元”“月”对转，构拟为 an：at，主要元音相同且韵部同类，为直线型，共 6 组。

通转，如“纯|杂”，为“文”“缉”通转，构拟为 ən：əp；“甘|苦”，为“鱼”“谈”通转，构拟为 a：am，主要元音相同但韵部不同类，但仍处于一条直线上；但“深|浅”不在此类，为“侵”“元”通转，构拟为 əm：an，主要元音不同、韵部不同类，只是同属于鼻音，它们的韵部不在一条直线上；同样的情况还有“夜|日”，为“铎”“质”通转，构拟为 ak：et，除上述两例外，通转共有 18 例属于直线型。

旁对转，如“潮|汐”，韵部为“宵”“铎”，属同类但不同横行，主要元音也不相同；再如“始|终”，韵部为“之”“东”，不同横行且主要元音也不相同，该类别属于转折线关系，共有30例，再加上通转关系中的“深|浅”“夜|日”，转折线型共有32例。

在本部分所系联考释的反义同源单音词中，还有一部分在语音上特别的案例，既喻母四等字与舌根音诸纽是否有通转的可能。

关于喻母的归属问题，最著名当属曾运乾的“喻三归匣，喻四归定”。在本书依据的王力先生所构拟的系统中，将喻四归为舌面音，构拟为“j”，喻三归匣学界已有共识，喻四的归属则有不同意见，有代表性的主要有如下几种：高本汉在《中国音韵学研究》中将喻四分为齿音和舌音两类，并分别拟音为“z”“d”。王力先生在《同源字典·古音略说》中说：“根据比较语言学原则，喻四不宜拟测为与定母完全同音……这个j代表一个未能确定的音素，不是半元音的j。”[①]董同龢先生在《上古音韵表稿·喻于两母的来源》中通过谐声字分析，将与舌面音与舌根音相谐的喻四构拟为“d”“g”，而将与舌尖音、舌根音都相谐的喻四构拟为“gd”[②]。李方桂先生在《上古音研究》中将这种与舌根音相谐的喻四拟为“gri-”[③]。关于喻四归定的说法，潘悟云先生在《汉语历史音韵学》中说：“实际上，不是以母来自d-，而是这些与以母谐声的定母字原来与以母一样也是l-。到后来，一二四等的l-变作了定母d-，三等定母变作了以母j-。”[④]

以上是诸位先生的现代语音学构拟，除了高本汉和王力先生以外，董同龢先生和李方桂先生的构拟都表明喻四有舌根音。以下再以传统音韵学的审音为例。

殷寄明教授有《上古喻纽字浅议》一文，从同源语词及谐声偏旁两种类型考察了喻纽四等字的语音通转情况，证明喻四有舌根音一类，并且探讨了声符相同而读音不同的形声字是如何产生语音变异的。“同声符的形声字读音不同，是为了适应文字载义分工的需要。当人们赋予一个形声字以读音时，并非随意的，而是以声符字原来的读音为基准，在发音之始稍作偏倚，收音部分一般都不

---

① 《同源字典》，王力著，商务印书馆1982年版，第71页。

② 《上古音韵表稿》，董同龢著，“中央研究院”历史语言研究所集刊，1944年，第30-32页。

③ 《上古音研究》，李方桂著，商务印书馆2001年版，第85页。

④ 《汉语历史音韵学》，潘悟云著，上海教育出版社2000年版，第272页。

变；两个声符的形声字的读音可以不同，但两个声纽不可能是绝不可通的两类。”[①]殷教授所言确是。语词分化的过程中，语音分化是沿着最近的道路进行的，这是语言系统性的表现，只有遵循这种由近及远的方式进行语音分化，才能构建起成系统的语词。寻仲臣的《喻四来源的再探索》通过对《说文声转表》与《广韵》的谐声系统的数据统计，得出以母（喻母四等字）除了与定母、端母等舌面音相谐，就是与见母字等舌根音相谐的比例最高，以此证明“以母的上古来源除了舌音端系，其次是俟牙音晓见二系，再次是齿音精系”。[②]

无论是构拟还是审音，谐声字都是可靠的材料，本研究采纳董同龢先生的结论，喻四有舌根音一类。章太炎先生有“俟、牙为百音祖”一说，在幼儿语言习得的过程中，最先利用的就是喉部发音，如果将人类语言发展初期与幼儿语言习得相比拟，深感太炎先生的结论颇有见地。

在考释此类单音词的同源关系时，不仅要注重语义上的相反与相对关系，更重要的是注重两个单音词之间是否具有语音上的通转关系，盖因语词的同源分化远在文字形成之前已经开始，音以载义、亦以别义，上述所列单音词在上古声韵系统中有无通转的可能，最终决定同源词考释的结果。

二、声符相同的反义同源单音词

与第一部分直接考释、系联反义同源单音词的研究路径不同，本部分的研究将采用学术史回顾与综述的方式，盖因声符相同、改换形符的语词孳乳方式研究已取得了理论与系联实践的重要成果，是同源词研究中颇为成熟的一部分。

（一）理论准备——“右文说”

本部分的学术史要从声训三大流派之一的“右文说”开始。沈兼士先生在《右文说及其在训诂学上的沿革及其推阐》一文中有专节“右文说之略史”三章，殷寄明教授有《中国语源学史》一书，皆尝试梳理了“右文说”的发展脉络，现摘取关键人物，以点带面式展现“右文说”从实践到理论的发展及沿革。

先秦典籍中已出现子母、母子、同母相训，如《论语・颜渊》以“正”释“政”，乃母子相训；《礼记・王制》以“侀”释“刑”，乃为母子相训；《孟子・滕文公上》以

① 《上古喻纽字浅议》，殷寄明著，《杭州大学学报》1995年第3期。
② 《喻四来源的再探索》，寻仲臣著，《齐鲁学刊》1990年第3期。

“养”释“庠”，为同母相训，是为训诂实践的滥觞。汉代刘熙著《释名》，以声训为方法，以声符为中介沟通被释字与解释字，以探求语源。如：

《释天》：

旻：闵｜春：蠢｜未：昧｜光：晃｜暑：煮

《释地》：

土：吐｜壤：瀼

《释形体》：

人：仁｜鬓：滨｜距：矩｜腹：复｜脐：剂｜腕：宛

《释姿容》：

捉：促｜拈：粘｜蹋：榻｜挟：夹

《释衣服》：

衣：依｜纨：跨｜裾：倨｜群：裙

《释形体》：

躯：区｜骨：滑｜发：拔

《释宫室》：

柱：住｜户：护｜茨：次

《释车》：

轮：纶｜轴：抽｜辖：害｜靽：半｜鞧：遒

以声符作为语义中介，沟通被释字和解释字，其合理内核就是声符是承载语源的构件，解释字和被释字因为这个声符承载的公共义而语义相通，从造字原理来说，这类形声字的声符不仅标音而且还起着示源的作用，有关理论我们将在下面的研究中详细展开。

晋代杨泉著《物理论》，有“在金曰坚，在草木曰紧，在人曰贤”，与《释名》的两两对举不同。“杨泉氏第一次将声符相同、所表语词之义相通的三个形声字系联在一起并进行比较分析，这是右文说形成过程中非常重要的一步，因为对事物现象考察范围的扩大，有利于把握该类事物的共性和本质。”①

① 《中国语源学史》，殷寄明著，吉林人民出版社2002年版，第110页。

宋代是“右文说”正式形成并迅速发展的阶段，王圣美明确提出“右文说”：“王圣美治字学，演其义为右文。古之字书皆从左文。凡字，其类在左，其义在右。如木类，其左皆从木。所谓右文者，如‘戋’，小也；水之小者曰‘浅’，金之小者曰‘钱’，歹而小者曰‘残’，贝之小者曰‘贱’。如此之类皆以‘戋’为义也。”①殷寄明教授将王圣美提出“右文说”的意义总结为三点：①对“古之字书皆从左文”的说法进行反思与挑战；②认识到形声字的声符是主体性构件，而形符只是标属义类的从属性构件；③一组声符相同的同源词，声符所载的乃是语词的公共义。②

宋代另一位大力发展了“右文说”的人当属王观国。王圣美打破了“凡字其义在左”的认识藩篱，而王观国则更进一步，认识到声符字承载语源，以声符字为基准可以孳乳出一组具有公共义的同源词。“‘卢’者，字母也。加‘金’则为‘铲’，加瓦则为‘瓬’，加目则为‘胪’，加黑则为‘黸’。凡省文者，省文所加之偏旁，仅用字之母，则众义该也。”③他认为形声字的形符为后加，初文与以之为声符的形声字相假借、声符相同的形声字相假借，因义缘于声。王观国还认识到凡形声字之声符同，所载之义却不尽相同，这种见解是相当具有突破性的，当代科学语源学所提出的同一语音可承载多个不同的语源，与王观国的观点遥相呼应。

清代段玉裁提出了“声与义同原”“以声为义”说，《说文解字注・示部》：“声与义同原，故谐声偏旁多与字义相近。”他打破文字形体藩篱，以声为源探求语词受义之由，声符是用语音直接记录语词意义的，按照殷寄明教授的说法，段氏这一发掘突破以往“右文说”流派学者只能按照声符字形体进行推源，所得皆为显性语义的局限，既然声符之音直接记录语义，就有大量假借的情形，段氏之说提醒了对文字假借形成的隐性语义的发掘，而汉字系统中形声字声符所载多数为不见于文字形体的隐性语义。《说文》段注全书即贯穿了“以声为义”的思想，全面考察了许书中谐声偏旁所载之义，沈兼士先生在“右文说之略史二”中归纳出 68 条声中之义。

---

① 转引自《中国古代语言学汇纂・文字学分册》，张斌、许威汉主编，福建人民出版社 1993 年版，第 370 页。

② 《中国语源学史》，殷寄明著，吉林人民出版社 2002 年版，第 128-130 页。

③ 同①。

以上所述既是“右文说”发展简史，也为现代科学语源学的声符研究奠定了理论基础，揭示了早于文字形体出现前，音与义已经结合成语源，而一个音节可以承载多个语源，即有与文字形体相关的显性语义，也有假借形成的隐性语义，而声符不变、改换形符是汉语语词增殖的重要规律。

（二）沈兼士与“相反义分化式”

现代语言学家对声符及汉语语词孳乳规律的研究，首推沈兼士先生。他以推求“语根”为根本，以声符为线索，研究同源词孳乳的规律，建立“字族学”。

沈兼士《右文说在训诂学上的沿革及其推阐》用语言学的宏观视野研究传统“右文说”，提出了“右文分化”的概念，并描写出“右文之一般公式”。“语源分化孳乳同源词在书面上多表现为形声字的增殖，形声字的声符是直接反应语词的音义也就是记录语源的，故沈氏称‘右文分化’。”[①]段玉裁提出“声与义同原”，然则“义”有几种，又是如何分化孳乳的，段氏没有继续深究，到底失之笼统，却也不必苛求，区分语义种类，研究语词增殖规律已是现代语言学研究的范畴。

沈兼士先生将“右文之一般公式”分为六种分化形式，分别如下：

本义分化式，
引申义分化式，
借音分化式，
本义与借音混合分化式，
复式音符分化式，
相反义分化式。

其中，“相反义分化式”是首次从理论层面提出同一声符可孳乳出具有相反义素的两组同源词，沈兼士的举例，原图如下：

---

① 《中国语源学史》，殷寄明著，吉林人民出版社2002年版，第264页。

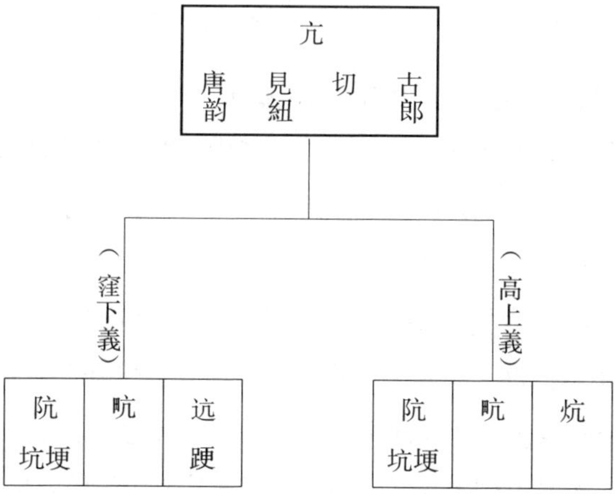

声符“亢”，同时兼有“高上”与“窪下”两个相反的义项，其中“高上”义孳乳出“炕”“阬”“𣆶”三个具有“高上”义素的词；“窪下”义孳乳出“迒”“阬”“𣆶”三个具有“窪下”义素的词。值得注意的是，在沈先生所举的例子中，“阬”“𣆶”二字同时兼具“高上”与“洼下”两个义素，这正是本研究关注的第三种反义同源形式，即“一词兼有相反二义”，很明显，“阬”“𣆶”二字所兼具的两个相反的义素来自同一语源“亢”。至于为什么声符“亢”兼有相反二义，沈先生说：“盖高起之与洼下，方向虽异，而其容积则一也。”[①]在这组相反义分化式的同源词组中，“亢”为源词，“阬”“𣆶”“迒”为同源分化词，“高上”义与“洼下”义是同一语源承载的一对相反的语义。为什么一个语源可以同时承载一对相反的语义？沈兼士先生从认识论的角度，侧面做出了解释，他认为“高上”与“洼下”本指同一事物——容积，之所以有别则是角度不一样——“方向虽异”。

这样的例子沈兼士先生还举了三组：“如中央下与中央高同得云宛，阪与池同得云陂，从襄声字有退却与侵夺二义，皆是字义相反相成之理。”[②]沈先生的进步之处，不仅在于厘清“右文分化”的六种形式，以“声符”字为线索探寻“语根”，系联同源词组，形成“字族”，进而阐明汉语语词增殖的一个重要规律；还在于超越训诂学家的识见，对于一词兼载相反二义，没有简单的用训诂学术语“美恶同辞”解释，也没有穿凿附会、将语义相反之因归于形旁，而是认识到“盖言语之体势为流动的、多面的，一语得含有反正两义，自是言语之天然作用”。沈先生所

① 《沈兼士学术论文集》，沈兼士著，中华书局 1986 年版，第 153 页。
② 《沈兼士学术论文集》，沈兼士著，中华书局 1986 年版，第 154 页。

言确是，后续我们将证明一个语源同时承载相反的语义是“言语之天然作用”。

（三）张世禄与“词义相对、相反的同源词”

张世禄先生在《汉语同源词的孳乳》一文中，将同源词的语义关系分为两类，一类为相同、相近，一类为相对、相反，而后一类语义关系的同源词中，即有声符相同而含有相反义素的情况。

张先生以声符“尧”为例。尧，《说文·垚部》：“尧，高也。从垚在兀上，高远也。”段玉裁注：“尧本谓高。”班固《白虎通·号》：“谓之‘尧’者何？尧犹峣峣也。至高之貌，清妙高远，优游博衍，众圣之主，百王之长也。”《风俗通·皇霸》：“尧者，高也，饶也。”可知尧有“高大”义，从“尧”得声的字，峣，本义为山高之貌。䫜，本义为头高长貌。骁，本义为良马，良马一般都高大矫健。獟，本义为狂悍的狗，与良马一样，狂悍的狗身材也应高大。翘，本义为鸟尾上的长毛，引申为举起义。趬，有举足义，脚翘起貌也有高的义素。以上一组同源词都有“高”的公共义。

侥，僬侥，古代传说中的矮人。蛲，蛲虫，寄生虫名，身体很小。铙，《说文·金部》训“小钲”，是种古军乐器名，体阔而短。以上这组同源词又都有“短小”的公共义。很显然，它们的声符“尧”承载了一对相反的语源义，或者说这对相反的义素来自同一个语源。

张世禄先生用哲学辩证法的矛盾论来解释这种同源词之间语义相反、相对的情况，“因为相对或相反的意义，反映着客观上矛盾对立的事物。毛泽东《矛盾论》说：“一切矛盾着的东西，互相联系着，不但在一定条件下共处于一个统一体中，而且在一定条件下互相转化。矛盾对立的事物，双方处于一个统一体中是互相依存的，所以反映这种关系的相对或相反的意义，也必定是互相联系的。矛盾对立的事物，又在一定条件下各向着相反的方向转化；因之反映着这种转化的过程，在词义的发展过程当中，就有反训的现象，如“乱”训“治”、“故”训“今”之类。这就是同一个词或词素有相对或相反的意义。这样词义向着对立面转化的发展结果，运用到新词的构造和孳生当中，就成为同一词源里产生反义词的现象。”①辩证法和矛盾论是学界公用的解释同源词之间语义相反或相对

① 《张世禄语言学论文集》，张世禄著，学林出版社1984年版，第533页。

情况的理论资源，这一理论还被扩展到用以解释训诂学上"反训"的合理性，这种解释方法当然是合理的，但是这种从哲学中寻找资源的解释方法却不是最根本的，如何解释同源词之间语义相反或相对的现象，本文将在第五章成因部分寻找更多的证据和资源。

（四）王宁、李国英与声符的"示源"功能说

王宁先生与李国英教授并没有直接研究声符相同而义相反的同源词的文章，但是两位关于声符"示源"功能的研究对于解释此类型的同源词孳乳却有非常重要的作用。

王宁先生的《汉字构形学讲座》一书专章讨论了"构件在组合中的功能"，提出声符具有"示源"的功能。声符示源的原理其实就是段玉裁所说的"声与义同原"，语音与语义结合成一个语源，这个语源用一个声符字来承载，当这个声符成为源词时，就同时具有"示源"的功能。"在具有示音功能的构件中，有一部分还同时可以提示词源意义，也就是具有示源功能。这是由于一部分形声字属于源字的分化字。"①在此基础上，王先生还提出了声符是主体性构件的理论。

李国英教授的《小篆形声字研究》讲到声符的功能时，第一个就是"示源功能"。"声符的示源功能，即声符显示形声字所记录的词的源义素的作用。"②"汉字孳乳的重要方式之一就是在记录源词的源字的基础上增加义符造出分化字来记录派生词，这是早期形声字的主要来源。在这类形声字中，声符是由源字直接转化成的，自然具有示源功能。"③李国英教授在此将"字"与"词"的概念混为一谈，自是不妥，但本书关注的是他关于声符示源功能的解释。

王宁先生和李国英教授关于声符具有示源功能的理论高度一致，对这一理论的适用范围也给出了明确界定，当声符不变、改换形符进行语词增殖时，声符本身所携带的语源就成为由此孳乳出的一组同源词的源义素。关于这一过程，沈兼士先生的建模既精准又直观，假设声符字为"X"：

（ax，bx，cx，dx……）：x

"惟右文须综合一组同声母字，而抽绎其具有最大公约数性之意义，以为诸

---

① 《汉字构形学讲座》，王宁著，上海教育出版社2002年版，第53页。
② 《小篆形声字研究》，李国英著，北京师范大学出版社1996年版，第31页。
③ 同①。

字之共训。”[①]沈先生所谓的“最大公约数”即为一组同源词的源义素或语源义，这个“右文说”的推阐公式用数学建模的方式展现了源词“X”与同源派生词之间的关联，毫无疑问，声符在这组同源词中是示源性的构件。

王、李二位先生关于声符示源功能的理论已经被学界所广泛接受，既然声符是源符，一组声符相同的同源词具有相反的义素，这种语义对立应该来自声符而非形符，换言之，是声符本身同时承载了一对相反的语义，在后期的分化中，这个看似矛盾的语义整体发生裂变，这两个相反的语义各自独立，仍采用相同的声符，改换不同的形符，孳乳出语义相反的一组同源词。这个过程可以建模如下：

两个相反的语义分别命名为为 x 和 y，语源 E 同时承载了 x 和 y。（a、b、c、d，A、B、C、D 均为形符代码）

E ↗ x → ax、bx、cx、dx……

E ↘ y → Ay、By、Cy、Dy……

x 和 y 是裂变后的语源的各一部分，只有“x + y”才是完整的语源。

（五）殷寄明的理论与系联实践

殷寄明教授在《汉语同源字词丛考·声符义概说》中概括了声符义的三种表现形态，一是表现为一个清晰完整的义素，如“柢”，本义为树木的根柢，其义项是有声符“氐”承载的义素“根柢”和形符所承载的义素“树木”联合而成。“羝”，本义为小羊，形符、声符分别承载“羊”和“小”的义素。殷教授的创举在于区别了语源义的显性与隐性两种形态。“氐”为“柢”的初文，声符“氐”所承载的是显性语义；而“兆”的本义为占卜龟甲的裂纹形，并无“小”义，“小”是“兆”以其声韵所载的语源义，是隐性语义。

声符义的第二种形态表现为一个义素掺和附加成分。“形声字所记录的语词本义义项中含有两个以上的义素，形符承载其中一个义素，声符承载另一主体性义素，剩余的义素亦依附于声符。声符所直接承载的均为抽象性义素，而

① 《沈兼士学术论文集》，沈兼士著，中华书局 1986 年版，第 82 页。

所附带的义素则为具体性义素。”①如“绀”，形符承载“丝帛”的义素，声符承载“甘”之义素并同时携带“青、红色”义。对声符义多为抽象性义素的区分，揭示了声符的能产性本质，高度抽象的声符义就是沈兼士先生所谓的“最大公约数”，可以搭配各种具体性的形符义，孳乳出同源词。

声符义的第三种形态表现为不凭借形符表达的义项。如“颁”，训为“分”，其义完全是由声符承载的。“郎”指丈夫、情人、青年男子，“郎”即“良人”义，其形符“邑”在这里与语词的语义完全无涉。

以上三种对声符义形态的区分将“右文说”的理论推进了一大步，以往的研究都将重点放在声符载义的整体上，而声符究竟是如何载义的，所载之义又是如何区分，殷寄明的研究添补了这一空白。

在声符的本质论方面，殷寄明教授继承并发展了王宁、李国英先生关于声符“示源”功能的论断。他提出声符义是示源性的语义，而在声符所承载的诸多语义中，又以语源义为最多。语源义又可按照本字与文字假借分为两种类型。一种是与声符字本义无关的，完全借用声符字的声韵所承载的别义，如“波、坡、陂、颇”这组同源词，其语源义“不平”就与声符字“皮”的本义、引申义都不相涉，乃为“皮”声承载的语义。另一种是与声符字所记录的语词指称的事物有关，但非本义、引申义。如“缺、玦、陕”这组同源词所载的“缺”义，声符字“夬”为“形圆而有缺口的玉”，“缺”不是“夬”的本义、引申义，而只是通过逻辑关联得出的语义。

在《形声字构件的表义功能及其不对等性》②中，他讨论了形符和声符在所构成的形声字中的地位，他认为声符是主体性构件、承载的是核心义素，而形符承载的则是附加性、限定性、区别性义素；声符所载的多为抽象的、隐性语义，而形符承载的则为具体的、显性语义；一个声符可以承载多个不同的语义，而声符的这些特性，均来自语源，正是因为声符承载了语源，因而也就传递了这些语源具有的特性。

综上所述，殷寄明教授的研究将“右文说”从声符载义、声符示源的整体层

① 《汉语同源字词丛考》，殷寄明著，东方出版中心 2007 年版，第 3 页。
② 《形声字构件的表义功能及其不对等性》，殷寄明著，《中西学术》第二辑，复旦大学出版社 1996 年版，第 540 页。

面向前推进，进入了声符载义的层次、形态、声符及形符各自在形声字构成中的地位等内部层面，丰富了“右文说”的理论结构，证明了“右文说”的合理性。

除了理论贡献，殷寄明教授还做了大量的考释实践，系联了大量声符相同而语义相反的同源词，从实践论层面再次证明，一个语源可以同时承载一对相反的语义。

他的《汉语同源词大典》收录了许多声符相同而语义相反的同源词，如下。

卷 1：

74 条　干声：竿、岸、轩、罕、骭、仟、杆

竿：竹子的主干。

岸：靠江河湖海等水边的高地。

轩：古代车子前高后低叫轩。

罕：捕鸟用的长柄小网。

骭：胫骨。

仟：长。

杆：细长的木头。

以上这组同源词均有“长、高”的义素。

79 条　干声：�、鼾、罕、虷

芊：小蘱。

鼾：鼎。

罕：少，稀少。

虷：蚊子的幼虫。

以上这组同源词均有“小”的义素。

107 条　及声：岌、砐

岌：高貌。

砐：高大貌。

以上这组同源词均有“高”的义素。

108 条　及声：鵖、钑

鵖：小黑鸟的名字。

钑：古代兵器，铁把小矛。

以上这组同源词皆有“小”的义素。

136 条　土声：吐

吐：使东西从嘴里出来。

137 条　土声：肚、鞋

肚：人或动物的腹部。

鞋：盛箭器。

以上这组同源词皆有“容纳”的义素。

221 条　支声：魃、妓、蚑、毰、頍

魃：小儿鬼。

妓：妇人小弱。

蚑：小虫名。

毰：细毡类毛织品。

頍：小头貌。

以上这组同源词均有“小”的义素。

223 条　支声：敊、鳷、汥

敊：多。

鳷：松鸦的旧称。

汥：水积貌。

以上这组同源词，敊、汥的“多”义为显性义素，而鳷为松鸦，也是极为平常、普通的鸟类，亦可推理出“多”义。

亢声

247 条　沆、航、吭、阬、犺、闶、骯、肮、吭、瓬、忼、抗

沆：大泽。

航：大贝。

吭：池，大泽。

阬：大山坡。

犺：公牛。

闶：门高貌。

骯：高亢刚直貌。

肮：大脉。

吭：喉咙，成语“引吭高歌”，吭有高义。

瓬：大瓮。

忼：极高貌。

抗：举，张。

以上这组同源词皆有“高大”的义素。

250 条 坑、岏、翃

坑：洼下去的地方。

岏：岏峎，山名。

翃：鸟从高处往下飞。

以上这组同源词皆有“低下”义。

文声

267 条 彣、駇、鳼、鳼、纹、雯、鼤

彣：错综斑驳的花纹或色彩。

駇：赤鬣白身黄目的马。

鳼：青鳼，传说中的鸟。

鳼：文鱼，即鳢。

纹：丝织物上的花纹。

雯：成花纹的云彩。

鼤：斑鼠。

以上这组同源词均有“纹理”义。

268 条 紊、忞、旼

紊：乱。

忞：乱。

旼：旼旼，迷惘义。

以上这组同源词皆有“紊乱”义。

介声

287 条 玠、夰

玠：大圭。

奔：大。

以上同源词均由“大”的义素。

293 条 芥、价、砎、骱

芥：小草。

价：旧称供役使的人。

砎：坚硬的石头。

骱：骨坚硬。

供役使的人地位卑微，石头、骨头其物都小，因而这组同源词均有“小”的义素。

卷 2 亘声

363 条 笪、亶

笪：丛生的大竹子。

亶：大。

以上同源词均有“大”义。

365 条

觛：圆形小酒器。

亘：小舍，小杯。

以上同源词均有“小”义。

可声

385 条 駉、閜、阿、岢、齣、吹、舸、诃

駉：野鹅。

閜：大开；大杯。

阿：大土山。

岢：岢岚，山名。

齣：《集韵》训大齧。

吹：张口大笑。

舸：大船。

诃：大声斥责。

以上这组同源词俱有“大”义。

388 条　苛、舸、钶、袔

苛：小草。

舸：小船。

钶：小釜。

袔：小衫。

以上这组同源词俱有“小”义。

矛声

549 条　敄、楙、髳

敄：强勉。

楙：茂盛。

髳：多而美的毛鬃。

以上这组同源词均有“强、盛”的义素。

552 条　柔

柔：木质软和，可以曲直。

卷 3　母声

575 条

拇：手、脚的大指。

莓：《尔雅・释草》疏曰：“大而可食。”

以上这组同源词俱有“大”义。

坶：尘土。

包声

579 条　苞、胞、麭、罦、袍、褒、炮、泡、鲍、麭

苞：植物外表的包皮。

胞：胎衣。

麭：《说文・桼部》：“桼垸已，复桼之。从桼包声。”段注：“垸者、以桼䵒灰垸而鬃也。既垸之。复桼之以光其外也。”

罦：古代一种附设机关捕鸟兽的网。

袍：指有夹层、内着棉絮的长衣。

褒：怀抱。

炮：用烂泥涂裹食物置火中煨烤。

泡：浮沤，水泡。

鲍：鳆鱼的别名。即石决明，腹足纲软体动物，贝壳坚厚。

麭：黍豉皮。

以上这组同源词均有“包”义。

581 条 龅、皰、皰

龅：牙齿突露在唇外。

皰：面上包。

皰：面疮。

以上这组同源词均有“外露”义。

兆声

634 条 珧、羢、鮡、铫、駣、鼗

珧：《尔雅·释鱼》：“蜃，小者珧。”

羢：未满一岁的小羊。

鮡：小鳠。

铫：小瓮。

駣：三四岁的马。

鼗：《玉篇·鼓部》：“鼗，似鼓而小。”今称拨浪鼓。

以上这组同源词俱有“小”义。

637 条 咷、铫、狣、䑬

咷：號咷，也作“嚎啕”，泛指大声哭。

铫：大锄。

狣：体壮力大的狗。

䑬：大船。

以上这组同源词均有“大”义。

幵声

726 条 栞、蚈、幷

栞：小束。

蚈：小虫。

軿：轻车。

以上这组同源词俱有“小”义。

727 条　豣、麉、詽

豣：力大的獐。

麉：力气极大的鹿。

詽：诤语。

以上这组同源词俱有“强、大”义。

卷 4　攸声

908 条　筱、倏、儵

筱：急速。

倏：极快地，忽然。

儵：迅速。

以上这组同源词均有“迅速”义。

911 条　悠、滺、旒

悠：遥远、长久，闲适。

滺：水流貌。

旒：古代旌旗末端直幅、飘带之类的下垂饰物。

以上这组同源词均有“悠然”义。

隹声

986 条　萑、鵻、魋、稚

萑：猫头鹰的一种，似鸱鸮而小。

鵻：鸟名，一种小鸠。

魋：兽名，似小熊，色浅而黄。

稚：幼禾。

以上这组同源词均有“细、小”义。

987 条　睢、奞、脽、顀、崔、陮、淮、维、蜼、堆

睢：大视。

奞：鸟张羽貌。

脽：臀部。

顀：瞻也。

崔：高大。

陮：高。

潅：大，“潅雨”即“淫雨”。

维：系物的大绳。

蜼：一种长尾猿。

堆：堆积在一起。

以上这组同源词俱有“高、长、大”义。

卷5 定声

1161条 顁：头顶。

腚：臀部。

淀：浅水湖泊。

声符“定”同时具有“顶”、“底”义。

王声

1201条 枉、尪、軖

枉：弯曲。

尪：指胸、胫、背等处骨骼的弯曲症，亦指有这种残疾的人。

軖：缫丝车。

以上这组同源词均有“圆、曲”义。

1204条 匡、軖

匡：方正、端正。

軖：车轮扭曲不正。

以上这组同源词均有“正”义。

可知声符“王”承载了一对相对的语义。

曷声

1241条 楬、褐、猲、鶡、蝎、鬫

楬：作标注用的小木桩。

褐：楚人谓袍曰短褐。

猲：短嘴猎犬。

庿：房屋狭窄。

蝎：木中蛀虫。

鶡：一种小鼠，相衔而行。

以上这组同源词均有“短小”义。

1242 条 揭、稭、嵑、齃、碣

揭：举，高举。

稭：长禾。

嵑：山突兀耸立。

齃：鼻梁。

碣：高耸独立的石头。

以上这组同源词均有“高、长”义。

扁声

1274 条 徧、篇

徧：周遍。

篇：首尾完整的诗文。

以上这组同源词均有“周遍”义。

1275 条 蹁、痛、偏

蹁：足不正。

痛：半身不遂症。

偏：倾斜、不平整。

以上这组同源词均有“偏”义。

1278 条 褊、甂、匾、惼、輷

褊：衣服狭小。

甂：小瓦盆。

匾：狭小。

惼：心胸狭隘。

輷：小车。

以上这组同源词均有“狭小”义。

1279 条 艑

艑：大船。

卷6 宣声

1376条 瑄、喧、煊、渲

瑄：古代祭天用的大璧。

喧：声音大而嘈杂。

煊：煊赫，形容声音很大。

渲：涌流，倾注。

以上这组同源词均有“大”义。

1378条 鶣、渲、蝖

鶣：小鸟。

渲：小水。

蝖：金龟子的幼虫。

以上这组同源词均有“小”义。

真声

1437条 颠、䡄、槙、镇、磌

颠：头顶，下。

䡄：额上带白星的马。

槙：树梢。树倒仆。

镇：压下。

磌：柱下石础。

以上这组同源词，“颠、槙”兼有“顶、底”义，“䡄”有“顶”义，“镇”“磌”有“底”义，可知声符“真”同时承载一对相反的义素。

留声

1501条 徿、遛、瘤、罶

徿：宿留义。

遛：不进。

瘤：谓人和动物体表或筋骨间组织增生所形成的肉疙瘩。

罶：捕鱼的竹器。

以上这组同源词均有“留止”义。

1504 条　溜、噹、镏、貓

溜：水或液体向下流。

噹：扫视。

镏：镏金。用金子的溶液涂饰器物的一种方法。

貓：一种食竹子的鼠，鼠类行动滑溜。

以上这组同源词均有“迅速、滑溜”义。

舀声

1541 条

搯：挖取。

1543 条　韬、瑫、謟、鞱、幍

韬：剑套。

瑫：装在匣中的玉石。

謟：喂牛用的筐子。

鞱：函。

幍：帽。

以上这组同源词均有“藏”义。

卷 7　息声

1600 条　瘜、媳、餽

瘜：寄生在身体局部的肉疙瘩。

媳：儿媳妇。

餽：滋长。

以上这组同源词均有“滋生”义。

1601 条　熄：火灭。

声符“息”单独使用时，既有“滋生”义，也有“熄灭”义，以上这两组同源词，其相反的语义就来自声符。

果声

1673 条　巢、倮、鶇、簻、轈

巢：高。

倮：长貌。

鷈：高貌。

篙：大笙。

轈：古代军中窥敌的瞭望车。

以上这组同源词均有“高、长、大”义。

1674 条 磼、罺

磼：小石。

罺：捕鱼小网。

以上这组同源词均有“小”义。

從声

1785 条 樅、嵸、摐

樅：冷杉。

嵸：高耸。

摐：鸡枞菌。

以上这组同源词均有“高”义。

1786 条 豵、蹤、鏦

豵：小猪。

蹤：生活在牛马等家畜皮肤肌筋间的小虫。

鏦：小矛。

以上这组同源词均有“小”义。

1787 条 毧、磫

毧：一种精细的毛毯。

磫：质地细腻的磨刀石。

以上这组同源词均有“细”义。

章声

1791 条 彰、暲

彰：明显。

暲：明。

以上这组同源词均有“明”义。

1792 条 障、鞝、嶂、幛

障：障碍。

韈：也作“障泥”，垫在鞍下，垂于马腹两侧，用以遮挡尘土者。

嶂：形如屏障的险峰。

幛：遮蔽。

以上这组同源词均有“遮挡”义。

卷8　尧声

1848条　翘、峣、跷

翘：举起。

峣：高貌。

跷：举足。

以上这组同源词均有“高”义。

1852条　侥、娆、蛲、饶

侥：僬侥，古代传说中的矮人。

娆：琐碎。

蛲：寄生虫名。

饶：剩余。

以上这组同源词均有“碎、小”义。

单声

1856条　繟、惮、燀、惮

繟：富厚。

惮：盛怒，威盛貌。

燀：炽盛。

惮：盛怒。

以上这组同源词均有“厚、盛”义。

1858条

禅：替代。

厥声

1875条　蹶、蟨、僪、獗

蹶：跳跃貌。

蹷：传说中的兽名，行走颠蹶。

僢：倒伏。

獗：倾覆。

以上这组同源词俱有“颠踣”义。

1876 条 撅、崨、瘚

撅：翘起。

崨：崛起貌。

瘚：气逆。

以上这组同源词均有“趋高”义。

尞声

1899 条 遼、鬞、橑、燎、嶚、顟、璙

遼：遥远，开阔。

鬞：细长。

橑：屋椽。

燎：大烛。

嶚：山高貌。

顟：头长貌。

璙：细长。

以上这组同源词均有“高、长、大”义。

1900 条 飉、寮、蹽

飉：微风。

寮：小窗。

蹽：一种野生豆类。

以上这组同源词均有“小”义。

無声

1923 条 膴、瞴、舞、嫵

膴：肥美。

瞴：美好。

舞：舞蹈。

嫵：娇媚，美好。

以上这组同源词均有“美好”义。

1925 条　墲、蕪

墲：冢。

蕪：田地荒废。

以上这组同源词均有“恶”义。

景声

1956 条　憬、影

憬：觉悟。

影：光。

以上这组同源词均有“明”义。

1957 条　影、幜

影：人或物体因遮住光线而投下的暗像或阴影。

幜：罩衣。

（六）有关“反义同源”的学术论文

正如本研究开篇所说，“反义同源”现象尚未有专书、专著进行全面研究，以声符相同而语义相反的同源词为研究本体的论文亦不不甚多，有代表性的主要有罗少卿的《“同根反训”现象浅析》，徐朝东的《同一声符的反义同族词》以及曾昭聪的《同声符反义同源词研究综述》。

罗少卿《“同根反训”现象浅析》中探讨了“相反相对的意思也包含在语根相同的语义形式中”①，这其实就是“反义同源”现象。他将“汉语中以相同或相近的语音形式表达相对或相反的语义的现象”②，区分为四种类型，其中第三种类型“声母、声子的意义相对或相反”③，沿用了训诂学上关于“母”“子”的术语，描述了声符字相同的形声字含有相反或相对义素的情形，这即是本章节所研究的声符相同而含有相反或相对语义的同源词。罗少卿的文章重点探讨了“同根反

① 《“同根反训”现象浅析》，罗少卿著，载于《黄侃学术研究》，郑远汉主编，武汉大学出版社 1996 年版，第 219 页。

② 同①。

③ 《“同根反训”现象浅析》，罗少卿著，载于《黄侃学术研究》，郑远汉主编，武汉大学出版社 1996 年版，第 220 页。

训”的发生机制，他从历史语言学及认识论的层面将其归结为古今、方言音殊，以及古人对矛盾着的事物的认知。

徐朝东《同一声符的反义同族词》①以“反义同源”现象为本体，他以张世禄先生所举的声符“尧”为例，并补充系联了两个声符字——“介”“党”的反义同源词组。他认为反义同源词组之所以具有相反或相对的义素，是因为孳乳它们的声符字本身就承载一对相反或相对的义素，换言之，是一个语源同时承载了一对相反或相对的语义，这正是“反义同源”现象得以发生的根源。徐文的创新之处在于他改进了徐通锵先生“共同义类×不同义象”的公式，对此类反义同源词进行义素描写，如：

玠 =［+ 大］+［圭］

芥 =［- 大］+［草］

他引入语义极性的概念来表达语义相反的两个义项，小 = - 大。从上面这个公式可见，形符“玉”和“艹”只规定了词语的义象，而这组同源词的公共义则来自声符字“介”，而“介”则同时承载了“小”与“大”这一对极性语义；再次证明正是由于声符字同时承载了一对相反的义项，所以由它孳乳的声符相同形符不同的同源词才会呈现出语义相反或相对的特征。

曾昭聪的《同声符反义同源词研究综述》则是一篇梳理研究脉络及概况的文章，该文在结尾处提出“关于两组同声符反义同源词的分布数量问题”，并提出“相对相反的两个源义素有一个占主导地位”。②

曾昭聪将同声符的反义同源词组中的这对相反相对的语义称之为“两个源义素”值得商榷，“源义素”这个概念最先是由王宁先生提出的，是为了从语义的角度来说明一组同源词之间的共性，因此一组同源词应该有且只有一个“源义素”，亦即沈兼士先生所说的“最大公约数”，如果有两个“源义素”，对应的应该是两个语源，且彼此之间的语义并不相涉。因此，在“反义同源单音词”研究部分，从发生学上看，“反义同源”现象其实就是一个语源含有一对语义相反或相

① 《同一声符的反义同族词》，徐朝东著，《古汉语研究》2001 年第 1 期。

② 《同声符反义同源词研究综述》，曾昭聪著，《古汉语研究》2003 年第 1 期。

对的因子，而这对语义极性相反的因子发生裂变，造成了义相反而同源的语言现象，而本书所区分的“反义同源”的三种方式，可以说是这种裂变的三种途径。

下文探讨声符相同而义相反的同源词组的数量及分布问题。

任何一项定性研究都是建立在定量研究的基础上的，讨论声符相同而语义相反的同源词组的分布问题，实际上是讨论声符所承载的一对相反或相对的语义，它们之间的能产性问题。这里所谓的能产性，即是这对相反或相对的语义，它们各自的孳乳能力。词的三要素是语音、语义、字形，在这里，语源裂变的方式是，语音和字形不变，语义发生分裂后，各自以原先的音、形为载体，与其他表示具体意象的形符字相结合，形成新的语词，这些语词因由同一语源而来，互为同源词。在下结论之前，先进行定量分析。

殷寄明教授的《汉语同源词大典》是迄今为止汉语语源学最大规模、最为详尽的系联、考释实践，其中声符相同而义相反的同源词系联也是目前为止最为齐全的，以此为样本，对同一声符承载的一对相反或相对的语义裂变后各自的孳乳情况进行考察。

《汉语同源词大典》共收声符相同而义相反的同源词组共 36 条，所收声符字为“干”声、“及”声、“土”声、“支”声、“勿”声、“亢”声、“文”声、“介”声、“旦”声、“可”声、“矛”声、“母”声、“包”声、“兆”声、“幵”声、“攸”声、“隹”声、“定”声、“王”声、“曷”声、“扁”声、“宣”声、“真”声、“留”声、“舀”声、“息”声、“巢”声、“從”声、“章”声、“尧”声、“单”声、“厥”声、“尞”声、“無”声、“景”声。孳乳情况如下：

声符“干”，“长、高”义 7 个，“小”义 4 个。

声符“及”，“高、义”2 个，“小”义 2 个。

声符“土”，“吐出”义 1 个，“容纳”义 2 个。

声符“支”，“小”义 5 个，“多”义 3 个。

声符“勿”，“合”义 2 个，“断”义 2 个。

声符“亢”，“高大”义 13 个，“低下”义 3 个。

声符“文”，“纹理”义 7 个，“紊乱”义 3 个。

声符“介”，“大”义 2 个，“小”义 4 个。

声符“旦”，“大”义 2 个，“小”义 2 个。

声符“可”,“大”义 8 个,“小”义 4 个。

声符“矛”,“强、盛”义 3 个,“柔弱”义 1 个。

声符“母”,“大”义 2 个,“尘土、小土”义 1 个。

声符“包”,“包”义 10 个,“外露”义 3 个。

声符“兆”,“小”义 6 个,“大”义 4 个。

声符“开”,“小”义 3 个,“强、大”义 4 个。

声符“攸”,“迅速”义 3 个,“悠然”义 3 个。

声符“隹”,“细、小”义 4 个,“高、长、大”义 11 个。

声符“定”,“顶”义 1 个,“底”义 2 个。

声符“王”,“曲、圆”义 3 个,“方形”义 2 个。

声符“曷”,“短小”义 6 个,“高、长”义 5 个。

声符“扁”,“周遍”义 2 个,“偏”义 5 个。

声符“扁”,“狭小”义 5 个,“大”义 2 个。

声符“宣”,“大”义 4 个,“小”义 3 个。

声符“真”,“顶”、“底”义兼有 2 个,只有“顶”义 1 个,只有“底”义 2 个。

声符“留”,“留止”义 4 个,“迅速、滑溜”义 4 个。

声符“舀”,“抒发”义 1 个,“藏”义 7 个。

声符“息”,“滋生”义 3 个,“熄灭”义 1 个。

声符“巢”,“长、高、大”义 5 个,“小”义 2 个。

声符“從”,“高”义 3 个,“小”义 3 个,“细”义 2 个。

声符“章”,“明”义 2 个,“遮”义 4 个。

声符“尧”,“高”义 6 个,“碎、小”义 5 个。

声符“单”,“厚、盛”义 4 个,“孤单”义 2 个。

声符“厥”,“颠踣”义 4 个,“趋高”义 3 个。

声符“尞”,“高、长、大”义 7 个,“小”义 3 个。

声符“無”,“美好”义 4 个,“恶”义 2 个。

声符“景”,“明”义 2 个,“遮蔽”义 2 个。

从以上 36 条同源词组的孳乳情况看,只有 6 组是相反或相对的语义分别孳乳的同源词数量相同。通过定量分析，可以得出，纵然一个声符可以同时承载一对相反或相对的语义，这对相反或相对的语义在语源裂变后，各自的能产性也是不平等的；但仍不能轻易断言这种差异是因为当这对相反或相对的语义寄于一个声符字时，它们之间的语义关系就是不平等，一个占主导，而另一个则是从属。

语义、语词的增殖，根本原因在于现实生活的表达需要；语境相同，同时又有差异，导致母义裂变，产生新义。伍铁平先生在《论反义词同源和一词兼有相反二义》中强调了语境在语义增殖中的作用。“不仅反义词可以同源，词义可以从一种意义演变为相反的意义，而且在共时平面上，同一个词完全可以兼有相反的两种意义……词在运用中始终出现在一定的上下文中，这上下文可以确定它在什么场合用于什么意义，这一点使多义词(包括含有相反二义的多义词)在通常情况下并不会造成交际上的混乱。”①这里的“上下文”就是语境，当同时承载了一对相反或相对语义的语源裂变后，这一对语义开始在语言使用的过程中进行孳乳，适用语境多的那一方，会孳乳出更多的同源词，而适用语境少的一方则相应地孳乳较少的同源词，某种程度上来说，形符代表的就是语境特征。这个过程类似于生物进化，在漫长进化过程中，适应生存环境的一方获得生存及族群壮大，而适用性差的那个语义甚至会从原本所寄寓的声符字上脱落。

以上所引《汉语同源词大典》中的 36 条相反或相对的语义中，有些是声符字的显性语义，有些则是隐性语义。显性语义如声符字“息”，既有“生长”义，又有“停止”义；声符字“攸”，既有“迅疾”义，又有“自得”义；声符字“单”，既有“大”义又有“孤单”义；声符字“景”，既有“光亮”义，又有“阴影”义。至于这些相对的语义，出现的频率不一样，则完全是语言使用造成的。例如声符字“章”，既有“明”义又有“遮”义，在语言使用的过程中用同源派生词“障”来承载“遮挡”义，而源词“章”本身所承载的“遮”义则在使用过程中逐渐脱落了。综上所述，源于同一个语源的两个相反或相对的语义，它们的孳乳能力并不平衡，但是这种差异并非来自语源裂变前，而是来自后来的语用环境，能够适应更多语境的语义孳乳出的同源词组更为庞大。

① 《论反义词同源和一词兼有相反二义》，伍铁平著，《外语教学与研究》1986 年第 2 期。

三、单音词内部含有相反或相对的两个义项

相比较“反义同源的单音词”、“声符相同而义相反的同源词组”这两种“反义同源”的形式多以义素的形式呈现出相反或语义相对，“一对相反或相对义项的单音词”多是以义项的形式直接呈现的，也有部分以义素的形式出现。

（一）考释

1. 一：少许——全，满

一。《说文・一部》：“一，惟初太始，道立于一，造分天地，化成万物。”段玉裁注：“一之形于六书为指事。”徐灏笺：“造字之初，先有数而后有文。一二三三，画如其数，是为指事，亦为象事也。”可知一最初是记数符号，作为用指事的方式创制出的抽象记数符号，“一”被植根其中的传统文化赋予了巨大的阐释空间，因而也衍生出许多义项，这其中就有一对意义相反的义项。

少许。一，《玉篇・一部》：“一，少也。”俞樾《诸子评议・淮南内篇》：“古人之言，凡至少者以一言之。”《左传・僖公二十三年》：“且吾不以一眚掩大德。”《关尹子・八筹》：“一中示多，多中示一。”这里的“一”为“少许”义，义同“一些”“一点”。

全，满。《左传・宣公十四年》：“谋人，人亦谋己；一国谋之，何以不亡？”陆游《冒雨登拟岘台观江涨》：“云翻一天墨，浪蹴半空花。”这里的“一”为“全、满”义，用同一身正气、一屋人之“一”。

2. 左：相助——相违

左，手相佐助也。《说文・𠂇部》：“𠂇，𠂇手也。象形。”段玉裁《说文解字注・左部》：“左者，今之佐字也。”左的本义为辅佐，帮助。朱骏声《说文通训定声》：“经传皆以左为之。”

违背。《广韵・哿韵》：“𠂇，戾也。”徐灏《说文解字注笺・𠂇部》：“左以相助言则为佐，从相反取义则为左戾，一字而兼二义。”

3. 丐：乞求——给予

乞求。《广韵・泰韵》：“匃，乞也。丐，上同。”《字汇・一部》：“丐，乞也。”丐的本义为乞求。《史记・外戚世家》：“丐沐沐我，请食饭我。”司马贞索隐：“丐者，乞也。”《晋书・王欢传》：“不营产业，常丐食诵《诗》。”《聊斋志异・种梨》：

“有道士破巾絮衣，丐于车前。”

给予。《字汇·一部》：“丐，与也。”韩愈《太原王公墓志铭》：“又出库钱一千万，以丐贫民遭旱不能供税者。”《新唐书·杜甫传赞》：“残膏剩馥，沾丐后人多矣。”

4. 乖：违背——乖巧

违背。《说文·𠁥部》：“𠄒，戾也。”《玉篇·北部》：“乖，戾也，背也。”乖的本义为违背。《周易·序卦》：“家道穷必乖，故受之以睽。睽者，乖也。”《左传·昭公三十年》：“楚执政众而乖。”《贾子·道术》：“刚柔得适谓之和，反和为乖。”张居正《答应天张按院》：“抚按地方，凡事当一秉虚心，不宜有所偏私，致乖理法。”

乖巧。李廓《上令狐舍人》诗：“宿客嫌吟苦，乖童恨睡迟。”《西游记》第二十二回：“原来那妖乖了，再不肯上岸，只在河沿与八戒闹哄。”《水浒传》第四十一回：“黄文炳是个乖觉的人，早瞧了八分，便奔船梢后走，望江里踊身便跳。”

5. 伉：直率——隐藏

伉，《广韵·宕韵》：“伉，伉俪，敌也。”《集韵·宕韵》：“伉，匹也。”伉的本义为匹敌，相当。

直率。《字汇·人部》：“伉，直也。”扬雄《法言·吾子》：“或问：‘君子尚辞乎？’曰：‘君子事之为尚。事胜辞则伉，辞胜事则赋。’”《史记·仲尼弟子列传》：“子路性鄙，好勇力，志伉直。”《隶释·汉司隶校尉杨孟文石门颂》：“楗为武阳杨君，厥字孟文，深执忠伉，数上奏请。有司议驳，君遂执争。”王闿运《黄淳熙传》：“淳熙既屡已伉直见疾，因此发愤称疾不出。”

隐藏。《字汇·人部》：“伉，藏物也。”《朱子语类》卷六十六：“不应恁地千般百样，藏头伉脑，无形无影，教后人自去多方推测。”

6. 来：来到——前往

来，《说文·来部》：“来，周所受瑞麦来麰。”《正字通·人部》：“来，麦名。”宋应星《天工开物·乃粒》：“今天下育民人者，稻居什七，而来、牟、黍、稷居什三。”钟广言注：“来，小麦。”来的本义为小麦，后假借为来到及前往义。

来到。《尔雅·释诂上》：“来，至也。”《玉篇·来部》：“来，归也。”《论语·学而》：“有朋自远方来。”《淮南子·俶真训》：“夫忧患之来，撄人心也。”白居易《追怀》：“乐往必悲生，泰来犹否极。”此中的“来”，谓由远及近，由彼至此，来到。

前往。《诗经·大雅·文王有声》：“匪棘其欲，遹追来孝。”王引之述闻：“来，往也。”《史记·太史公自序》：“比《乐书》以述来古。”司马贞索隐：“来古，即古来也。言比《乐书》以述自古以来乐之兴衰也。”

7. 借：借来——出借

借来。《说文·人部》：“借，假也。”借的本义为暂时取用别人提供的钱物，指借入。《左传·定公九年》：“（阳虎）尽借邑人之车，锲其轴，麻约而归之。”《史记·周本纪》：“秦借道两周之间。”《晋书·齐王攸传》：“就人借书，必手刊其谬，然后反之。”

出借。《字汇·人部》：“借，贷也。”《论语·卫灵公》：“吾犹及史之阙文也。有马者，借人乘之，今亡矣夫！”《韩非子·内储说下》：“权势不可以借人。”潘岳《西征赋》：“子赢锄以借父，训秦法而着色。”李善注引《汉书音义》：“假与父锄而德之。”

8. 偭：面向——违背

面向。《说文·人部》：“偭，乡也。”段玉裁注：“乡，今人所用之向字。偭训乡，亦训背。此穷则变、变则通之理……许言乡不言背者，述其本义也。古通作面。”偭的本义为面向。《礼记·少仪》：“尊壶者偭其鼻也。”孔颖达疏：“尊与壶悉有面，面有鼻，鼻宜向于尊者，故言面其鼻者。”周密《齐东野语·三高亭改本》：“偭五鼎兮腥腐，羞三泉兮终古。”姚鼐《赵北口舟中作》：“坐愧田居怀，未办经世策。想见沧洲人，烟波偭咫尺。”

违背。《广雅·释诂》：“偭，偝也。”《楚辞·离骚》：“固时俗之工巧兮，偭规矩而改错。”王逸注：“偭，背也。”《汉书·贾谊传》：“偭蟂獭以隐处兮，夫岂从虾与蛭螾？”柳宗元《柳州复大云寺记》：“越人信祥而易杀，傲化而偭仁。”

9. 儒：有智的文人——愚昧

儒，《说文·人部》：“儒，柔也，术士之称。”徐中舒《甲骨文字典》卷八：“儒，从从或，象人沐浴濡身之形……殷代金文作（父辛鼎），与甲骨文略同，周代金文伪作（盂簋）、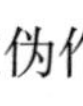（白公父簋）……上古原始宗教举行祭礼之前，司礼者沐浴斋戒，以致诚敬，故后世以需为司礼者专名。需本从象人形之大，因需字之义别有所专，后世复增人旁作儒。”儒之本义为春秋时从巫、史、祝、卜中分化出

来的、熟悉诗书礼乐而为贵族服务的人。

旧时对学者、读书人的尊称。《字汇·人部》:“儒,学者之称。”《论语·雍也》:“女为君子儒,无为小人儒。”邢昺疏:“言人博学先王之道以润其身者皆谓之儒。”《荀子·儒效》:“用雅儒,则千乘之国安;用大儒,则百里之地久。”刘禹锡《陋室铭》:“谈笑有鸿儒,往来无白丁。”王安石《答司马谏议书》:“儒者所争,尤在于名实。”

愚昧。《广雅·释诂一》:“儒,愚也。”《荀子·非十二子》:“世俗之沟犹瞀儒也,嚾嚾然不知其所非也。”王先谦集解引郝懿行曰:“‘沟犹瞀儒’四字叠韵,其意则皆谓愚蒙也。”

10. 儥:买——卖

卖。《说文·人部》:“儥,卖也。”段玉裁注:“儥,《贝部》‘卖’下曰:‘衒也。’衒者行且卖也。卖即《周礼》之儥字,今之鬻字。”儥的本义为卖。《周礼·地官·胥师》:“察其诈伪饰行儥慝者,而诛罚之。”郑玄注:“儥,卖也。玄谓饰行儥慝,谓使人行卖恶物于市,巧饰之,令欺诳买者。”刘大櫆《乞里人共建义仓引》:“去年凶灾,民皆饥乏。草根木皮,掘剥几尽。釜甑器皿,儥卖无存。”《中国歌谣资料·越谚·各自食力勤俭坐家谣》:“火萤虫,夜夜红,公公挑菜儥胡葱。”

买。《玉篇·人部》:“儥,买也。”桂馥《说文解字义证·人部》:“儥,此如酤字买卖亦无定训也。”《周礼·地官·司市》:“凡会同师役,市司帅贾师而从,治其市政,掌其卖儥之事。”郑玄注:“儥,买也。”苏洵《申法》:“今也吏之私儥,而从县官公籴之法。”

11. 允:诚信——佞

允,《说文·儿部》:“允,信也。”又:“允,诚也。”《方言》卷一:“允,信也。齐鲁之间曰允。”允的本义为诚信。《尚书·尧典》:“允恭克让。”《尚书·顾命》:“命汝作纳言,夙夜出纳朕命,惟允。”孔传:“纳言,喉舌之官,听下言纳于上,受上言宣于下,必以信。”扬雄《长杨赋》:“酌允铄,肴乐胥。”李善注引张揖曰:“言酌信美以当酒,帅礼乐以为肴。”司马光《王城县君杨氏墓志铭》:“允矣夫人,德则均一。”

佞。《尔雅·释诂下》:“允,佞也。”郭璞注:“‘允’、‘信’者,佞人似信。”《尚书·多士》:“惟天不畀允罔固乱,弼我,我其敢求位?”孙星衍疏:“允者,《释诂》

云‘佞也’。”

12. 亢：举——遮蔽、掩护

亢(háng)，《说文·亢部》：“亢，人颈也。”段玉裁《说文解字注·亢部》：“此以人颈之偁为鸟颈之偁也。亢之引申为高也，举也。”亢之本义为颈项、咽喉，其字后以“吭”为之。

亢(kàng)，《广雅·释诂》：“亢，高也。”

举。章炳麟《新方言·释言》：“戴物于上亦曰亢。淮西谓戴物头上举之曰亢。”《楚辞·卜居》：“宁与骐骥亢轭乎！”王逸注：“亢，一作抗。”洪兴祖补注引五臣云：“骐骥亢轭，谓与贤才齐列也。抗，举也。”《穀梁传·僖公十六年》：“五石六鹢之辞不设，则王道不亢矣。”范宁注：“不遗微细，故王道可举。”

遮蔽，掩护。《广雅·释诂》：“亢，遮也。”《字汇·亠部》：“亢，蔽也。”章太炎《新方言·释言》：“亢亦有遮使隐匿之意。今淮西、淮南、吴、越皆曰藏物为亢。”《左传·昭公元年》：“吉不能亢身，焉能亢宗？”杜预注：“亢，蔽也。”叶适《朝请大夫沈公墓志铭》：“有位有贤，相继益章，然后无锡之沈始亢其大宗。”姚鼐《亡弟君俞权厝铭》：“余不孝不友，不能亢其家。”凡物上举则彰显，掩蔽则抑下，二义正相反。

13. 到：抵达——前往

抵达。《说文·至部》：“到，至也。”到的本义为抵达。《诗经·大雅·韩奕》：“蹶父孔武，靡国不到。”《论语·季氏》：“民到于今称之。”《史记·陈涉世家》：“武臣到邯郸，自立为赵王。”《史记·滑稽列传》：“豹往到邺，会长老，问之民所疾苦。”《水经注·江水》：“朝发白帝，暮到江陵。”

前往，去。《东观汉记·吴佑传》：“民有相争诉者……或身到闾里，重相和解。”《乐府诗集·长歌行》：“百川东到海。”韩愈《赴江陵途中寄赠三学士》：“逾岭到所任，低颜奉君侯。”《二刻拍案惊奇》卷十一：“况且此去到任所，一路过东，少不得到家边过，是顺路却不走，反走过西去怎的？”此中的到，皆当为“前往”义。

14. 取：收取——拿出

取，《说文·又部》：“取，捕取也。《周礼·大司马》：‘获者取左耳。’”段玉裁注：“偁周礼。又偁司马法释之。以说从耳之意。”取的本义为捕获到野兽或战俘时割下左耳。

收取。《广韵·麌韵》:“取,受也。”《玉篇·又部》:“取,收也。”《诗经·魏风·伐檀》:“不稼不穑,胡取禾三百廛兮?”《诗经·小雅·甫田》:“倬彼甫田,岁取十千。”《孟子·万章上》:“一介不以与人,一介不以取诸人。”《左传·庄公六年》:“若不从三臣,抑社稷实不血食,而君焉取余?”

拿出。《仪礼·士冠礼》:“宾降,取爵于篚。”常建《宿五度溪仙人得道处》:“前溪遇新月,聊取玉琴弹。”吴嘉纪《哀羊裘为孙儿赋》:“晨起雪霏霏,取裘覆儿女。”此中的取当作“拿出”讲。

15. 墅:乡间简陋的房子——在郊区或风景区建筑的供休养游玩的豪华别馆

乡间简陋的房子。《玉篇·土部》:“墅,田庐也。”墅的本义为乡间简陋的房子。曹植《梁甫行》:“剧哉边海民,寄身于草墅。”沈约《少年新婚为之咏》:“山阴柳家女,薄言出田墅。”李商隐《访隐者不遇成二绝》之一:“秋水悠悠浸墅扉,梦中来数觉来稀。”

在郊区或风景区建筑的供休养游玩的别馆。《晋书·谢安传》:“又于土山营墅,楼馆林竹甚盛。”韩愈《记宜城驿》:“甄氏于小城北立墅以居。”梁绍壬《两般秋雨盦随笔·陶篁村》:“会稽陶篁村先生买墅于西湖葛岭之麓,名曰泊鸥山庄。”此中的“墅”则明显是指在郊区或风景区建筑的供休养游玩的别馆,自然也就不可能简陋了。

16. 大:尊重、推崇——夸大、自夸

大,《说文·大部》:“大,天大、地大、人亦大,故大象人形。凡大人、大夫、太子、太君,皆尊词。”王筠释例:“此谓天地之大,无由象之以作字,故象人之形以作大字,非谓大字即是人也。”《广韵·泰韵》:“大,小大也。”《尚书·禹贡》:“奠高山大川。”《诗经·小雅·吉日》:“发彼小豝,殪此大兕。”大的本义为与“小”相对,形容体积、面积、数量、力量等方面超过一般或超过所比较的对象。

尊重,推崇。《荀子·天论》:“大天而思之,孰与物畜而制之!”《穀梁传·僖公二十八年》:“会于温,言小诸侯。温,河北地,以河阳言之,大天子也。”晋陶潜《读史述九章·鲁二儒》:“《易》大随时,迷变则愚。”《新五代史·郑敖传附张荐明》:“高祖大其言,延入内殿讲《道德经》,拜以为师。”此中的“大”,皆作“尊重”、

“推崇”义。

夸大，自夸。《礼记·表记》：“是故君子不自大其事，不自尚其功。”孔颖达疏：“大，谓夸大。”《史记·高祖本纪》：“刘季固多大言，少成事。”胡仔《苕溪渔隐丛话前集·杜少陵三》引《王直芳诗话》：“范蜀公云：‘武侯庙柏今十丈’，而杜工部云：‘黛色参天二千尺’。古之诗人好大其事，大率如此。”其中“好大其事”的“大”为“夸大”义。

17. 夸：夸张、炫耀——赞赏、赞美

夸，《说文·大部》：“夸，奢也。”《广雅·释诂一》：“夸，婬也。”王念孙疏证：“夸训为婬，与下媱、窕、劮、婸同义，皆谓淫泆无度也。夸、淫皆过度之义。”夸的本义为奢侈。

夸张。《周书·谥法》：“华言无实曰夸。”《吕氏春秋·下贤》：“富有天下而不骋夸。”《晏子春秋·问下十九》：“矜爵禄以临人，夸礼貌以华世。”司马相如《子虚赋》：“仆乐齐王之欲夸仆以车骑之众，而仆对以云梦之事也。”刘勰《文心雕龙·夸饰》：“莫不因夸以成状，沿饰而得奇也。”韩愈《独钓》之一：“聊取夸儿女，榆条系从鞍。”

赞赏。唐皮日休《惜义鸟》诗：“吾闻凤之贵，仁义亦足夸。”王安石《彼狂》诗：“方分类别物有名，夸贤尚功列耻荣。”现代汉语中常用的“夸奖”“夸赞”即为“赞赏”义。

18. 奉：承受、接受——进献

承受。《说文·廾部》：“奉，承也。”奉的本义为承受。《尚书·盘庚上》：“乃既先恶于民，乃奉其恫，汝悔身何及？”孙星衍疏：“既导民以恶，乃自承其祸，痛悔之无及矣。”杜甫《投简梓州幕府兼简韦十郎官》：“幕下郎官安隐无？从来不奉一行书。”仇兆鳌注：“不奉书，不接来书也。”

进献。《广雅·释言》：“奉，献也。”《诗经·秦风·驷驖》：“奉时辰牡，辰牡孔硕。公曰‘左之’，舍拔则获。”毛传：“冬献狼，夏献麋，春秋献鹿豕群兽。”《辽史·礼志六·嘉仪下》：“五月重五日，午时，采艾叶和绵著衣，七事以奉天子，北南臣僚各赐三事。”

19. 奔：逃跑——追逐

奔，《说文·夭部》：“奔，走也。”容庚《金文编》：“从夭，从三止，奔之意也。”

《诗经·小雅·小弁》："鹿斯之奔，维足伎伎。"奔的本义为快跑。

逃跑。《玉篇·夭部》："以罪走出他国曰犇，今作奔。"《论语·雍也》："孟之反不伐，奔而殿，将入门，策其马曰：'非敢后也，马不进也。'"《吕氏春秋·简选》："桀既奔走，于是行大仁慈以恤黔首，反桀之事。"《左传·僖公五年》："晋灭虢，虢公丑奔京师。"潘岳《西征赋》："超遂遁而奔狄，甲卒化为京观。"

追逐。《穀梁传·宣公十八年》："捐殡而奔其父之使者，是以奔父也。"仲长统《昌言》卷上："乃奔其私嗜，骋其邪欲，君臣宣淫，上下同恶。"王褒《四子讲德论》："收秋则奔狐驰兔，穫刈则颠倒殪仆。"李周翰注："奔，驰，皆追逐也。"韩愈《唐故江南西道观察使王公神道碑铭》："不比于权，以直友冤，敲撼挫揠，竟遭斥奔。"

逃跑，背人而去；追逐则朝着人前行。两义相反。

20. 奭：盛貌——消散

盛貌。《说文·皕部》："奭，盛也。"段玉裁注："《释诂》云：'赫赫'……舍人本作奭奭。《常武》毛传云：'赫赫然盛也。'按，奭是正字，赫是假借字。"奭的本义为盛貌。《逸周书·商誓》："尔百姓其亦有安处，在彼宜在天命，及恻兴乱予保奭其介。"朱右曾校释："奭，盛。"《商君书·垦令》："然则商贾少，人不能喜酣奭，大臣不为荒饱。"

消散。《庄子·秋水》："奭然四解，沦于不测。"《新唐书·崔群传》："帝奭然欲赦之，以问宰相。"苏曼殊《断鸿零雁记》："余略顾静子芙蓉之靥，衬以雪光，庄艳绝伦，吾魂又为之奭然而摇也。"

21. 就：趋向，往——归于

就，《说文·京部》："就，就高也。"桂馥义证："就高也者，孟子：'为高必因邱陵。'《九经字样》：'京，人所居高丘也。'就字从之。馥按：此言人就高以居也。"就之本义为就高而居。

趋向。《周易·乾卦》："同声相应，同气相求，水流湿，火就燥。"《孟子·告子》："犹水之就下也。"《三国志·吴志·陆逊传》："太元元年，就都治病。"谢庄《皇太子妃哀策文》："离天渥兮就销沉，委白日兮即冥暮。"

归于。《史记·项羽本纪》："汉之元年四月，诸侯罢戏下，各就国。"《国语·齐语》："处工就官府，处商就井市。"

22. 呐(nà):大声呼喊——声不出

呐(nà),《玉篇·口部》:“讷,迟钝也。或作呐。”呐的本义为言语迟钝。《荀子·非相》:“其辩不若其呐也。”杨倞注:“呐,与讷同。”《韩非子·八经》:“呐者言之疑,辩者言之信。”《汉书·儒林传·瑕丘江公》:“江公呐于口,上使与仲舒议,不如仲舒。”引申为声不出。《广韵·薛韵》:“呐,嗗呐,声不出。”

大声呼喊。《水浒》:“且说史进就中堂又放起火来,大开了庄门,呐声喊,杀将出来。”徐弘祖《徐霞客游记》:“先夜,有虎从山下噣参戎马,参戎命军士搜山觅虎,四峰瞭视者呐声相应。”

23. 周:和调——极端的

周,《说文·口部》:“周,密也。”《左传·昭公四年》:“其藏之也周,其用之也遍。”杜预注:“周,密也。”《管子·九守》:“人主不可不周,人主不周,则群臣下乱。”尹知章注:“周,谓谨密也。”周的本义为周密、严谨。

和调。《广雅·释诂四》:“周,调也。”《楚辞·离骚》:“虽不周于今之人兮,愿依彭咸之遗训。”王逸注:“周,合也。”荀悦《申鉴·时事》:“讲司马之典,简搜狩之事,掌军功爵赏。小统于五校,大统于太尉。即周时务,礼亦宜之。”《淮南子·原道训》:“贵其周于数而合于时也。”高诱注:“周,调也。”李峤《论巡察风俗疏》:“臣望量其功程与其节制,使器周于用,力济于时。”

极端的。《广雅·释诂一》:“周,至也。”《尚书·泰誓中》:“虽有周亲,不如仁人。”孔传:“周,至也。言纣至亲虽多,不如周家之少仁人。”《诗经·小雅·鹿鸣》:“人之好我,示我周行。”毛传:“周,至。”孔颖达疏:“示我以先王至美之道也。”《资治通鉴·唐文宗太和九年》:“郑覃曰:‘罪人周亲前已皆死,其余殆不足问。’”胡三省注:“周亲,孔安国曰:‘周,至也。’”

和调则趋平均,极端则易偏执,因而二义相反。

24. 啎:背逆、抵触——相逢、遇

背逆、抵触。《说文·午部》:“啎,逆也。”《玉篇·午部》:“啎,相触也,逆也。”啎的本义为背逆、抵触。《文选·宋玉〈高唐赋〉》:“陬互横啎,背穴偃蹠。”李善注:“许慎《淮南子》注曰:‘啎,逆也。’路有横石,逆当其前。”《汉书·酷吏传·严延年》:“莫敢与啎。”颜师古注:“啎,逆也。”《后汉书·桓典传》:“贼破,还,以啎宦官赏不行。”

相逢、遇。徐锴《说文系传·午部》:"啎,相逢也。《楚辞四》:'重华不可啎兮。'"

25. 单:大——弱、微

甲骨文单,乙 1049 作,粹 73 作,京津 1424 作;金文单,小臣单觯作,单伯鬲作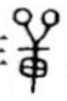。罗振玉《增订殷墟书契考释》:"卜辞中兽字从此,兽即守之本字。"

大。《说文·吅部》:"单,大也。"徐锴系传:"言大则吅,吅即諠也。许慎阙义,至今未有能知之者也。"

单有"大"义。《尚书·吕刑》:"明清于单辞。"《国语·郑语》:"夏禹能单平水土。"《史记·春申君传》:"王之威亦单矣。"扬雄《甘泉赋》:"单埢垣兮。"

单亦有"弱、微"义。《后汉书·卷十九·耿恭传》:"耿恭以单兵固守孤城,当匈奴之冲。"钟嵘《诗品序》:"寒客衣单,孀闺泪尽。"孟郊《秋怀》:"秋月颜色冰,老客志气单。"

26. 市:购买——卖出

市,《说文·冂部》:"市,买卖所之地。"市的本义为集中进行交易的场所。《易经·系辞》:"日中为市,致天下之民,聚天下之货,交易而退,各得其所。"

购买。《广雅·释诂》:"市,买也。"《论语·乡党》:"沽酒,市脯,不食。"《战国策·齐策》:"责毕收,以何市而反?"《国语·齐语》:"以其所有,易其所无,市贱鬻贵。"《木兰诗》:"愿为市鞍马,从此替爷征。"《明史·海瑞传》:"昨闻海令为母寿,市肉二斤矣。"

卖。《韩非子·外储说右上》:"故市木之价不加贵于山。"李德裕《亳州圣水状》:"其水斗价三千,而取者益之他水,沿路转以市人,老病饮之,多至危笃。"张俞《蚕妇》:"昨日入城市,归来泪满巾。"李渔《巧团圆·悬标》:"先将私语嘱招牌,好去街头市老骸。"

27. 岩:山峰——洞穴、石窟

岩,《说文·山部》:"岩,岸也。"段玉裁注:"厓,各本作岸也。今依《太平御览》所引正。厂部曰:'厓者,山边也。'厓亦谓之岩,故厂下云:'山石之厓岩,人可居也。'"司马相如《上林赋》:"潜处乎深岩。"郭璞注:"隐岸坻也。"岩的本义为崖岸，山或高地的边。

山峰。《玉篇·山部》：“岩，峰也。”《楚辞·天问》：“阻穷西征，岩何越焉。”谢灵运《登石门最高顶》：“连岩觉路塞，密竹使径迷。”李白《梦游天姥吟留别》：“千岩万转路不定，迷花倚石忽已暝。”

洞穴、洞窟。《庄子·在宥》：“故贤者伏处大山嵁岩之下。”王先谦集解：“嵁，当为‘湛’……湛，深也。山以大言，岩以深言。”东方朔《七谏·哀命》：“处玄舍之幽门兮，穴岩石而窟伏。”王逸注：“岩，穴也。”杜甫《西枝村寻置草堂地夜宿赞公土室》：“昨枉霞上作，盛论岩中趣。”齐己《赠岩居僧》：“石如麒麟岩作室，秋苔漫坛净于漆。”此中的“岩”皆为“洞穴”义。

山峰高而上凸，洞穴下陷而空，二义相反。

28. 徂：往、去——至、到

往、去。《说文·辵部》：“徂，往也。”《尔雅·释诂上》：“徂，往也。”《方言》卷一：“徂，往也。徂，齐语也。”徂的本义为往，去。《尚书·胤征》：“胤后承王命徂征。”《诗经·豳风·东山》：“我徂东山，慆慆不归。”郑玄笺：“我往之东山，既久劳矣。”王粲《从军》：“昔人从公旦，一徂辄三龄；今我神武师，暂往必速平。”

至，到。《诗经·周颂·丝衣》：“丝衣其紑，载弁俅俅，自堂徂基，自羊徂牛，鼐鼎及鼒。”王引之《经传释词》卷八：“徂，亦‘及’也，互文耳。”叶适《故吏部侍郎刘公墓志铭》：“自浙徂淮，凡北使送迎之事，经公裁定，后皆为成式。”方文《石桥怀与治》：“都门复戒严，黄昏断行李。所以夏徂秋，勺酒未尝酾。”

29. 徒：众——独

徒，《说文·辵部》：“辻，步行也。”邵群瑛《群经正字》：“今以彡为偏旁彳，以止合土为走，作徒。”《周易·贲卦》：“贲其趾，舍车而徒。”《礼记·王制》：“君子耆老不徒行。”徒的本义为步行。

众。《玉篇·彳部》：“徒，众也。”《书·仲虺之诰》：“简贤附势，寔繁有徒。”《汉书·东方朔传》：“水至清则无鱼，人至察则无徒。”颜师古注：“徒，众也。”曹操《破袁尚上事》：“今尚人徒震荡，部曲丧守，引兵遁亡。”

独。慧苑《华严经音义》引刘熙曰：“徒，犹独也。”《荀子·仲尼》：“虽在贫穷徒处之执，亦取象如是矣。”杨倞注：“或曰，独处也。”《史记·刺客列传》：“而严仲子奉百金为亲寿，我虽不受，然是者徒深知政也。”

30. 从：随行——带领

從，《说文·从部》："從，随行也。"徐灏《说文解字笺注》谓"从""從"古今字。《诗经·邶风·击鼓》："从孙子仲，平陈与宋。"从的本义为随行、跟随。

《论语·公冶长》："道不行，乘桴浮于海，从我者其由与？"《史记·项羽本纪》："张良是时从沛公。"杜甫《石壕吏》："老妪力虽衰，请从吏夜归。"

带领。《韩非子·难三》："夫六晋之时，知氏最强，灭范、中行而从韩、魏之兵以伐赵。"《史记·项羽本纪》："沛公旦日从百余骑来见项王。"荀悦《汉纪·武帝纪六》："文帝……新御鞍马，从六良家材力之士，驰射上林。"此中的"从"为"带领"义。

带领即使他人随行，与随行义相反。

31. 御：统治——侍奉

御，《说文·彳部》："御，使马也。"徐锴系传："卸，解车马也；彳，行也。或行或卸，皆御者之职也。"《诗经·郑风·大叔于田》："叔善射忌，又良御忌。"御的本义为驾驭车马。

统治。《玉篇·彳部》："御，治也。"《广韵·御韵》："御，理也。"《书·大禹谟》："临下以简，御众以宽。"贾谊《过秦论上》："振长策而御宇内，吞二周而亡诸侯。"《国语·周语》："瞽告有协风至，王即齐宫，百官御事。"韦昭注："御，治也。"司马光《交趾献奇兽赋》："皇家御天下三十有六载，化洽于人，德通于神。"驾驭车马与统治众人皆有操控之义。

侍奉。《小尔雅·广言》："御，侍也。"《尚书·五子之歌》："厥弟五人，御其母以从。"孔传："御，侍也。"《汉书·王莽传》："莽亲之南郊，铸作威斗……既成，令司命负之，莽出在前，入在御旁。"王念孙《读书杂志·汉书十五》："此本作'莽出则在前，入则御旁'，御，侍也，言出则在前，入则侍侧也。"

32. 復：报复——报答

復，《说文·彳部》："復，往来也。"段玉裁注："辵部曰。返、还也。还、複也。皆训往而仍来。"《易·泰》："无往不复。"高亨注："复，返也。"復的本义为返回。

报复。《韩非子·内储说上》："故越王将复吴而试其教。"袁康《越绝书·外传记计倪传》："三年自咎，不亲妻子，饥不饱食，寒不重彩，结心于越，欲复其仇。"《燕丹子》："丹尝质于秦，秦遇丹无礼，日夜焦心，思欲复之。"

报答。《汉书・匈奴传》:“以复天子厚恩。”颜师古注:“复亦报。”

33. 鬱:腐臭——郁金香草

鬱,《说文・林部》:“鬱,木丛生者。”《诗经・秦风・晨风》:“鴥彼晨风,鬱彼北林。”毛传:“鬱,积也。”孔颖达疏:“鬱积而茂盛者,彼北林之木也。”鬱的本义为繁茂,而用为气味之义乃为假借。

腐臭。《广雅・释器》:“鬱,臭也。”《广韵・物韵》:“鬱,腐臭也。”《荀子・正名》:“香臭、芬鬱、腥臊、洒酸、奇臭,以鼻异。”杨倞注:“鬱,腐臭也。”《礼记・内则》:“鸟皫色而沙鸣,鬱。”郑玄注:“皫色,毛变色也;沙,犹嘶也;鬱,腐臭也。”

郁金香草。《周礼・春官・序官》:“鬱人。”汉郑玄注:“鬱,鬱金香草。”韩愈《献山南郑相公樊员外》诗:“金舂撼玉应,厥臭剧蕙鬱。”华伟生《开过奇冤・縢义》:“皖江曾鬱旧风雷。”

34. 宛:弯曲——顺利

宛,《说文・宀部》:“宛,屈草自覆也。”徐灏笺注:“夗,屈曲之义。宛从宀,盖谓宫室窈然深曲,引申为凡园曲之偁,又为曲折之偁。屈草自覆未详其指。”朱骏声《说文通训定声・乾部》:“宛,犹屈也。”宛的本义为弯曲。《周礼・考工记・弓人》:“宛之无已,应。”郑玄注:“宛,谓引之也。”《庄子・知北游》:“纷乎宛乎,魂魄将往。”成玄英疏:“纷纶宛转,并适散之貌也。”杜牧《长安送友人游湖南》:“楚南饶风烟,湘岸苦萦宛。”《史记・司马相如列传》:“奔星更于闺闼,宛虹拖于楯轩。”张守节正义:“颜云:‘宛虹,屈曲之虹。’”

顺利。《管子・五行》:“天为粤宛,草木养长,五谷蕃实秀大。”尹知章注:“粤,厚也;宛,顺也。天为厚顺,不逆时气也。”

婉,《说文・女部》:“婉,顺也。”《左传・昭公二十六年》:“姑慈而从,妇听而婉。”杜预注:“婉,顺也。”《国语・晋语七》:“午之少也,婉以从令。”韦昭注:“婉,顺也。”陈子昂《唐故袁州参军李府君妻张氏墓志铭》:“敦雅志于诗书,婉娴情于琴瑟。”

屈曲己意则为婉,曲则不直,譬如命运之不顺,与顺利义相反。

35. 宰:充当家奴的罪人——主宰者

充当家奴的罪人。《说文・宀部》:“宰,辠人在屋下执事者。从宀,从辛。辛,辠也。”段玉裁注:“此宰之本义。”王绍兰订补:“《汉书・扬雄传(解难)》言:

‘胥靡为宰。’《楚元王传》：‘胥靡之。’晋灼曰：‘胥，相也；靡，随也。古者相随坐轻刑之名。’此辠人为宰之证。”

主宰者。《正字通·宀部》：“宰，凡为事物之主者亦曰宰。”《庄子·齐物论》：“若有真宰，而特不得其朕。”王先谦集解：“若有真为主宰者使然，而其朕迹不可得见。”《吕氏春秋·精通》：“德也者万民之宰也，月也者群阴之本也。”高诱注：“宰，主也。”

36. 屑：轻忽——顾惜

屑，《玉篇·尸部》：“屑，碎也。”《礼记·内则》：“屑桂与姜，以洒诸上而盐之。”屑的本义为粉末、研成粉末。

轻忽。《增韵·屑韵》：“屑，轻也。”《尚书·多方》：“尔乃不大宅天命，尔乃屑播天命。”孔传：“尔乃不大宅天命，是汝乃尽播弃天命。”

顾惜。《广韵·屑韵》：“屑，顾也。”《诗经·邶风·谷风》：“宴尔新昏，不我屑以。”《墨子·兼爱中》：“天屑临文王慈，是以老而无子者，有所得终其寿。”《后汉书·马廖传》：“尽心纳忠，不屑毁誉。”谢灵运《七里濑》：“既秉上皇心，岂屑末代诮？”柳宗元《祭杨凭詹事文》：“翱翔自得，谁屑群猜？”

37. 引：延长——收缩

引，《说文·弓部》：“引，开弓也。”《周礼·考工记·弓人》：“维体防之，引之中参。”《庄子·田子方》：“列御寇为伯昏无人射，引之盈贯。”引的本义为开弓。

延长。《易经·系辞上》：“引而伸之。”《诗经·小雅·楚茨》：“子子孙孙，勿替引之。”孔传：“引，长也。”李贤注：“典谓《尧典》，引犹续也。”《左传·成公十三年》：“我君景公，引领西望。”

收缩。《左传·昭公元年》：“引其封疆，何国蔑有？”杜预注：“引，正也。”《素问·五常政大论》：“大风迅至邪伤脾也。坚成之纪是谓收引。”王冰注：“引，敛也。”

38. 弼：辅佐——相违背

弼，《说文·弜部》：“弼，辅也，重也。”《尔雅·释诂》：“弼，俌也。”《字汇·弓部》：“弼，辅也，助也，正也。”弼的本义为辅佐。《尚书·益稷》：“予违汝弼，汝无面从，退有后言。”孔传：“我违道，汝当以义辅正我。”《三国志·吴志·陆逊传》：“莹父综纳言先帝，傅弼文皇。”《新唐书·姜公辅传》：“公辅官谏议，职宰相，献替固其分，本立辅臣，朝夕纳诲，征而弼之，乃其所也。”

相违背。《汉书·韦贤传》：“其梦如何？梦争王室。其争如何？梦王我弼。”颜师古注：“弼，戾也。言梦争王室之事，王违戾我言也。”又《五行志》：“君臣故弼兹谓悖。”颜师古注：“弼，犹相戾也。”

39. 姓：平民——官吏

姓，《说文·女部》：“姓，人所生也。”《玉篇·女部》：“姓，姓氏。”姓字本义为标志家族的字。

官吏。《尚书·尧典》：“九族既睦，平章百姓。”孔传：“百姓，百官。”《诗经·小雅·天官》：“群黎百姓，偏为尔德。”毛传：“百姓，百官。”《国语·周语中》：“百姓兆民。”韦昭注：“百姓，百官。”

平民。《汉书·高帝纪》：“填国家，抚百姓。”

40. 委：托付——推卸

委，《说文·女部》：“委，委随也。”段玉裁注：“随其所如曰委。”《广韵·纸韵》：“委，随也。”委的本义为“顺从”“听任”。

托付。《广韵·纸韵》：“委，属也。”《左传·成公二年》：“王使委于三吏。”杜预注：“委，属也。”《史记·齐悼惠王世家》：“齐王自以儿子，年少，不习兵革之事，愿举国委大王。”李公佐《谢小娥传》：“金帛出入之数，无不委娥。”

推卸。《新序·节士》：“过听杀无辜，委下畏死，非义也。”《汉书·淮南厉王刘长传》：“相欲委下吏，无与其祸，不可得也。”《晋书·王裒传》：“司马欲委罪于孤耶？”《魏书·岛夷桓玄传》：“推祸委罚，归之有在。”

41. 姤：好，善——邪恶

姤(gòu)，《说文新附·女部》：“姤，偶也。”

好，善。《广雅·释言》：“姤，遇也。”《管子·地员》：“士女皆好，其民工巧，其泉黄白，其人夷姤。”尹知章注：“夷，平也；姤，好也。言均善也。”

邪恶。张衡《思玄赋》：“咨姤嫮之难并兮，想依韩以流亡。”李善注：“姤，恶也。”

42. 娘：少女——母亲

《玉篇·女部》：“娘，少女之号。”娘的本义为少女。《乐府诗集·黄竹子歌》:“一船使两桨,得娘还故乡。”又《子夜歌》:“见娘喜容媚,愿得结金兰。”晁采《子夜歌》之六:“寄语闺中娘,颜色不常好。”陆游《吴娘曲》:“吴娘十四未知愁,罗衣已觉伤春瘦。”

母亲。《古今韵会举要·阳韵》:“娘,母称曰娘。”《敦煌变文集·父母恩重经讲经文》:“莫遣耶娘怨恨生。”王实甫《西厢记》第二本第一折:“俺娘也好没意思!”《水浒传》第四十二回:“这个也去取爷,那个也去望娘,偏铁牛是土掘坑里钻出来的。”

43. 媁:丑——美好貌

《说文·女部》:“媁,不悦貌。”

丑。《广韵·尾韵》:“媁,丑也。”

美好貌。《玉篇·女部》:“媁,美也。”《集韵·微韵》:“媁,美貌。”

44. 嬌:媚——不媚

《说文·女部》:“嬌,媚也。”段玉裁注:“嬌有媚悦之义。”

不媚。汉服虔《通俗文》:“不媚曰嬌。”

45. 嫣:愚戆多貌——好貌

嫣,《说文·女部》:“嫣,愚戆多貌也。”

好貌。《集韵·寘部》:“嫣,好貌。”

46. 栽:筑墙立板——跌倒

栽(zài),《说文·木部》:“栽,筑墙长版也。”徐锴系传:“又栽植也。”段玉裁注:“植之谓之栽。载之言立也。”栽的本义为筑墙立板。《礼记·中庸》:“故栽者培之。”郑玄注:“筑墙立板亦曰栽。”《左传·庄公二十九年》:“凡土功……水昏正而栽。”杜预注:“谓今十月,定昏星而中,于是树板干而兴作。”

栽(zāi),跌倒。《二十年目睹之怪现状》第八十六回:“起来小便,立脚不稳,栽了一交。”现代汉语中以“栽”为跌倒义的词很多,如“栽跟头”“栽倒”“倒栽葱”等。

47. 支:支持——抵抗

支,《说文·支部》:“支,去竹之枝也。”《诗经·卫风·芄兰》:“芄兰之支,童子佩觿。”朱熹集传:“支,枝同。”支的本义为去竹的枝。

支持。《玉篇·支部》:“支,持也。”《广韵·支韵》:“支,支持也。”《左传·定公元年》:“天之所坏,不可支也;众之所为,不可奸也。”《国语·越语下》:“其君臣上下,皆知其资财不足以支长久也。”韦昭注:“支,犹堪也。”王通《文中子·事君》:“大厦将倾,非一木所支也。”现代汉语有“支撑”“支持”等词。

抵抗。《战国策·西周策》:“秦去周,必复攻魏,魏不能支。”高诱注:“支,犹拒。”《晋书·王浚传》:“浚自发蜀,兵不血刃,攻无坚城,夏口、武昌无相支抗,于是顺流鼓棹,径造三山。”王安石《诸葛武侯》:“区区庸蜀支全魏,不是虚心岂得贤。”赵翼《廿二史札记》:“有明中叶,战功固不足言,然南北更有迥异者,大率用兵于南,则易于荡扫;用兵于北,则仅足支御。”其中的支皆为“抵抗”义。

48. 犯:侵犯——遭遇

犯,《说文·犬部》:“犯,侵也。”段玉裁注:“本谓犬,假借之谓人。”《广韵·范韵》:“犯,干也,侵也。”犯的本义为侵犯。《论语·泰伯》:“犯而不校。”何宴注引包咸曰:“校,报也。言见侵犯不报。”《左传·桓公五年》:“陈乱,民莫有斗心,若先犯之,必奔。”《汉书·王尊传》:“吴起为魏守西河,而秦韩不敢犯,谗人间焉,斥逐奔楚。”

遭遇。《庄子·山木》:“吾再逐于鲁,伐树于宋,削迹于卫,穷于商、周,围于陈、蔡之间。吾犯此数患,亲交益疏,徒友益散,何与?”成玄英疏:“遇此忧患。”《淮南子·主术》:“临死亡之地,犯患难之危。”高诱注:“犯犹遭也。”《老残游记》第五回:“或者说话说的不得法,犯到他手里,也是一个死。”

49. 狷:拘谨——偏激

狷,《集韵·线韵》:“狷,有所不为也。”狷的本义为拘谨。《论语·子路》:“狂者进取,狷者有所不为也。”邢昺疏:“狂者进取于善道,知进而不知退;狷者守节无为,应进而退也。”《国语·晋语三》:“小心狷介,不敢行也。”韦昭注:“狷者,守分有所不为也。”纪昀《阅微草堂笔记·槐西杂志一》:“景州申谦居先生天性和易,平生未尝有忤色,而孤高特立,一介不取,有古狷者风。”

偏激。《玉篇·犬部》:“狷,急也。”《汉书·刘辅传》:“臣闻明王垂宽容之听,崇谏争之官,广开忠直之路,不罪狂狷之言。”颜师古注:“狷,急也。”潘岳《射雉赋》:“若夫多疑少决,胆劣心狷。”李善注引《说文》:“狷,急也。”杜牧《长安送友人游湖南》:“子性剧弘和,愚衷深褊狷。”

50. 兽：打猎——四足哺乳动物(猎物)

兽，《说文·兽部》："兽，守备也。"徐灏笺注："兽之言狩也，田猎所获。"

打猎，后作"狩"。杨树达《积微居小学述林·释兽》："兽盖狩之初文也。"《诗经·小雅·车攻》："建旐设旄，搏兽于敖。"郑玄笺："兽，田猎搏兽也。"

四足哺乳动物。《尔雅·释鸟》："四足而毛谓之兽。"《周礼·天官·庖人》："庖人掌共六畜、六兽、六禽，辨其名物。"郑玄注引郑司农曰："六兽：麋、鹿、熊、麇、野豕、兔。"晋束晰《补亡诗》之四："兽在于草，鱼跃顺流。"这些哺乳动物多为狩猎所获的猎物，因而这两个义项包含相反的义素。

51. 殖：脂膏久而腐坏——生长，繁殖

殖，《说文·歺部》："殖，脂膏久，殖也。"徐锴传："脂膏久则浸润也。"王筠句读："一般无殖字，盖谓脂膏久而殖败也。字或作膧。"殖之本义为脂膏久而腐坏。

生长，繁殖。《玉篇·歹部》："殖，长也，生也，种也。"《字汇·歹部》："殖，蕃殖滋生也。"《左传·襄公三十年》："我有田畴，子产殖之。"《左传·隐公六年》："国家者，见恶如农夫之务去草焉，芟荑蕴崇之，绝其本根，勿使能殖，则善者信矣。"《国语·晋语四》："同姓不婚，恶不殖也。"韦昭注："殖，蕃也。"《汉书·叙传》："譬犹中木之殖山林，鸟鱼之毓川泽，得气者蕃滋，失时者苓落。"

52. 戎：大，扩大——拔除 敌寇——相助

戎，《说文·戈部》："戎，兵也。"戎的本义为兵器。

敌寇。王国维《观堂集林》："戎者，兵也。……引申之，凡持兵器以侵盗者亦谓之戎。"《周易·解卦》："负且乘，亦可丑也，自我致戎，又谁咎也。"朱熹本义："戎，古本作寇。"《礼记·月令》："戎寇来征。"辛弃疾《美芹十论》："且御戎有二道，惟和与战。"

相助。《尔雅·释言》："戎，助也。"郭璞注："助，佐助。"《广韵·东韵》："戎，亦助也。"《诗经·小雅·常棣》："每有良朋，烝也无戎。"毛传："戎，相也。"郑玄笺："犹无相助已者。"朱熹集传："戎，助也。"

大。《尔雅·释诂》："戎，大也。"《方言》卷一："戎，大也。宋、鲁、陈、卫之间曰之嘏，或曰戎。"《尚书·盘庚》："乃不畏戎毒于远迩。"蔡沈集传："戎，大。"《诗经·周颂·烈文》："念兹戎功，继序其皇之。"毛传："戎，大。"郑玄笺："念此大功。”

拔除。《方言》卷三：“戎，拔也。自关而东，江、淮、南楚之间或曰戎。”

53. 戗：逆，方向相反——支持

逆，qiāng。郁永河《海上纪略》：“故遇红毛追袭，即当转舵，随风顺行，可以脱祸，若仍行戗风，鲜不败者。”《儒林外史》第四十三回：“几句就同雷太守说戗了。”吴祖光《闯江湖》：“对付这样的脾气，不能戗着来。”可知戗有逆义。

支持，qiàng。焦循《神风荡寇后记》：“时夜半，风浪并怒，不得登，贼船随浪戗出。”

54. 毗：辅佐——损伤

毗，《集韵·脂韵》：“毗，辅也。”《尚书·微子之命》：“永绥厥位，毗予一人。”孔传：“长安其位，以辅我一人。”《后汉书·安帝纪》：“朕以不明，统理失中，亦未获忠良以毗阙政。”陆机《演连珠》：“是以物有微而毗着，事有琐而助洪。”刘孝标注：“物有小而益大，不可忽也。”元稹《酬翰林白学士代书一百韵》：“敢嗟身暂黜，所恨政无毗。”

损伤。《方言》：“毗，废也。”《庄子·在宥》：“人大喜邪？毗于阳；人大怒邪？毗于阴。”俞樾《诸子平议·庄子二》：“案此毗字，当读为‘毗刘暴乐’之‘毗’……喜属阳，怒属阴，故大喜则伤阳，大怒则伤阴。毗阴毗阳，言伤阴阳之和也。”章学诚《文史通义·史德》：“因事生感，而气失则宕，气失则激，气失则骄，毗于阳矣。”

55. 毖：缜密——疏远

毖，《说文·比部》：“毖，慎也。”《正字通·比部》：“毖，谨也。”毖的原意为谨慎。

缜密。徐灏《说文解字笺注·比部》：“毖，《广雅》曰：‘毖，比也。’比有缜密义，故毖从比而训为慎。《尔雅》曰：‘毖，慎也。’凡重慎其事必缜密也。”岳珂《宝真斋法书赞》卷一：“甲弟之毖藏未泯，北宫之印识如存。”

疏远。《玉篇·比部》：“毖，疏也。”《广韵·至韵》：“毖，远也。”

56. 归：女子出嫁——返回

归，《说文·止部》：“归，女嫁也。”归之本义为女子出嫁。《周易·渐卦》：

“女归，吉。”孔颖达疏：“女人生有外成之义，以夫为家，故谓嫁曰归也。”《诗经·周南·桃夭》：“之子于归，宜其室家。”《国语·晋语四》：“秦伯归女五人。”韦昭注：“归，嫁也。”韩愈《祭十二兄文》：“归女教男，反骨本原。”

返回。《广雅·释言》：“归，返也。”《尚书·舜典》：“十有一月朔巡守……归，格于艺祖，用特。”《诗经·小雅·出车》：“执言获丑，薄言还归。”韩愈《送李六协律归荆南》：“早日羁游所，春风送客归。”

57. 斅：教导——效法

斅，xiào，教导，后作“教”。《说文·教部》：“学，觉悟也。”《集韵·效韵》：“学，教也。”《尚书·说命》：“惟斅学半。”孔传：“斅，教也。”《国语·晋语九》：“顺德以学子，择言以教子，择师保以相子。”韦昭注：“学，教也。”《墨子·鲁问》：“鲁人有因子墨子而学其子者。”

效法，xué，后作“学”。《说文·教部》：“学，篆文斅省。”《广韵·效韵》：“斅，学也。”《诗经·周颂·敬之》：“日就月将，学有缉熙于光明。”郑玄笺：“且欲学于有光明之光明者，谓贤中之贤也。”《墨子·贵义》：“贫家而学富家之衣食多用，则速亡必矣。”陆游《示子遹》：“汝果欲学诗，工夫在诗外。”

58. 映：照——遮蔽

映，《说文新附·日部》：“映，明也。”《小尔雅·广言》：“映，晒也。”《玉篇·日部》：“映，明也。”可知“映”的本义为照。郭璞《江赋》：“青纶竞纠，缛组争映。”刘良注：“纠，乱；争，交也。言多而交乱为晖映也。”《后汉书·张衡传》：“冠盖相映。”杨万里《晓出净慈寺送林子方》：“映日荷花别样红。”

遮蔽。《说文新附·日部》：“映，隐也。”颜延之《应诏观北湖田收》：“楼观眺丰颖，金驾映松山。”李善注：“映，犹蔽也。”杜甫《蜀相》：“映阶碧草自春色，隔叶黄鹂空好音。”洪迈《夷坚甲志·孟蜀宫人》：“闻堂上妇人语笑声，即起，映门窥观。”

59. 晋：升——俯

晋，《说文·日部》：“晋，进也。日出万物进。”《尔雅·释诂》：“晋，进也。”晋之本义为进。

升。《清史稿·桂中行传》：“以功晋知府。”《清史稿·宣宗纪》：“十九年春正月戊戌朔，晋封惠郡王绵愉为亲王。”《花月痕》第五十回：“此时明相晋了公爵，荷生封侯。”汉语有同义复词“晋升”，“晋”即“升”义。

俯。《周易·晋卦》：“晋如摧如，贞吉，罔孚，裕无咎。”闻一多《古典新义·〈周易〉义证类纂》：“摧训折，训落，与晋训抑训俯义近，故晋摧并举。”《尚书大传》卷四：“见桥木高而仰，梓木晋而俯，反以告商子。商子曰：‘桥者父道也，梓者子道也。’”郑玄注：“晋，肃貌也。”

60. 暨：及，至——不及

暨，《说文·旦部》：“暨，日颇见也。”段玉裁注：“日颇见者，见而不全也。”王筠句读：“颇见者，略见也。”朱骏声通训定声：“暨，日出地平谓之旦；暨者，乍出微现也。”可知“暨”之本义为太阳初出。

及，至。《小尔雅·广言》：“暨，及也。”《玉篇·日部》：“暨，至也。”《国语·周语中》：“若七德离判，民乃携贰，各以利退，上求不暨，是其外利也。”韦昭注：“暨，至也。”刘勰《文心雕龙·明诗》：“自商暨周，《雅》《颂》圆备。”韩愈《刘生诗》：“弃家如遗来远游，东走梁宋暨扬州。”

不及。《尔雅·释训》：“暨，不及也。”郭璞注：“《公羊传·隐公元年》曰：‘及，我欲之；暨，不得已。’暨不得已，是不得及。”邢昺疏：“暨者，非我欲之事，不获已而为会者也，故云不及也。”郝懿行义疏：“盖暨之一字‘及’与‘不及’二义也。”

61. 旷：辽阔——阻隔

旷，《说文·日部》：“旷，明也。”旷之本义为光明、开朗。

辽阔。《广雅·释训》：“旷旷，大也。”《正字通·日部》：“旷，阔也。”《诗经·小雅·何草不黄》：“匪兕匪虎，率彼旷野。”毛传：“旷，空也。”《老子》第十五章：“旷兮其若谷，混兮其若浊。”陶潜《桃花源记》：“土地平旷，屋舍俨然。”张祜《早春钱塘湖晚眺》：“仰视天宇旷，俯登云树重。”

阻隔。《孔子家语·六本》：“庭不旷山不直地。”王肃注：“旷，隔也。”刘祯《赠五官中郎将》：“自夏涉玄冬，弥旷十余旬。”

62. 污：弄脏——洗去污垢

污，《说文·水部》：“污，薉也。”玄应《一切经音义》引《字林》：“污，秽也。”“污”的本义为“污浊、肮脏的东西”。

弄脏。《吕氏春秋·不侵》：“万乘之严主辱其使者，退而自刎也，必以其血污其衣。"《史记·滑稽列传》:"饭已,尽怀其余肉持去,衣尽污。"《后汉书·黄琼传》:"峣峣者易缺,皦皦者易污。"

洗去污垢。《正字通·水部》:"去垢污曰污。"《诗经·周南·葛覃》:"薄污我私,薄澣我衣。"朱熹集传:"污,烦撋之以去其污。"李贺《送秦光禄北征》:"风吹云露火,雪污玉关泥。"

63. 汩:治水——乱

汩,《说文·水部》:"汩,治水也。"段玉裁注:"引申之凡治皆曰汩。"《集韵·没韵》:"汩,治也。""汩"之本义为"治水"。《国语·周语下》:"决汩九川,陂障九泽。丰殖九薮,汩越九原。"韦昭注:"汩,通也。"王引之述闻:"汩、越,皆治也。"《楚辞·天问》:"不任汩鸿,师何以尚之?"王逸注:"汩,治也;鸿,大水也。"

乱。《小尔雅·广言》:"汩,乱也。"清王筠《说文句读·水部》:"伪孔传以乱训汩,则美恶不嫌同词也。"《尚书·洪范》:"我闻在昔,鲧陻洪水,汩陈其五行。"孔传:"汩,乱也。"《北史·后妃传论》:"弃同即异,以夷乱华,汩婚姻之彝序,求豺狼之外利。"梅尧臣《冬雷》:"天公岂物欺,若此汩时序!"

64. 泐:石头因风化遇水而形成的裂纹——凝合

泐,《说文·水部》:"泐,水石之理也。"徐锴传:"言石因其脉理而解裂也。"王筠句读:"非谓水与石皆有理,亦非谓水中之石之理,只是石之理耳。石之脉理曰泐,因其脉理而裂亦因谓之泐。"《玉篇·水部》:"泐,石散泐。"《周礼·考工记》:"石有时以泐,水有时以凝,有时以泽,此天时也。"刘乙《题建造寺》:"减除天半石初泐,欠却几株松未枯。"宋濂《游涂荆二山记》:"石未剥泐,文尚可读。"

凝合。卷子本《玉篇·水部》:"泐,《说文》:'水凝合之理。'"《广韵·德韵》:"泐,凝合。"

65. 泰:康宁——骄纵

泰,《广雅·释诂一》:"泰,通也。"泰之本义通达、通畅。

康宁。《字汇·水部》:"泰,安也。"《论语·子路》:"君子泰而不骄,小人骄而不泰。"《庄子·庚桑楚》:"宇泰定者,发乎天光。"颜延之《庭诰文》:"必使陵侮不作,悬企不萌,所谓贤鄙处宜,华野同泰。"

骄纵。《玉篇·水部》:"泰,骄也。"《论语·子罕》:"拜下,礼也。今拜乎上,泰也。"何晏集解:"时臣骄泰,故于上拜。"《国语·晋语八》:"及桓子骄泰奢侈,贪欲无艺……宜及于难，而赖武之德，以没其身。”柳宗元《非〈国语〉上·虢梦》：“虢，小国也而泰，以招大国之怒。”

66. 泆：放荡——安稳貌

泆，《说文·水部》：“泆，水所荡泆也。”段玉裁注：“荡泆者，动荡奔突而出。”可知“泆”之本义为水奔突而出。

放荡。《广韵·质韵》：“泆，淫泆。”《尚书·酒诰》：“诞惟厥纵，淫泆于非彝。用燕丧威仪，民罔不衋伤心。”《左传·隐公三年》：“骄、奢、淫、泆，所自邪也。”傅毅《舞赋》：“天王燕胥，乐而不泆。”

安稳貌。刘向《说苑·修文》：“韩子曰：‘吾不为人之恶我而改吾志，不为我将死而改吾义。’言未已，舟泆然行。”

67. 泝：逆水而上——流下(顺流)

泝，《说文·水部》：“泝，逆流而上曰泝洄。”《玉篇·水部》：“泝，逆流而上也。”泝为逆水而上。《诗经·秦风·蒹葭》：“溯洄从之，道阻且长。”《左传·文公十年》：“沿汉溯江，将入郢。”杜预注：“沿，顺流；泝，逆流。”王粲《七哀诗》：“方舟溯大江，日暮愁我心。”沈复《浮生六记·浪游快记》：“是年九月，余从石琢堂殿撰赴四川重庆府之任，溯长江而上，舟抵皖城。

流向。《说文·水部》：“泝，向也。”《史记·司马相如列传》：“上畅九垓，下延八埏。”裴骃集解：“《汉书音义》曰：畅，达；垓，重也。泝，流也……言其德上达于九重之天，下流于地之八际也。”张衡《东京赋》：“溯洛背河，左伊右瀍。”李善注引：“薛综曰：‘溯，向也。’”曹丕《永思赋》：“仰北辰而永思，溯悲风以增伤。”

68. 浩：水势浩大——小港

浩，《说文·水部》：“浩，浇也。”朱骏声通训定声：“浇者，许以声训。《字林》：‘浩，遶也，水大也。’”《正字通·水部》：“浩，大水盛貌。”《尚书·尧典》：“汤汤洪水方割，荡荡怀山襄陵，浩浩滔天。”孔传：“浩浩盛大若漫天。”枚乘《七发》：“浩瀇瀁兮，慌旷旷兮。”曹植《赠白马王彪》：“霖雨泥我涂，流潦浩纵横。”杨慎《丹铅杂录·称赞文章之妙》：“欧阳公之文，粹如金玉；苏公之文，浩如江河。”

小港。王士禛《登渝州涂山记》：“巴人谓小港为浩。今戎州亦有金箱浩。”张慎仪《蜀方言》上：“《蜀典》引黄庭坚云：‘犍为之俗，谓江之瀼水为浩。’”

69. 海：地球上最大的水域——苑囿内的水池

海，《说文·水部》："海，天池也，以纳百川。"《尚书·禹贡》："江、汉朝宗于海。"《淮南子·氾论训》："百川异源，皆归于海。"李白《梦游天姥吟留别》："半壁见海日，空中闻天鸡。"韩愈《南海神庙碑》："海于天地间为物最巨。"

苑囿内的水池。北魏杨衒之《洛阳伽蓝记·宝光寺》："园中有一海，号'咸池'。"《大清一统志·京师四》(嘉庆朝本)："其上源自玉泉山，合西北诸水，自地安门水门流入，汇为大池，池上跨长桥，桥北称北海，桥南称中海，瀛台以南称南海。"

70. 湛：深邃——清澈

湛，chén，《说文·水部》："湛，没也。"段玉裁注："古书浮沈字多作湛。湛、沈，古今字，沉又沈之俗也。"可知湛之本义为沉没。

深邃。《史记·司马相如列传》："汉兴七十有八载，德茂存乎六世，威武纷纭，湛恩汪濊。"司马贞索隐引韦昭曰："湛恩，上音沈。"元稹《遭风二十韵》："怪族潜收湖黯湛，幽妖尽走日崔嵬。"司马光《游寿安·灵山寺》："碧颇梨色湛无底，想象必有虬龙蟠。"康有为《除夕答从兄沛然秀才时将入京上书》："只是青枫江水湛，春心极目怕闻歌。"

湛，zhàn，清澈。《增修互注礼部韵略·豏韵》："湛，澄也。"谢混《游西池诗》："景昃鸣禽集，水木湛清华。"李周翰注："湛，澄。"王揆《长沙六快》："衡峰排古青，湘水湛寒绿。"

71. 滑：扰乱——治

滑，gǔ，《广韵·没韵》："滑，乱也。"《国语·周语下》："今吾执政无乃实有所避，而滑夫二川之神。使至于争明，以妨王宫。"韦昭注："滑，乱也。"柳宗元《送杨凝郎中使还汴宋诗后序》："谈者谓大梁多悍将劲卒，亟就滑乱，而未尝底宁。"章太炎《訄书·哀清史》："自清室滑夏，君臣以监谤为务。"

治。《庄子·缮性》："缮性于俗，俗学以求复其初；滑欲于俗，思以求致其明；谓之蔽蒙之民。"陆德明释文："滑音骨，乱也。崔云：治也。"郭庆藩集释引俞樾曰："此当从崔说为长。"

72. 滀：水停歇——湍急

滀，《玉篇·水部》："滀，滞也。"《广韵·屋韵》："滀，水聚。"滀之本义为积聚。《庄子·达生》：“夫忿滀之气，散而不反，则为不足。”陆德明释文：“李云：‘忿，满也；滀，结聚也。’”陆游《稽山行》：“镜湖滀众水，自汉无旱蝗。”董旭《题长江伟观图》：“浅滀渊遂途，道远势乃遒。”

湍急。《后汉书·公孙瓒传》：“日穷月急，不遑启处。鸟厄归人，滀水陵高，汝当碎首于张燕，驰骤以告急。”李贤注：“滀，喻急也。”

73. 溟：小雨濛濛——海

溟，《说文·水部》：“溟，小雨溟溟也。”《玉篇·水部》：“溟，溟濛小雨。”扬雄《太玄·少》：“上九，密雨溟沐，润于枯渎，三日射谷。”范望注：“雨之细者称溟沐。”张泌《春江雨》：“雨溟溟，风零零，老松瘦竹临烟汀。”周亮工《张瑶星寄札并得友苍开士近诗》：“莫话当年尘土梦，松风阁下雨溟溟。”

海。《广韵·青韵》：“溟，海也。”《庄子·逍遥游》：“北冥有鱼，其名为鲲。”陆德明释文：“冥，本亦作溟，北海也。”张协《杂诗》：“云根临八极，雨足洒四溟。”李善注：“四溟，四海也。”袁宏《三国名臣序赞》：“火德既微，运缠大过，洪飙扇海，二溟扬波。”

74. 漉：使干涸——水慢慢渗下

漉，《说文·水部》：“漉，浚也。”《方言》：“漉，极也。”《玉篇·水部》：“漉，竭也，涸也。”漉之本义为使干涸。《尸子·明堂》：“竭泽漉鱼，则神龙不下焉。”《礼记·月令》：“毋竭川泽，毋漉陂池，毋焚山林。”陆德明释文：“漉，竭也。”葛洪《抱朴子·明本》：“夫渊竭池漉，则蛟龙不游。”

水慢慢渗下。徐锴《说文系传·水部》：“漉，一曰水下貌。”《广雅·释言》：“漉，渗也。”《广韵·屋韵》：“漉，沥也。”《战国策·楚策四》：“漉汁洒地，白汗交流。”《史记·司马相如列传》：“滋液渗漉，何生不育。”葛洪《抱朴子·至理》：“防坚则水无漉弃之费，脂多则火无寝曜之患。”

75. 漏：泄露——补足

漏，《说文·水部》：“漏，以铜受水，刻节，昼夜百刻。”漏之本义为漏壶。

泄露。《广雅·释诂》：“漏，泄也。”《易经·井卦》：“井谷射鲋，瓮敝漏。”孔颖达疏：“有似瓮敝漏水，水漏下流，故曰瓮敝漏也。”《韩非子·外储说右上》：“今为人主而漏其群臣之语，是犹无当之玉卮也。”阮瑀《为曹公作书与孙权》：“卢绾嫌畏于己隙，英布忧迫于情漏。”杜甫《茅屋为秋风所破歌》：“床头屋漏无干处，雨脚如麻未断绝。”

补足。《墨子·大取》：“凡兴利除害也，其类在漏雍。”《淮南子·道应训》：“此言精神之越于外，智虑之荡于内，则不能漏理其形也。”高诱注：“漏，补空也。”

76. 漻：清静——气盛貌

漻，《说文·水部》：“漻，清深也。”漻之本义为水清澈貌，引申为清静义。

清静。《淮南子·原道训》：“其魂不躁，其神不娆，湫漻寂寞，为天下枭。”高诱注：“湫漻，清静也。”柳宗元《贞符》：“人乃漻然休然，相晞以生，相持以成，相弥以宁。”

气盛貌。漻通“潦”，大水。《吕氏春秋·古乐》：“通大川，决壅塞，凿龙门，降通漻水以导河。”高诱注：“漻，流。”陈奇猷校释：“漻水即潦水，盖为洪水也。‘漻’、‘潦’古音尤、萧二部通转，故‘漻’即‘潦’也。”引申为气盛貌。《管子·小问》：“漻然丰满，而手足拇动者，兵甲之色也。”尹知章注：“心在兵武，形气盛，故其貌丰满。”

77. 渗：液体慢慢透入或渗出——水干涸

渗，《说文·水部》：“渗，下漉也。”《汉书·司马相如传》：“滋液渗漉，何生不育。”《梁书·豫章王综传》：“闻俗说以生者血沥死者骨，渗，即为父子。”《朱子语类》卷七十二：“下二阴画中虚，便是渗水之象。”

水干涸。《广雅·释诂》：“渗，尽也。”唐玄应《一切经音义》卷十二：“下漉曰渗，渗，竭也。”《南史·到彦之传》：“自淮入泗，泗水渗，日裁行十里。”司空图《与李生论诗书》：“远陂春旱渗，犹有水禽飞。”

78. 澹：水波起伏貌——安定

澹，《说文·水部》：“澹，水摇也。”《玉篇·水部》：“澹，水动貌。”澹之本义为水波起伏貌。《文选·宋玉〈高唐赋〉》：“水澹澹而盘纡兮，洪波淫淫之溶潏。”李善注：“《说文》曰‘澹澹，水摇也。’”曹操《步出东门行》：“水何澹澹，山岛竦峙。”白居易《西湖晚归回望孤山寺赠诸客》：“烟波澹荡摇空碧，楼殿参差倚夕阳。”

安定。《广雅·释诂》：“澹，安也。”《淮南子·俶真训》：“蜂虿螫指而神不能澹。”高诱注：“澹，定也。”扬雄《长杨赋》：“使海内澹然，永亡边城之灾，金革之患。”《后汉书·冯衍传》：“意斟愖而不澹兮，俟回风而容与。”李贤注：“澹，定也。”

79. 济：停止——增加

济，停止。《广韵·霁韵》：“济，止也。”《诗经·鄘风·载驰》：“既不我嘉，不能旋济。”毛传：“济，止也。”《庄子·齐物论》：“厉风济则众窍为虚。”郭象注：“济，止也。”苏轼《记过合浦》：“已济徐闻，复厄于此乎。”

增加。《尔雅·释言》：“济，益也。”《左传·桓公十一年》：“盍请济师于王。”杜预注：“济，益也。”《汉书·礼乐志》：“自古以来，未尝以乱济乱，大败天下如秦者也。”陆机《汉高祖功臣颂》：“外济六师，内抚三秦。”

80. 泞：泥泞——清澈

泞，nìng，《广雅·释诂》：“泞，泥也。”《广韵·径韵》：“泞，泥泞。”《国语·晋语》：“晋师溃，戎马泞而止。”韦昭注：“泞，深泥也。止，戎马陷焉。”

泞，zhù，清澈。《广雅·释诂一》：“泞，清也。”《集韵·语韵》：“泞，澄也。”木华《海赋》：“泱漭澹泞，腾波赴势。”李善注：“澹泞，澄深也。”白居易《送客回晚兴》：“参差乱山出，澹泞平江静。”

81. 渎：沟渠——大川

渎，《说文·水部》：“渎，沟也。”朱骏声通训定声：“或曰，田间曰沟，邑中曰渎。”《周易·说卦》：“坎为水，为沟渎。”《论语·宪问》：“岂若匹夫匹妇之为谅也，自经于沟渎而莫之知也？”《史记·屈原贾生列传》：“彼寻常之污渎兮，岂能容吞舟之鱼！”冯梦龙《智囊补·兵智·贺若弼》：“买敝船五六十艘，置于渎内。”

大川。《尔雅·释水》：“江、河、淮、济为四渎。四渎者，发源注海者也。”《释名·释水》：“天下大水四，谓之四渎，江、河、淮、济是也。”《韩非子·五蠹》：“中古之世，天下大水，而鲧禹决渎。”封演《封氏闻见记·漳渎》：“发源潞州，东赴沧海，有逾淮济，合着渎名，请以漳水为一渎。”

82. 澜：大波——微波

澜，《说文·水部》：“澜，大波为澜。”《孟子·尽心上》：“观水有术，必观其澜。”赵岐注：“澜，水中大波也。”刘勰《文心雕龙·序志》：“并未能振叶以寻根，观澜而索源。”韩愈《进学解》：“障百川而东之，回狂澜于既倒。”

微波。《释名·释水》：“风行水波成纹曰澜。澜，连也，波体转流相及连也。”《正字通·水部》：“澜与涣、沦、涟，音别义通。盖游波之旁薄者为澜。”刘勰《文心雕龙·隐秀》：“故互体变爻，而化成四象；珠玉潜水，而澜表方圆。”范文澜注：“《艺文类聚》八引《尸子》：‘凡水，其方折者有玉，其圆折者有珠。’”李洞《留别金门知己》：“苍梧倒影三湘寒，赤城霞气生微澜。”

83. 特：单个——配偶

特，《说文·牛部》：“特，朴特，牛父也。”《玉篇·牛部》：“特，牡牛也。”特之本义为公牛。

单个。《尔雅·释水》：“大夫方舟，士特舟。”郭璞注：“单舟。”《方言》第六：“物无耦曰特，兽无耦曰介。”《广雅·释诂》：“特，独也。”特有单个的含义。《礼记·内则》：“君已食，彻矣，使之特馂。”郑玄注：“使独馂也。”《吕氏春秋·君守》：“夫国岂特为车哉？”王粲《杂诗》：“上有特栖鸟，怀春向我鸣。”唐甄《潜书·格定》：“世尚朋从，我仍特。”

配偶。《诗经·鄘风·柏舟》：“髧彼两髦，实维我特。”毛传：“特，匹也。”朱熹集传：“特，亦匹也。”马瑞辰通释：“特训独又训匹者，犹介为特又为副；乘为一，又为二、为四；匹为一，又为双、为偶，皆以相反为义也。”《诗经·小雅·我行其野》：“不思旧姻，求尔新特。”

84. 扔：牵引——抛

扔，rèng，《说文·手部》：“扔，捆也。”朱骏声通训定声：“扔，以手攖之也。”《广雅·释诂一》：“扔，引也。”《老子》第三十八章：“上礼为之而莫之应，则攘臂而扔之。”陆德明释文：“扔，引也，因也。”朱熹《答吕子约》：“闻有议其失者，则勃然见于词色，奋拳攘臂，欲起而扔之。”

扔，rēng，抛。《红楼梦》第九十三回：“便从靴掖儿里头拿出那个揭帖来，扔与他瞧。”

85. 扞：捍卫——触犯

扞，《广韵·翰韵》：“扞，以手扞，又卫也。”扞后作“捍”，为捍卫义。《尚书·文侯之命》：“汝多修，扞我于艰。”蔡沈集传：“扞卫我于艰难。”《左传·文公六年》：“亲帅扞之，送致诸竟。”杜预注：“扞，卫也。”韩愈《唐故江西观察使韦公墓志铭》：“筑堤扞江，长二十里。”

触犯。《说文·手部》：“扞，忮也。”《礼记·学记》：“发然后禁，则扞格而不胜。”郑玄注：“扞，坚不可入之貌。”孔颖达疏：“扞，谓拒扞也。”《史记·韩长孺列传》：“吴楚反时，孝王使安国及张羽为将，扞吴兵于东界。”《汉书·邹阳传》：“此四分五裂之国，权不足以自守，劲不足以扞寇。”颜师古注：“扞，御也。”张居正《赠水部周汉浦榷竣还朝序》：“自顷以来，外筑亭障，缮边塞，以扞骄虏。”

86. 扣：牵住——举，发

扣，《说文·手部》：“扣，牵马也。”《广雅·释诂》：“扣，持也。”王念孙疏证：“叩者，牵持之也。”扣之本义为牵住。《吕氏春秋·爱士》：“晋人已环缪公之车矣，晋梁由靡已扣缪公之左骖矣。”高诱注：“扣，持也。”《宋史·文天祥传论》：“伯夷、叔齐以两男子欲扣马而止之，三尺童子知其不可。

举，发。《广雅·释诂》：“扣，举也。”刘勰《文心雕龙·诠赋》：“陆贾扣其端，贾谊振其绪。”《梁书·沈约传》：“时帝勋业既就，天人允属。约尝扣其端，帝默然而不应。”

87. 抽：伸展——收缩

抽，《说文·手部》：“抽，引也。”《广韵·尤韵》：“抽，引也。或作紬，紬引其端绪也。”抽的本义为引出。

伸展。王褒《九怀·思忠》：“抽库娄兮酌醴，援瓟瓜兮接粮。”王逸注：“引持二星以斟酒也。”陈溪《彭州新置唐昌县建德草市歇马亭镇并天王院等记》：“又置一镇，抽武士三十人而御之。”吴下阿蒙《断袖篇·安陵君》：“王亲引弓而射，一发而毙，王抽旃旄而抑兕首。”

收缩。《太玄·莹》：“群伦抽绪。”范望注：“抽，犹收也。”《儿女英雄传》第十五回：“不想到这样一个人竟自能屈能伸，有抽有长。”现代汉语有“抽筋”一词，即为“收缩”义。

88. 抵：抵抗——触犯

抵，《说文·手部》：“抵，挤也。”段玉裁注：“排而相歫也。”《广雅·释诂三》：“抵，推也。”

抵抗。柳宗元《送表弟吕让将仕进序》：“吾观古豪贤士，能知生人艰饥羸寒、蒙难抵暴……”董解元《西厢记诸宫调》卷二：“手提着戒刀三尺道：‘我待与群贼做头抵。’”《红楼梦》第一百十一回：“那些贼见是一人，越发不理论了，便用短兵抵住。”

触犯。《山海经·海外北经》："相柳之所抵，厥为泽溪。"郭璞注："抵，触。"《汉书·吾丘寿王传》："臣恐邪人挟之而吏不能止，良民以自备而抵法禁。"《新唐书·元稹传》："抵忌讳者杀，犯左右者刑。"

89. 拉：摧折——牵引

拉，《说文·手部》："拉，摧也。"《玉篇·手部》："拉，折也。《左氏传》曰：'拉公干而杀之。'"拉之本义为摧折。《史记·齐世家》："使力士彭生拉杀鲁桓公。"《汉书·邹阳传》："范雎拉胁折齿于魏，卒为应侯。"颜师古注："拉，摧也。"《北齐书·赵郡王叡传》："出至永巷，遇兵被执，送华林园，于雀离佛院令刘桃枝拉而杀之。"

牵引。刘禹锡《花下醉中联句》："谁能拉花住，争换得春回。"

90. 拙：粗劣——质朴无华

拙，《说文·手部》："拙，不巧也。"段玉裁注："不能为技巧也。"《广雅·释诂》："拙，钝也。"拙的本义为笨拙。

粗劣。《管子·法法》："虽有巧目利手，不如拙规矩之正方圜也。"刘勰《文心雕龙·神思》："拙辞或孕于巧义，庸事或萌于新意。"陆龟蒙《酒尊》："黄金即为侈，白石又太拙。"

质朴无华。《韩非子·说林上》："巧诈不如拙诚。"陆机《文赋》："或言拙而喻巧，或理朴而辞轻。"窦臮《述书赋下》："拙，不依致巧曰拙。"施补华《岘佣说诗》："作五言古，宁拙毋巧，宁朴毋华，宁生毋熟。"

91. 披：分开——靠近

分开。《广韵·支韵》："披，分也。"《集韵·纸韵》："披，裂也。"《左传·成公十八年》："今将崇诸侯之奸，而披其地，以塞夷庚。"杜预注："披，犹分也。"《史记·魏其安侯传》："枝大于本，胫大于股，不折必披。"张守节正义："披，分析也。"柳宗元《笼鹰词》："云披雾裂虹蜺断，霹雳掣电捎平冈。"

靠近。《说文·手部》："从旁持曰披。"段玉裁注："披、陂皆有旁其边之义。"《史记·五帝本纪》："披山通道，未尝宁居。"裴骃集解："徐广曰：披，他本亦作陂字……陂者，旁其边之谓也。"徐梦莘《三朝北盟会编》："统制范琼于陈州门外，披城屯兵数千。"

92. 持：支持——对抗

持，《说文·手部》：“持，握也。”本义为握住，拿着。

支持。《庄子·渔父》：“左手据膝，右手持颐以听。”《论语·季氏》：“危而不持，颠而不扶，则将焉用彼相矣。”《汉书·刘向传》：“上数欲用向为九卿，辄不为王氏居位者及丞相御史所持，故终不迁。”颜师古注：“持谓扶持佐助也。”《儿女英雄传》第十四回：“万一他见了说上两句不知高低的话，奴才持不住，所以奴才在这里为难。”

对抗。《左传·昭公元年》：“子与子家持之。”孔颖达疏：“持其两端，无所取与，是持之也。弈棋谓不能相害为持，意亦同于此也。”韩愈《顺宗实录四》：“知贽与延龄相持有间，因盛言贽短。”魏源《圣武记》：“福宁已与长阳贼、黄柏山贼相持数月，未逼贼巢。”

93. 括：滞碍——包容

括，《说文·手部》：“撍，絜也。”邵瑛群经正字：“今经典作括。”《广雅·释诂》：“括，结也。”括的本义为结扎，捆束。

滞碍。《方言》：“括，闭也。”《广雅·释诂》：“括，塞也。”《正字通·手部》：“括，碍也。”《周易·系辞》：“君子藏器于身，待时而动，何不利之有？动而不括，是以出而有获，语成器而动者也。”朱熹本义：“括，结碍也。”张载《正蒙·天道》：“见几则义明，动而不括则用利。”王夫之注：“括，收也，滞也。”何景明《方竹先生诔》：“毖彼积泉，其流不括。”

包容。《正字通·手部》：“括，包括也。”贾谊《过秦论》：“有席卷天下，包举宇内，囊括四海之意。”刘良注：“括，盛也，犹囊盛而结之。”陆机《辩亡论》：“东包百越之地，南括群蛮之表。”白居易《初授拾遗》：“杜甫陈子昂，才名括天地。”

94. 挹：牵引——排挤

挹，《广雅·释诂一》：“挹，引也。”《玉篇·手部》：“挹，輓也。”《广韵·痕韵》：“挹，急引。”挹有牵引义。

排挤。柳宗元《与裴埙书》：“不幸早尝与游者，居权衡之地，十荐贤幸乃一售，不得者诪张排挹，仆可出而辩之哉！”《新唐书·李绅传》：“始，绅以文艺节操见闻，而屡为怨仇所挹却，卒能自伸其才，以名位终。”

95. 振：显扬——收敛

振，《说文·手部》：“振，举救也。”邵瑛群经正字：“案：此即俗赈济字本字。”

振之本义为赈济。振有举起义,《广韵·震韵》:“振,举也。”《国语·晋语七》:“逮鳏寡,振废淹。”韦昭注:“振,起也,起用之也。”

显扬。《孟子·万章》:“集大成也者,金声而玉振之也。”赵岐注:“振,扬也。”刘勰《文心雕龙·原道》:“重以公旦多材,振其徽烈。”柳宗元《与邕州李域中丞论陆卓启》:“施恩而不求报,奖善而不为功,所以振宣幽光,激励颓俗。”

收敛。《字汇·手部》:“振,收也。”《周礼·天官·职币》:“职币掌式法以敛官府都鄙与凡用邦财者之币,振掌事者之余财。”郑玄注:“振犹拯也,检也……先言敛币,后言振财,互文。”孙诒让正义引王念孙曰:“经言敛、言振,注言拯、言检,皆谓收取之也。”《礼记·中庸》:“今夫地,一撮土之多,及其广大,载华岳而不重,振河海而不泄,万物载焉。”郑玄注:“振,犹收也。”司马相如《上林赋》:“振溪通谷,蹇产沟渎。”李善注:“言山石收敛溪水而不分泄。”

96. 挟:要胁——护、辅

挟,《说文·手部》:“挟,俾持也。”挟之愿意为夹持。

要胁。《战国策·秦策》:“樗里疾、公孙衍二人者,挟韩而议,王必听之。”袁宏《后汉纪·献帝纪》:“董卓无道,甚于桀纣……今直刺杀之以谢百姓,然后据殽函,挟王命以号令天下,桓文之举也。”《宋史·李庭芝传》:“未浃旬,旻果为部曲挟之以叛。”

护,辅。《广雅·释诂四》:“挟,辅也。”又:“挟,护也。”王念孙《疏证》:“《方言》:‘挟,护也。’郭璞注云:‘扶挟将护。’”《广韵·贴韵》:“挟,护也。”《荀子·正论》:“出门而宗祝有事……诸侯持轮、挟舆、先马。”杨倞注:“挟舆,在车之左右也。”刘向《〈战国策〉序》:“人臣辅其君者,若郑之子产,晋之叔向,齐之晏婴,挟君辅政,以并立于中国。”

97. 推:扩充——排除

推,《说文·手部》:“推,排也。”唐玄应《一切经音义》引《仓颉篇》云:“推,前也。”推的本义为用外力使物体移动。

扩充。《礼记·祭义》:“推而放诸东海而准。”孙希旦集解:“推,谓其进不已。”《孟子·公孙丑》:“推恶恶之心。”苏轼《伊尹论》:“天下之富是箪食豆羹之积也,天下之大是一乡之推也。”

排除。《诗经·大雅·云汉》:“旱既太甚,则不可推。”毛传:“推,去也。”郑玄笺:“旱既不可移去,天下困于饥馑。”孔颖达疏:“推是远离之辞,故为去也。”《宋书·王弘传》:“此所谓天命,求之不可得,推之不可去。”

98. 授:给予——交还

授,《说文·手部》:“授,予也。”段玉裁注:“手付之,令其受也。”《广雅·释诂》:“授,予也。”王念孙疏证:“郑众注《周官·大卜》云:‘与,谓予人物也。’”《玉篇·手部》:“授,付也。”授的本义为给予。《诗经·周颂·有客》:“言授之絷,以絷其马。”《国语·鲁语上》:“为我予之邑,今日必授。”韦昭注:“授,予也。”《三国演义》第六回:“此传国玺也……今天授公主,必有登九五之分。”

交还。《国语·晋语四》:“及河,子犯授公子载璧。”韦昭注:“授,还也。”《韩非子·难二》:“周公旦假为天子七年,成王壮,授之以政。”

99. 撩:料理——挑弄

撩,《说文·手部》:“撩,理也。”王念孙疏证:“撩与料声近义同。”《通俗文》:“理乱谓之撩。”《玉篇·手部》:“撩,撩理也。”撩的本义为料理。庾信《梦入堂内》:“画眉千度拭,梳头百遍撩。”韩偓《后魏时相州人作李波小妹歌疑其未备因补之》:“海棠花下秋千畔,背人撩鬓道匆匆。”

挑弄。《字汇·手部》:“撩,挑弄也。”庾信《结客少年场行》:“歌撩李都尉,果掷潘河阳。”《太平广记》引唐张鷟《朝野佥载·李日知》:“撩得李日知嗔,吃李日知杖。”《二刻拍案惊奇》卷十:“叫他竟到莫家去做孝子,撩得莫家母子恼躁起来。”

料理而后整齐,挑弄则使之凌乱,故二义相反。

100. 扰:扰乱——安抚

扰,《说文·手部》:“扰,烦也。”扰的本义为烦劳。

扰乱。《玉篇·手部》:“扰,扰乱也。”《尚书·胤征》:“俶扰天纪,遐弃厥司。”孔传:“扰,乱也。”《史记·太史公自序》:“秦失其道,豪桀并扰。”刘勰《文心雕龙·养气》:“无扰文虑,郁此精爽。”

安抚。《尚书·周官》:“司徒掌邦教,敷五典,扰兆民。”孔传:“以安和天下之民,使小大皆协睦。”曾巩《光禄少卿晁公墓志铭》:“于虔于泉于岭之南,里安户扰,罔有不咸。”

101. 搅：扰乱——治

搅，《说文・手部》："搅，乱也。"搅本义为扰乱。《诗经・小雅・何人斯》："胡逝我梁，祇搅我心。"毛传："搅，乱也。"陆机《叹逝赋》："指彼日之方除，岂兹情之足搅。"《水浒传》第三回："你也须认的洒家，却恁地教什么人在间壁吱吱的哭，搅俺弟兄们吃酒。"

治。章炳麟《新方言・释言》："今人谓乱之曰搅，其谓治之亦曰搅，此犹古训以乱为治矣。要之，今人言搅以代作为等语。"

102. 媵：致送——承接

媵，《尔雅・释言》："媵，送也。"《广韵・证韵》："媵，送女出嫁。"媵的本义为陪送出嫁。

致送。《仪礼・燕礼》："主人盥洗升，媵觚于宾。"郑玄注："媵，送也。"《九歌・河伯》："波滔滔兮来迎，鱼邻邻兮媵予。"王逸注："媵，送也。"张衡《思玄赋》："迅焱潚其媵我兮，鹜翩飘而不禁。"

承接。《释名・释亲属》："媵，承也。"刘勰《文心雕龙・附会》："若首唱荣华，而媵句憔悴，则遗势郁湮，余风不畅。"龚自珍《周信之明经手拓砖文八十七种见贻》："翠墨淋漓茧纸香，余亦装潢媵《瘗鹤》。"

103. 膺：抵挡——接受

膺，《说文・月部》："膺，胸也。"膺的本义为胸部。

抵挡。《诗经・鲁颂・閟宫》："戎狄是膺，荆舒是惩。"毛传："膺，当也。"

接受。《尚书・武成》："诞膺天命。"孔传："大当天命。"《隋书・炀帝纪》："学行优敏，堪膺时务。"《旧唐书・酷吏传・吉顼》："尝以经纬之才，允膺匡佐之委。"方孝孺《陈希古像赞》："出膺民社之寄，处为士子之师。"

104. 旁：广泛——边侧

旁，《说文・上部》："旁，溥也。"《广雅・释诂一》："旁，大也。"又《释诂二》："旁，广也。"旁的本义为普遍。《尚书・说命下》："旁招俊乂，列于庶位。"孔传："广招俊乂，使列众官。"又《太甲上》："旁求俊彦，启迪后人。"《艺文类聚》引晋潘尼《后园颂》："和气四充，惠泽旁润。"《宋史・赵普传》："伏望陛下旁采群议，俯察物情。"

边侧。《释名・释道》："在边曰旁。"《玉篇・上部》："旁，犹侧也，边也。"《墨子·节用中》:“其旁可以圉风寒,上可以圉雪霜露。”《逸周书·王会》:“旁天子而立于堂上。”王谠《唐语林·雅量》:“遂旁设一虚坐,置琵琶于其上。”杨循吉《摺扇赋》:“兼邻座而飂飂,及旁宾而簌簌。”现代汉语有同义复词“旁边”。

105. 焌:烧火——火灭

焌,《说文·火部》:“焌,然火也。《周礼》曰:‘遂龡其焌。’焌火在前,以焞焯龟。”段玉裁注:“以火烧物曰然。”《广韵·稕韵》:“焌,然火。”焌之本义为烧火。《集韵·恺韵》:“焌,然后以烧龟。”《周礼·春官·菙氏》:“凡卜,以明火爇燋,遂龡其焌契,以授卜师。”郑玄注:“焌……谓以契柱燋火而吹之也。”

火灭。《广韵·术韵》:“焌,火灭也。”

106. 燕:喜悦——亵渎

燕,《说文·燕部》:“燕,玄鸟也。籋口,布翄,枝尾。象形。”段玉裁注:“籋口,故以廿像之。布翄,故以北像之。枝尾,与鱼尾同,故以火像之。”燕的本义为鸟纲燕科各种类通称。

喜悦。《字汇·火部》:“燕,喜也。”《史记·乐书》:“宋音燕女溺志。”裴骃集解引王肃曰:“燕,欢悦。”《后汉书·郑兴传》:“昔张仲在周,燕翼宣王,而诗人喜悦。”李贤注:“燕,乐也。”

亵渎。《礼记·学记》:“燕朋逆其师,燕辟废其学。”郑玄注:“燕,犹亵也,亵其朋友。”孔颖达疏:“谓燕亵朋友,不相遵敬,则违逆师之教导也。”苏轼《题杨次公春兰》:“丹青写真色,欲补《离骚》传。对之如灵均,冠佩不敢燕。”

107. 忌:憎恶——恭敬

忌,《说文·心部》:“忌,憎恶也。”《诗经·大雅·瞻卬》:“舍尔介狄,维予胥忌。”毛传:“忌,怨也。”《国语·晋语三》:“晋君大失其众,背君赂,杀里克,而忌处者,众固不说。”韦昭注:“忌,憎也。”又《国语·越语下》:“子将助天为虐,不忌其不祥乎?”

恭敬。《左传·昭公元年》:“非羁,何忌?”杜预注:“忌,敬也。”

108. 忍:忍耐——残忍

忍,《说文·心部》:“忍,能也。”王筠句读:“能读为耐。《诗经·渐渐之石》笺云:‘豕之性能水。’释文:‘能,本又作耐。’”《广雅·释言》:“忍,耐也。”《玉篇·心部》:“忍,含忍也。”《尚书·汤诰》:“尔万方百姓,罹其凶害,弗忍荼毒。”《论语·八佾》:“是可忍也,孰不可忍也。”皇侃疏:“忍,犹容耐也。”贾思勰《齐民要术·大小麦》:“酢浆,令麦耐旱;蚕矢,令麦忍寒。”

残忍。《诗经·小雅·小弁》:“君子秉心,维其忍之。”《史记·项羽本纪》:“范增起,出召项庄,谓曰:‘君王为人不忍。’”贾谊《新书·道术》:“恻隐怜人谓之慈,反慈为忍。”

109. 息:生长——停止

生长。《集韵·职韵》:“息,生也。”《易经·革卦》:“水火相息。”王弼注:“息者,生变之谓也。”孔颖达疏:“息,生也。”《荀子·大略》:“有国之君,不息牛羊;错质之臣,不息鸡豚。”《汉书·高惠高后文功臣表》:“流民既归,户口亦息。”韩愈《柳州罗池庙碑》:“猪牛鸡鸭,肥大蕃息。”

停止。《广韵·职韵》:“息,止也。”《易·乾》:“天行健,君子以自强不息。”《后汉书·翟酺传》:“庶灾害可息,丰年可招矣。”黄丕烈《〈嵇康集〉跋》:“晨雨小润,夜风息狂。”现代汉语有“生生不息”,息为“停止”义。

110. 慊:怨恨——满足

慊,qiǎn,怨恨。《玉篇·心部》:“慊,切齿恨也。”《广韵·忝韵》:“慊,慊恨。”《孟子·公孙丑下》:“彼以其富,我以吾仁;彼以其爵,我以吾义,吾何慊乎哉?”赵岐注:“慊,少也。”《礼记·坊记》:“使民富不足以骄,贫不至于约,贵不慊于上,故乱益亡。”郑玄注:“慊,恨不满之貌也。”姜夔《越九歌》:“我无君尤,君胡我慊。”

慊,qiè,满足。《集韵·帖韵》:“慊,足也。”又《忝韵》:“慊,惬也。”《孟子·公孙丑》:“行有不慊于心,则馁矣。”赵岐注:“慊,快也。”《庄子·天运》:“今取猿狙而衣以周公之服,彼必龁啮挽裂,尽去而后慊。”成玄英疏:“慊,足也。”柳宗元《同吴武陵赠李睦州》:“于是踊跃其诚,铿锵其声,出而为之诗,然后慊于内。”

111. 憺:安然——震动

憺,《说文·心部》:“憺,安也。”《广韵·敢韵》:“憺,安缓。”憺之本义为安然。《九歌·东君》:“羌声色兮娱人,观者憺兮忘归。”王逸注:“憺,安也。”《淮南子·俶真训》:“蜂虿螫指,而神不能憺;蚊虻噆肤,而知不能平。”高诱注:“憺,定也。”谢灵运《石壁精舍还湖中作》:“清晖能娱人,游子憺忘归。”

震动。《集韵·阚韵》：“憺，动也。”《灵枢经·四时气》：“心中憺憺，恐人将捕之。”《汉书·李广传》：“是以名声暴于夷貉，威棱憺乎邻国。”颜师古注引苏林曰：“陈留人语恐言憺之。江淹《齐太祖诔》：“声棱绝俗，威憺殊邻。”《新唐书·吐蕃传》：“夫四镇无守，胡兵必临西域，西域震则威憺南羌，南羌连衡，河西必危。”

112. 祝：祝祷——诅咒

祝，《说文·示部》：“祝，祭主赞词者。”祝的本义为祭祀时司祭礼的人，即男巫。

祝，zhòu，祝祷。《玉篇·示部》：“祝，祭词也。”《海篇直音·示部》：“祝，飨神之词也。”

《公羊传·襄公二十九年》：“诸为君者皆轻死为勇，饮食必祝曰：‘天苟有吴国，尚速有悔于予身。’”何休注：“祝，因祭祝也。”《韩诗外传》：“茅父之为医也，以莞为席，以刍为狗，北面而祝之。”段成式《酉阳杂俎续集·支动》：“卜者视卦，曰：‘甚异，吾未能了，可重祝。’祝毕，拂龟改灼。”

祝，zhoù，诅咒。唐玄应《一切经音义》：“祝，《说文》作詶。詶，诅也，今作咒。”《集韵·宥韵》：“祝，诅也。”《诗经·大雅·荡》：“侯作侯祝，靡届靡究。”毛传：“作、祝，诅也。”郑玄笺：“王与群臣乖争而相疑，日祝诅求其凶咎无极已。”《尚书·无逸》：“否则厥口诅祝。”《论衡·言毒》：“南郡极热之地，其人祝树树枯，唾鸟鸟坠。”

113. 瞀：迷惑——目光明净貌

瞀，yíng，迷惑。《说文·目部》：“瞀，惑也。”《淮南子·原道》：“眭然能视，瞀然能听。”唐才常《辨惑》：“瞀于目，炫于脑。”

瞀，yǐng，目光明净貌。《集韵·耕韵》：“瞀，目净貌。”《云笈七签》卷六十一：“漱咽津液，瞀目左右。”

114. 瞬：眨眼——注视

瞬，《广韵·稕韵》：“瞬，瞬目自动也。”瞬之本义为眨眠。《列子·汤问》：“尔先学不瞬，而后可言射矣。”王通《中说·魏相》：“关吏仇璋止之曰：‘先济者为谁，吾视其……目灿如也，澈而不瞬。’”蒲松龄《聊斋志异·猪嘴道人》：“巇望见，兀兀如痴，寄目不暂瞬。”

注视。王建《泛水曲》:“阅芳无留瞬,弄桂不停柯。”蒲松龄《聊斋志异·婴宁》:“生无语,目注婴宁,不遑他瞬。”

115. 矐:使目失明——目开

矐,《集韵·铎韵》:“矐,失明也。”《字汇·目部》:“矐,害目失明也。”《史记·刺客列传》:“秦皇帝惜其善击筑,重赦之,乃矐其目。”司马贞索隐:“说者云以马屎熏令失明。”钱谦益《矐目篇赠华征君仲通》:“仲通居蒙瞽之世,以有目取憎,天之矐其目也,所以全仲通也。”

目开。《广韵·铎韵》:“矐,目开。”

116. 矕:目美貌——目生翳

矕,《说文·目部》:“矕,目矕矕也。”桂馥义证:“目矕矕也者,《广韵》矕,视貌。”矕之本义为视貌。

目美貌。《集韵·潸韵》:“矕,目美貌。”《类篇·目部》:“矕,美貌。”

目生翳。清桂馥《说文解字义证·目部》:“矕,馥案:目生翳亦曰矕。”

117. 申:伸展——约束

伸展。《广雅·释诂四》:“申,伸也。”《庄子·刻意》:“熊经鸟申,为寿而已矣。”成玄英疏:“如熊攀树而自经,类鸟飞空而伸脚,斯皆导引神气,以养形魂,延年之道,驻形之术。”《晏子春秋·杂上》:“士者诎乎不知己,而申乎知己。”吴则虞集释:“曹植《赠徐干诗》注引‘申’作‘伸’。”桓宽《盐铁论·利议》:“乃安得鼓口舌,申颜眉,预前论议,是非国家之事也?”曹植《洛神赋》:“收和颜而静志兮,申礼防以自持。”李善注:“申,展也。”

约束。《说文·申部》:“申,神也。七月阴气成,体自约束。”王筠句读:“申束者,拏敛之意,汉人相传之故训也。”《说文·手部》:“拏,束也。”《孟子·梁惠王》:“谨庠序之教,申以孝悌之义。”俞樾平议:“申乃约束之义……谓以孝悌约束之也。”《淮南子·道应训》:“墨者有田鸠者,欲见秦惠王,约车申辕,留于秦,周年不得见。”高诱注:“申,束也。”《汉书·文帝纪》:“上亲劳军,勒兵,申教令,赐吏卒。”颜师古注:“申谓约束之。”

118. 矢:正直——乖戾

矢,《说文·矢部》:“矢,弓弩矢也。”《方言》卷九:“箭,自关而东谓之矢。”矢之本义为箭。

正直。《广雅·释诂》:“矢,正也。”王念孙疏证:“矢者,其中正也。”《尚书·盘庚上》:“盘庚迁于殷,民不适有居。籲众戚,出矢言。”孔传:“出正直之言。”《诗经·小雅·大东》:“周道如砥,其直如矢。”朱熹集传:“矢,言直也。”《法言·五百》:“圣人矢口而成言,肆笔而成书。”李轨注:“矢,正也。”

乖戾。《逸周书·世俘》:“朝至接于商,则咸刘商王纣,执矢恶臣百人。”朱右曾校释:“矢如‘杀生相矢’之矢,乖也。矢恶臣,蜚廉、恶来之辈。”扬雄《太玄·戾》:“杀生相矢,中和其道。”范望注:“矢,乖也。射兕东南,而矢西北,故相乖也。”

119. 禀:赐与——领受

禀,bǐng,《说文·亩部》:“禀,赐穀也。”段玉裁注:“凡赐穀曰禀,受赐亦曰禀。”《广韵·寝韵》:“禀,供穀。”禀,古指官府赐人以谷。

赐予。《广雅·释诂》:“禀,予也。”《广韵·寝韵》:“禀,与也。”《汉书·礼乐志》:“人函天地阴阳之气,有喜怒哀乐之情,天禀其性而不能节也,圣人能为之节,而不能绝也。”颜师古注:“禀,谓给授也。”沈约《郊居赋》:“授冥符于井翼,实灵命之所禀。”刘斧《青锁高议·刘辉》:“人之才乃天相禀,不能勉强。”

领受。《集韵·沁韵》:“禀,受也。”《尚书·说命》:“臣下罔攸禀令。”孔传:“禀,受也。”《后汉书·郑玄传论》:“而守文之徒,滞固所禀,异端纷纭,互相诡激。”《新唐书·萧瑀传》:“人禀天地而生而谓之命,至吉凶祸福则系诸人。”《西游记》附录:“人生于天地之间,禀阴阳而资五行。”

120. 痛:恨——怜爱

痛,《说文·疒部》:“痛,病也。”桂馥义证:“病也者,张揖《杂字》:痛,痒疼也。《释名》:‘痛,通也,通在肤脈中也。’”《篇海类编·人事类·疒部》:“痛,疼也。”可知痛之本义为疼痛。

恨。《左传·昭公二十年》:“其适遇淫君,外内颇邪……神怒民痛,无悛于心。”王符《潜夫论·忠贵》:“当吕氏之贵也……海内怨痛,人欲其亡。”刘威《三闾大夫》:“三闾一去湘山老,烟火悠悠痛古今。”

怜爱。孟郊《古兴》:“痛玉不痛身,抱璞求所归。”蒲松龄《聊斋志异·胭脂》:“堂下相遇,靦然含涕,似有痛惜之词而未可言也。”

121. 瘥：病愈——病

瘥，chài，《说文・疒部》："瘥，瘉也。"徐锴系传："今人病差字。"徐灏笺注："犹言痼疾若失也，又言病去体也。"《玉篇・疒部》："瘥，疾愈也。"瘥有病愈义。《国语・周语下》："无夭昏札瘥之忧。"《百喻经・倒灌喻》："医言当须倒灌乃可瘥耳。"郦道元《水经注・沔水一》："泉源沸涌，冬夏汤汤，望之则白气浩然，言能瘥百病。"

瘥，cuó，《尔雅・释诂上》："瘥，病也。"王筠《说文句读・疒部》："瘥、瘉皆谓瘳，又皆谓病。"《篇海类编・人事类・疒部》："瘥，疫病。"瘥有疾病义。《诗经・小雅・节南山》："天方荐瘥，丧乱弘多。"郑玄笺："天气方今又重以疫病。"皮日休《三羞》："岁虽有札瘥，庖不废晨炊。"陈敷《农书・祈报》："物无夭阏疵疠，民无札瘥灾害者，莫不由神降其福以相之而然也。"

122. 瘵：疾病减轻——衰老

瘵，《说文・疒部》："瘵，减也。"徐锴系传："病将愈也。"段玉裁注："减，亦谓病减于常也。"朱骏声通训定声："本训为病减，转注为凡减损消退之称，经传皆以衰为之。"瘵的本义为疾病减轻。

衰老。《说文・疒部》："瘵，耗也。"王筠系传校录："耗当做秏。"王筠释例："秏即耄字，是瘵又为衰老之衰。"玄应《一切经音义》卷一："《礼记》：'年五十始瘵。'瘵，解也，今皆作衰。"李慈铭《越中三子传》："予长王子二岁，而与陈子同岁生，皆积瘁早瘵，有忧生之嗟。"

123. 瘱：明白——隐匿

瘱，《说文・疒部》："瘱，静也。"《字汇・疒部》："瘱，安也。"瘱的本义为安静。

明白。《方言》卷六："瘱，諯，审也。齐、楚曰瘱，秦晋曰諯。"《逸周书・文酌》："二御：一树惠不瘱，二既用兹忧。"朱右曾校释："瘱，审也。树惠于人而不审其邪正。"

隐匿。《集韵・霁韵》："瘱，匿也。"《字汇・疒部》："瘱，密也。"

124. 瘳：病愈——损失

瘳，《说文・疒部》："瘳，疾瘉也。"徐锴系传："忽愈若抽去之也。"瘳之本义为病愈。《尚书・说命上》："若药弗瞑眩，厥疾弗瘳。"《诗经・郑风・风雨》："既见君子，云胡不瘳。”朱熹注：“瘳，病瘉也。”韩愈《赴江陵途中寄三学士》：“疠疫忽潜遘，十家无一瘳。”沈复《浮生六记》：“接芸书曰：‘病体全瘳。’”

损失。《国语·晋语二》：“君不度而贺大国之袭，于已也何瘳?”韦昭注：“瘳，犹损也。言君不揆度神意，而今贺之，何损于祸?”龚自珍《同年冯文江索诗赠行》：“走万里路汔小休，闭门风雨百感瘳。”

125. 窜：隐藏——放逐

窜，《尔雅·释诂》：“窜，微也。”郭璞注：“微谓逃藏也。”《左传·定公四年》：“天诱其衷，致罚于楚，而君又窜之。”杜预注：“窜，匿也。”陆机《挽歌》：“重阜何崔嵬，玄庐窜其间。”《新唐书·王播传》：“播悉置格律坐隅，商处重轻，剖决如流，吏不能窜其私。”

放逐。《玉篇·穴部》：“窜，放也。”《字汇·穴部》：“窜，驱逐也。”《尚书·舜典》：“流共工于幽州，放驩兜于崇山，窜三苗于三危，殛鲧于羽山，四罪而天下咸服。”孔颖达疏：“窜者，投弃之名。”《新唐书·韦安石传》：“昔张说被窜，匿陈氏以免。”北宋苏舜钦《韩公行状》：“狱成，杖伍伯及同奸，窜海岛。”

126. 矜：谨慎——自负

矜，《集韵·蒸韵》：“伶，慎也。通作矜。”矜有谨慎义。《尚书·旅獒》：“不矜细行，终累大德。”林之奇集解：“夫苟以细行为无益于德而弗谨之，则日积一日，其为大德之累也必矣。”《大戴礼记·小辨》：“大夫学德别义，矜行以事君。”卢辩注：“矜，犹慎也。”《新唐书·李宪传》：“长喜儒，以礼法自矜制。”

自负。《正字通·矛部》：“矜，骄矜自负貌。”矜亦有自负义。《尚书·大禹谟》：“汝惟不矜，天下莫与汝争能；汝惟不伐，天下莫与汝争功。”孔传：“自贤曰矜，自功曰伐。”孔颖达疏：“矜与伐俱是夸义。”《管子·宙合》：“功大而不伐，业明而不矜。”《公羊传·僖公九年》：“矜之者何？犹曰莫我若也。”柳宗元《敌戒》：“惩病克寿，矜庄死暴。”

127. 考：延长——终

考，《说文·老部》：“考，老也。”段玉裁注：“凡言寿考者，此字之本义也。”考之本义为高寿。

延长。《方言》卷十二：“考，引也。”戴震疏证：“《玉篇》云：‘考，寿考，延年也。’《广韵》：‘考，引也。’义本此。”《诗经·大雅·棫朴》：“周王寿考，遐不作人。”郑玄笺：“文王是时九十余矣，故云寿考。”《后汉书·东夷传·倭》：“人性嗜酒，多寿考，至百余岁者甚众。”寿考，为年岁高之义，有延年的义素，此间的“考”有延长义。

终。刘向《九叹·怨思》：“身憔悴而考旦兮，日黄昏而长悲。”王逸注：“考，犹终也。从夜终明，不能寝寐。”

128. 临：守卫——进攻

临，《说文·卧部》：“临，监临也。”段玉裁注本作：“临，监也。”《尔雅·释诂下》：“临，视也。”郭璞注：“谓视察也。”临的本义为察视，居上视下。

守卫。《战国策·西周策》：“君临函谷而无攻。”高诱注：“临，犹守也。”《隋书·李密传》：“据险临之，故当必克。”陆游《关山月》：“和戎诏下十五年，将军不战空临边。”

进攻。《战国策·西周策》：“楚请道于二周之间，以临韩魏，周君患之。”姚宏注：“临，犹伐也。”《史记·赵世家》：“从常山上临代，代可取也。”刘义庆《世说新语·文学》：“诱之狭室中，临以白刃。”

129. 要：邀请——拦阻

要，《说文·臼部》：“要，身中也。象人要自臼之形。”段玉裁注：“上象人首，下象人足，中象人足，而自臼持之。”要为“腰”的本字。

邀请。《玉篇·臼部》：“要，今为要约字。”《诗经·鄘风·桑中》：“期我乎桑中，要我乎上宫。”《史记·项羽本纪》：“张良出，要项伯，项伯即入见沛公。”陶潜《桃花源记》：“便要还家，设酒杀鸡作食。”

拦阻。《孟子·公孙丑》：“使数人要于路。”《史记·刺客列传》：“且前日要政，政徒以老母。”《淮南子·原道训》：“射者扜乌号之弓，弯綦卫之箭，重之羿、逢蒙子之巧，以要飞鸟，犹不能与罗者竞多。”

130. 致：送去——招引

致，《说文·夂部》：“致，送诣也。”致的本义为送去。《周易·象下传》：“君子以致命遂志。”《仪礼·曾子问》：“殷人既葬而致事。”《汉书·终军传》：“军自请，愿受长缨，必羁南越王而致之阙下。”李石《续博物志》：“秦二十一年，铸金狄十二……魏黄初元年，徙长安。铜狄重，不可致。或言金狄泣，因留霸城南。”

招引。段玉裁《说文解字注·夂部》：“致，引申为招致之致。”《易·需》：“九三，需于泥，致寇至。”王弼注：“招寇而致敌也。”《史记·魏公子列传》：“致食客三千人。”《汉书·公孙弘传》：“致利除害，兼爱无私，谓之仁。”颜师古注：“致，谓引而至也。”《三国志·蜀志·诸葛亮传》：“庶曰：‘此人可就见，不可屈致也。’”

131. 虔：劫掠——恭敬而有诚意

虔，《说文·虍部》：“虔，虎行貌。”虔的本义为“虎行貌”。

劫掠。《尚书·吕刑》：“罔不寇贼，鸱义奸宄，夺攘矫虔。”孙星衍疏引韦昭曰：“诈称为矫，强取为虔。”《汉书·武帝纪》：“将百姓所安殊路，而矫虔吏因乘势以侵蒸庶邪？”

恭敬而有诚意。《尔雅·释诂上》：“虔，固也。”郝懿行义疏：“虔者，敬之固也。”《左传·成公十六年》：“虔卜于先君也。”杜预注：“虔，敬也。”《文选·张衡〈西京赋〉》：“岂伊不虔思于天衢。”薛综注：“虔，敬也。”韩愈《送郑尚书序》：“适位执爵皆兴拜，不许乃止，虔若小侯之事大国。”

132. 虞：戒备——候望

虞，《尔雅·释言》：“虞，度也。”《尚书·大禹谟》：“儆戒无虞，罔失法度。”孔传：“虞，度也。”虞之本义为猜度。

戒备。《孙子·谋攻》：“以虞待不虞者，胜。”李筌、杜牧注：“有备预也。”《国语·晋语四》：“过卫，卫文公有邢、翟之虞，不能礼焉。”韦昭注：“虞，备也。”白居易《草堂记》：“敞南甍，纳阳日，虞祁寒也。”叶适《叶岭书房记》：“募兵急备守，补楼船器甲之坏，以虞寇至。”

候望。《方言》卷十二：“虞，望也。”王引之《经义述闻·左传上》：“家大人曰：《方言》曰：‘虞，望也。’言日望四邑之至也。”《左传·桓公十一年》：“且日虞四邑之至也。”《左传·昭公六年》：“始吾有虞于子，今则矣已。”

133. 置：赦免——确立

置，《说文·网部》：“置，赦也。”置有赦免义。徐锴系传：“从直与罷同意，置之则去之也。”《诗经·魏风·伐檀》：“坎坎伐檀兮，寘之河之干兮。”毛传：“寘，置也。”韩愈《河南府法曹参军卢府君夫人苗氏墓志铭》：“嗟咨夫人，孰与为俦？刻铭置墓，以赞硕休。”黄宗羲《前乡进士泽望黄君圹墓志铭》：“又三年丙子，干所刘公以第一置之。明年岁试复第一。”

确立。《广雅·释诂》：“置，立也。”《集韵·置韵》：“置，树也。”《周礼·考工记·庐人》:"凡试庐事,置而摇之,以眡其蜎矣。"贾公彦疏:"置而摇之,谓竖之于地上,以手摇之。"《逸周书·官人解》:"营之以物而不误,犯之以卒而不惧,置义而不可迁,临之货色而不过,曰果敢者也。"

134. 举:没收——借贷,推荐——检举

举,《说文·手部》:"举,对举也。"段玉裁注:"对举,谓以两手举之。"《广韵·语韵》:"举,擎也。"举之本义为双手向上举物。

没收。《周礼·地官·司关》:"凡货不出于关者,举其货,罚其人。"郑玄注:"不出于关,谓从私道出辟税者,则没其财而挞其人。"又《司门》:"凡财物犯禁者,举之。"郑玄注:"犯禁为商所不资者,举之没入官。"

借贷。曾慥《类说》:"每乡人举债,必收利数倍。"顾炎武《答再从兄书》:"孰使我倍息而举,半价而卖,转盼萧然,伍子吹篪,王孙乞食者乎?"现代汉语有"举债"一词,即为借贷。

推荐。《论语·卫灵公》:"君子不以言举人,不以人废言。"《左传·襄公三年》:"建一官而三物成,能举善也。"《孟子·告子》:"传说举于版筑之间,胶鬲举于鱼盐之中。"此中举皆为"推荐"义。

检举。《荀子·不苟》:"正义直指,举人之过,非毁疵也。"《史记·秦始皇本纪》:"有敢偶语《诗》《书》者,弃市;以古非今者,族;吏见知不举者,与同罪。"袁宏《后汉纪·桓帝纪》:"滂举刺史二千石二十余人罪恶者皆权豪之党也。"

135. 臭:香气——秽恶难闻的气味

臭,xiù,《说文·犬部》:"禽走臭而知其迹也。"朱骏声《说文通训定声》:"人通于鼻者谓之臭。臭者,气也。"《集韵·宥韵》:"臭,逐气也。"臭指用鼻子辨别气味,后引申为气味的总称。《玉篇·犬部》:"臭,香臭揔称也。"《诗经·大雅·文王》:"上天之载,无声无臭。"郑玄笺:"耳不闻声音,鼻不闻香臭。"

香气,xiù。《易经·系辞上》:"同心之言,其臭如兰。"孔颖达疏:"言二人同齐其心,吐发言语,氤氳臭气,香馥如兰也。"《孟子·尽心下》:"口之于味也,目之于色也,耳之于声也,鼻之于臭也,四肢之于安佚也。"赵岐注:"鼻之喜芬香。臭,香也。"宋濂《送东阳马生序》:"左佩刀,右备容臭,烨然若神人。"

秽恶难闻的气味,chòu。《玉篇·自部》:"臭,恶气息。"《左传·僖公四年》:"一薰一莸,十年尚犹有臭。"桓宽《盐铁论·论灾》:"故不知味者,以芬香为臭。"

《孔子家语·六本》：“与不善人居，如入鲍鱼之肆，久而不闻其臭。”

136. 裒：聚集——减去

裒，《尔雅·释诂上》：“裒，聚也。”裒的本义为聚集。《诗经·小雅·常棣》：“原隰裒矣，兄弟求矣。”毛传：“裒，聚也。”《新唐书·李正己传附李师道》：“师道谋裒兵守境。”《明史·夏万亨传》：“建昌人哀其忠，裒而瘗之，表曰‘六君子之墓’。”

减去。《小尔雅·广诂》：“裒，略也。”《玉篇·衣部》：“裒，减也。”《易经·谦卦》：“君子以裒多益寡，称物平施。”《汉书·食货志》：“〈易〉称裒多益寡。”颜师古注：“裒，取也。”袁淑《与刘湝书》：“况密迩旬次，何其裒益之亟也。”

137. 肆：迅速——延缓

迅速。《小尔雅·广诂》：“肆，疾也。”《诗经·大雅·大明》：“肆伐大商，会朝清明。”毛传：“肆，疾也。”孔颖达疏：“《左传》云：轻者肆焉。是肆为疾之义，故以肆为疾。”扬雄《甘泉赋》：“回猋肆其砀骇兮，翍桂椒而鬱栘杨。”

延缓。《玉篇·长部》：“肆，缓也。”《尚书·舜典》：“眚灾肆赦，怙终贼刑。”孔传：“肆，缓。”《春秋·庄公二十二年》：“春王正月，肆大眚。”桓宽《盐铁论·取下》：“乐岁不盗，年饥则肆。”《淮南子·精神训》：“故纵体肆意，而度制可以为天下仪。”高诱注：“肆，缓也。”

138. 芒：光芒——昏暗

芒，《尔雅·释草》：“莣，杜荣。”陆德明释文：“莣，字亦作芒。”芒是一种多年生草本植物，俗名“芭茅”，叶片条形，边缘有细齿。《说文·艸部》：“芒，艸耑。”《玉篇·艸部》：“芒，稻麦芒也。”后泛指谷类种子壳上或草木上的细刺。段玉裁《说文解字注·艸部》：“芒，《说文》无鋩字，此即锋鋩字也。”可知“芒”又指刀剑的锋芒。

光芒。《晏子春秋·谏上》：“列舍无次，变星有芒。”张衡《思玄赋》：“扬芒熛而降天兮，水泫沄而涌涛。”李善注：“芒，光芒也。”薛福成《庸盦笔记·史料·星变奇验》：“咸丰八年九月，彗星出西北，其芒埽三台。”

昏暗。《方言》：“芒，灭也。”戴震疏证：“芒又同亡。《广韵》：‘亡，灭也。’”可知“芒”有“灭”义，后引申为“昏暗”义，字后作“茫”。《庄子·盗跖》：“目芒然无见，色若死灰。”《管子·七臣七主》：“芒主目伸五色，耳常五声。”《庄子·齐物论》：“人之生也，固若是芒乎？”成玄英疏：“芒，闇昧也。”阮籍《咏怀》：“世有此聋瞶，芒芒将焉如?”

139. 萌：萌发——锄去

萌，《说文 · 艸部》：“萌，艸芽也。”《玉篇 · 艸部》：“萌，《说文》曰：草木芽也。”萌的本义是植物的芽。

萌发。《礼记 · 月令》：“天地和同，草木萌动。”《孟子 · 告子》：“是其日夜之所息，雨露之所润，非无萌蘖之生焉。”王逸《九思 · 伤时》：“风习习兮龢暖，百草萌兮华荣。”刘基《悦茂堂诗序》：“于是乎春而萌，夏而叶，秋而华。”

锄去。《周礼 · 秋官 · 薙氏》：“掌杀草，春始生而萌之。”郑玄注：“谓萌之者，以兹其斫其生者。”孔颖达疏：“汉时兹其，即今之锄也。”

140. 荡：震动——平坦

震动。《礼记 · 乐记》：“地气上齐，天气下降，阴阳相摩，天地相荡。”郑玄注：“荡，犹动也。”《庄子 · 庚桑楚》：“此四六者不荡，胸中则正。”韩愈《送孟东野序》：“水之无声，风荡之鸣。”姜夔《扬州慢》：“波心荡，冷月无声。”王夫之《示侄我文》：“空花夺目，惊波荡魄。”

平坦。《诗经 · 齐风 · 南山》：“鲁道有荡，齐子由归。”毛传：“荡，平易也。”现代汉语有“坦荡”一词。

141. 薄：草木密集丛生处——轻微

薄，《说文 · 艸部》：“薄，林薄也。”段玉裁注：“《吴都赋》：‘倾薮薄。’刘注曰：‘薄，不入之丛也。’按：林木相迫不可入曰薄。”薄的本义为草木密集丛生处。《汉书 · 扬雄传》：“列新雉于林薄。”《淮南子 · 原道训》：“隐于榛薄之中。”又《淮南子 · 俶真训》：“鸟飞千仞之上，兽走丛薄之中。”高诱注：“聚木曰丛，深草曰薄。”屈原《涉江》：“露申辛夷，死林薄兮。”

轻微。《易经 · 系辞上》：“夫茅之为物薄，而用可重也。”谢灵运《拟魏太子〈邺中集〉诗 · 徐干》：“末涂幸休明，栖集建薄质。”李周翰注：“言临幸太子休明，延及我薄陋之质，以同栖集。”《新唐书 · 韩滉传》：“滉虽宰相子，性节俭，衣裘茵衽，十年一易。甚暑不执扇，居处陋薄，取庇风雨。”

142. 藐：幼小——广阔

幼小。《广雅 · 释诂二》：“藐，小也。”汉扬雄《太玄 · 失》：“藐德灵征失。”范望注：“藐，小貌。”潘岳《寡妇赋》序：“少丧父母，适人而所天又殒，孤女藐焉始孩。”

广阔。《方言》卷十三：“藐，广也。”《九章·悲回风》：“藐蔓蔓之不可量兮，缥緜緜之不可纡。”王逸注：“一作‘邈漫漫’。”洪兴祖补注：“藐，远也。”《汉书·韦贤传》：“既藐下臣，追欲从逸。”颜师古注：“应劭曰：‘藐，远也。’藐与邈同。应说是也。”

143. 翫：戏狎——观赏

翫，《说文·習部》：“翫，习猒也。”段玉裁注：“猒，饱也。”王筠句读：“猒，饱也，谓习之而至于猒足也。”翫的本义为相习已久而生懈怠。

戏狎。《左传·昭公二十年》：“夫火烈，民望而畏之，故鲜死焉；水懦弱，民狎而翫之，则多死焉。”《荀子·礼论》：“尒则翫，翫则厌，厌则忘。”杨倞注：“翫，戏狎也。”《北史·魏收传》：“邪输者，故尚书令陈留公继伯之子，愚痴有名，好自入市肆，高价买物，商贾共所嗤翫。”

观赏。张衡《东京赋》：“是以西匠莹宫，目翫阿房。”张华《答何邵》：“属耳听莺鸣，流目翫儵鱼。”薛用弱《集异记·徐佐卿》：“既入此堂，忽睹挂箭，则命侍臣取而翫之，盖御箭也，深异之。”《清平山堂话本·西湖三塔记》：“今日说一个后生，只因清明，都来西湖上闲翫，惹出一场事来。”

144. 纠：收聚——检举

纠，《说文·丩部》：“纠，绳三合也。”王筠句读：“《字林》：‘纠，二合绳；纆，三合绳。’《汉书音义》：‘二股谓之纠，三股谓之纆。’”可知纠的本义为绞合的绳索。

收聚。《玉篇·丩部》：“纠，收也。”《左传·僖公二十四年》：“召穆公思周德之不类，故纠合宗族于成周而作诗。”《后汉书·隗嚣传》：“隗嚣援旗纠族，假制明神。”袁枚《随园诗话》：“京师伶人许云亭名冠一时，群翰林慕之，纠金演剧。”

检举。《玉篇·丩部》：“纠，督也。”又：“纠，举也。”又《糸部》：“纠，告也。”《尚书·冏命》：“绳愆纠谬，格其非心。”孔颖达疏：“绳谓弹正，纠谓发举。有愆则弹正之，有错谬则发举之。”《后汉书·蔡茂传》：“会洛阳令董宣举纠湖阳公主，帝始怒收宣，既而赦之。”刘献廷《广阳杂记》：“棠在朝曾特疏纠三桂，故欲得而甘心焉。”

纠之本义为绳索绞合，引申为收聚，再由收聚义引申为督查义，再次引申为检举义。

145. 纳：收藏——缴纳

收藏。《玉篇·糸部》："纳，内也。"《诗经·豳风·七月》："九月筑场圃，十月纳禾稼。"郑玄笺："纳，内也。"《尚书·金縢》："公归，乃纳册于金縢之匮中。"孔颖达疏："故藏于金縢之匮中。"曾巩《戚元鲁墓志铭》："生既不得就其志，死又无以传其绪。曷以告哀？纳铭于墓。"

缴纳。《尚书·禹贡》："百里赋纳总，二百里纳铚。"《国语·晋语九》："雍子纳其女于叔鱼以求直。"《周礼·地官·泉府》："岁终则会其出入，而纳其余。"

146. 细：细微——繁重

细，《说文·糸部》："细，微也。"朱骏声通训定声："细者，丝之微也。"细的本义为微小的丝。

细微。《广雅·释诂三》："细，小也。"《礼记·檀弓》："细人之爱人也以姑息。"《墨子·天志中》："此吾所谓君子明细而不明大也。"《左传·襄公四年》："吾子舍其大而重拜其细，敢问何礼也？"吴均《与朱元思书》："游鱼细石，直视无碍。"

繁重。《左传·襄公二十九年》："其细已甚，民弗堪也。"杜预注："讥其烦碎，知不能久。"《晋书·刑法志》："庾冰好为纠察，近于繁细。"裴守真《请重耕织表》："烦徭细役，并出其中。"因琐碎不堪而繁重，"细"由微小义引申出琐碎义，进而又引申为繁重义。

147. 绪：头绪——剩余

绪，《说文·糸部》："绪，丝耑也。"段玉裁注："抽丝者得绪而可引。"绪的本义为丝头。

头绪。《淮南子·精神训》："反覆终始，不知其端绪。"江淹《杂体诗·效谢混〈游览〉》："卷舒虽万绪，动复归有静。"《新唐书·苏颋传》："玄宗平内难，书诏填委，独颋在太极后合，口所占授，功状百绪，轻重无所差。"

剩余。玄应《一切经音义》："由绪，《广雅》：绪，余也。谓残余也。"《庄子·山木》："食不敢先尝，必取其绪。"郭庆藩集释引王念孙曰："绪者余也。言食不敢先尝而但取其余也。"《九章·涉江》："乘鄂渚而反顾兮，欸秋冬之绪风。"王逸注："绪，余也。"王安石《平甫归饮》："绪余不及客，儿女聊相酢。"

148. 维：纲要——角落

维，《说文·系部》：“维，车盖维也。”桂馥义证：“维谓系盖之绳也。”《玉篇·糸部》：“维，紘也。”维的本义为系物的大绳。

纲要。《管子·牧民》：“国有四维……一曰礼，二曰义，三曰廉，四曰耻。”《史记·淮阴侯列传》：“秦之纲绝而维弛，山东大扰，异姓并起，英俊乌集。”颜之推《颜氏家训·慕贤》：“张延隽之为晋州行台左丞，匡维主将，镇抚疆埸，储积器用，爱活黎民，隐若敌国矣。”

角落。《广雅·释言》：“维，隅也。”《素问·气交变大论》：“土不及四维。”王冰注：“维，隅也。”《淮南子·天文训》：“东北为报德之维也。”高诱注：“四角为维也。”潘勖《册魏公九锡文》：“君龙骧虎视，旁眺八维，掩讨逆节，折冲四海。”

149. 䜌：乱——治

䜌，《说文·言部》：“䜌，乱也。一曰治也。”林义光《文源》：“不治之乱，古以䜌为之。”

乱。《说文·言部》：“䜌，乱也。”

治。《说文·言部》：“䜌，治也。”《玉篇·言部》：“䜌，理也。”

150. 趱：惊散貌——积蓄

趱，《广雅·释言》：“趱，虘也。”王念孙疏证：“惊散之貌也。”趱的本义为惊散貌。

积蓄。《朱子语类》卷七十一：“上面趱得一分，下面便生一分。”无名氏《满庭芳》曲：“趱下百十笼轻罗异锦，藏下五七箱美玉良金。”《醒世恒言·卖油郎独占花魁》：“几年上偷银子做私房，身边积趱有余了。”趱同攒。

151. 辍：车队行列间断又连接起来——停止

辍，《说文·车部》：“辍，车小缺复合者。”段玉裁注：“此与《辵部》之‘连’成反对之义。”徐灏笺注：“言行断而复续也。”辍的本义为车队行列间断又连接起来。

停止。《尔雅·释诂下》：“辍，已也。”《玉篇·车部》：“辍，止也。”《增韵·屑韵》：“辍，歇也。”徐灏《说文解字注笺·车部》：“辍，引申为凡暂止之称。”《论语·微子》：“耰而不辍。”何晏集解引郑玄曰：“辍，止也。”《太平广记》引唐薛用弱《集异记·奚乐山》：“乐山乃闭户屏人，丁丁不辍。”

152. 酤：买酒——卖酒

酤，《说文·酉部》："酤，一宿酒也。"徐锴传："谓造之一夜而熟，若今鸡鸣酒也。"酤之本义为一夜酿成的酒。

买酒。《说文·酉部》："酤，买酒也。"《诗经·商颂·烈祖》："既载清酤。"毛传："酤，酒。"《史记·高祖本纪》："高祖每酤留饮，酒雠数倍。"谢灵运《拟魏太子〈邺中集诗·阮瑀〉》："倾酤系芳醑，酌言岂终始。"

卖酒。《玉篇·酉部》："酤，卖酒也。"《广雅·释诂三》："酤，卖也。"《墨子·迎敌祠》："举屠酤者，置厨给事，弟之。"孙诒让间诂："苏云，酤与沽通，卖酒也。"《史记·吴王濞传》："周丘者，下邳人也，亡命吴，酤酒无行。"《晏子春秋·问上》："宋人有酤酒者，为器甚洁清，置表甚长，而酒酸不售。"

153. 醉：饮酒适量——饮酒过量

饮酒适量。醉，《说文·酉部》："醉，卒也。卒其度量，不致于乱也。"《洪武正韵·队韵》："醉，为酒所酣曰醉。"《尚书·酒诰》："尔乃饮食醉饱。"《诗经·周颂·执竞》："既醉既饱，福禄来反。"郑玄笺："君臣醉饱，礼无违者，以重得福禄也。"诸葛亮《诫子书》："主意未殚，宾有余倦，可以至醉，无致于乱。"

饮酒过量。《说文·酉部》："醉，溃也。"桂馥《说文段注钞案》："溃者乱也。"《诗经·小雅·宾之初筵》："既醉而出，并受其福。"刘伶《酒德颂》："无思无虑，其乐陶陶。兀然而醉，豁尔而醒。"欧阳修《醉翁亭记》："醉能同其乐，醒能述以文者。"

154. 豫：喜欢——厌烦

喜欢。《尔雅·释诂》："豫，乐也。"邢昺疏："豫者，逸乐也。"又《释诂》："豫、宁、绥、康、柔，安也。"邢昺疏："皆安乐也。"玄应《一切经音义》："豫，佚也。"《尚书·金縢》："王有疾，弗豫。"又《豫卦》："豫，悦豫也。"郑玄注："郑注：'豫，喜豫说乐之貌也。'"《孟子·公孙丑》："夫子若有不豫色然。"吴曾《能改斋漫录·神仙鬼怪》："晚年久不豫，渐复康平，御朝。"

厌烦。《尔雅·释诂下》："豫，厌也。"《庄子·应帝王》："无名人曰：'去，汝鄙人也，何问之不豫也！'"王先谦集解引俞樾曰："豫，厌也。此怪天根之多问，犹云何不惮烦也。"《九章·惜诵》："行婞直而不豫兮，鲧功用而不就。"王逸注："豫，厌也。"

155. 货：卖——买

货，《说文·贝部》：“货，财也。”《玉篇·贝部》：“货，金玉曰货。”货的本义为财物、金钱珠玉布帛的总称。

卖。《玉篇·贝部》：“货，卖也。”《后汉书·延笃传》：“时皇子有疾，下郡县出珍药，而大将军梁冀遣客赍书诣京兆，并货牛黄。笃发书收客，曰：‘大将军椒房外家，而皇子有疾，必应陈进医方，岂当使客千里求利乎？’”吴曾《能改斋漫录·神仙鬼怪》：“既锻以火，赴市货之，得上金之价。”蒲松龄《聊斋志异·晚霞》：“端货其珠，有贾胡出赀百万，家由此巨富。”

买。《说郛》引《苇航纪谈》：“公恐其货酒不治药，亲为治之。”《初刻拍案惊奇》卷八：“假意货苎麻，暗藏在捆内，瞒人眼目的。”沈复《浮生六记》：“以家无园圃，不能自植；货于市者，俱丛杂无致。”

156. 贰：增加——离异

贰，《说文·贝部》：“贰，副益也。”段玉裁注：“当云副也；益也。形声包会意。”《玉篇·贝部》：“贰，副也。”贰的本义是副的，居次要地位的。

增加。《广雅·释诂》：“贰，益也。”《周礼·天官·酒正》：“大祭三贰，中祭再贰，小祭一贰。”郑玄注引郑司农曰：“三贰，三益副之也。”林尹注：“副益之也，谓增添使之常满也。”《管子·弟子职》：“左执虚豆，右执挟匕，周还而贰，唯嗛之视。”尹知章注：“贰，谓再益。”

离异。《玉篇·贝部》：“贰，离也。”《国语·晋语四》：“子盍蚤自贰焉。”韦昭注：“贰，犹别也。”《后汉书·光武帝纪》：“自是始贰于更始。”李贤注：“贰，离异也。”朱熹《敬斋箴》：“弗贰以二，弗参以三，惟精惟一，万变是监。”

157. 贾：储货坐卖——买进

贾，《说文·贝部》：“贾，市也。”段玉裁注：“市，买卖所之也。因之，凡买，凡卖皆曰市也。贾者，凡买卖之称也。”《尔雅·释言》：“贾，市也。”贾的本义为做买卖。

储货坐卖。《说文·贝部》：“贾，坐卖售也。”《六书故·动物》：“贾，坐肆居卖之谓贾。”《周礼·地官·司市》：“以商贾阜货而行市。”《左传·成公二年》：“齐高固入晋师，桀石以投人，禽之，而乘其车，系桑本焉。以徇齐垒，曰：‘欲勇者，贾余余勇。’”杜预注：“贾，卖也。言己勇有余，欲卖之。”扬雄《法言·问道》：

“炫玉而贾石者，其狙诈乎？”韩愈《唐故监察御史卫府君墓志铭》：“嗟惟君，笃所信，要无有，弊精神，以弃余，贾于人。”

买。朱骏声《说文通训定声·贝部》：“贾，谓以财致物。”《左传·昭公二十九年》：“平子每岁贾马，具从者之衣履，而归之于干侯。”杜预注：“贾，买也。”《续资治通鉴·宋宁宗嘉定二年》：“禁两淮官吏私贾民田。”

158. 赇：行贿——受贿

赇，《说文·贝部》：“赇，以财务枉法相谢也。”《玉篇·贝部》：“赇，质也，请也。”赇的本义为行贿。《韩非子·八法》：“尊私行以贰主威，行赇纳以疑法。”《汉书·薛宣传》：“宣子况为右曹侍郎，数闻其语，赇客杨明，欲令创咸面目，使不居位。”《明史·胡松传》：“伊王欲拓其洛阳府第，计直十万金，以十二赇严嵩，期必得。”

受贿。段玉裁《说文解字注·贝部》：“赇，法当有罪而以财求免是曰赇，受之者亦曰赇。”《新唐书·苏瑰传》：“韦温始为汴州司仓参军，以赇被杖，及用事，惮瑰正，卒不敢伤。”周密《齐东野语·张定叟失出》：“某非不自明，官闇而吏赇，故冤不得直也。”清王夫之《宋论·神宗》：“赇吏猾胥且乘之以索贿。”

159. 赋：敛取——授予

赋，《说文·贝部》：“赋，敛也。”《急就篇》：“种树收敛赋税租。”颜师古注：“敛财曰赋。”赋的本义为敛取。《尚书·禹贡》：“厥赋惟上上错。”孔传：“赋，谓土地所生以供天子。”《公羊传·哀公十二年》：“讥始用田赋也。”何休注：“赋者，敛取其财物也。”《盐铁论·非鞅》：“是以征敌伐国，攘地斥境，不赋百姓而师以赡。”

授予。《庄子·齐物论》：“狙公赋芧曰：‘朝三而暮四。’众狙皆怒。曰：‘然则朝四而暮三。’众狙皆悦。”《国语·晋语四》：“公属百官，赋职任功。”韦昭注：“赋，授也。授职事，任有功。”《吕氏春秋·分职》：“出高库之兵以赋民。”高诱注：“赋，予也。”曾巩《俸禄策》：“于是出库财以赋吏禄。”

160. 赠：赐予——受赐

赠，jìng，赐予。《玉篇·贝部》：“赚，赐也。”《辨伪录》：“臻首蛾眉终宵私乐，赠他上分之馔，受他罄折之恭。”

赠，qíng，受赐。《广韵·清韵》：“赠，受赐也。”耶律楚材《和韩浩然韵二首》：“一曲南风奏古宫，坐赌神物愧无功。”吕坤《宗约歌·戒隐丁》：“看你积将家业，却有谁赌。”

161. 距：到达——离开

到达。距，《字汇·足部》：“距，至也。”《书·益稷》：“予决九川，距四海，浚畎浍，距川。”毛传：“距，至也。”《史记·苏秦列传》：“渡嘑沱，涉易水，不至四五日而距国都矣。”王禹偁《济州龙泉寺修三门记》：“东距任宿，西接曹卫，北走汶水，南极芒砀。”

离开。《正字通·足部》：“距，违也。”《国语·周语》：“距今九日，土其俱动。”韦昭注：“距，去也。”韩愈《李君墓志铭》：“其年十月戊申，葬河南洛阳县，距其祖渑池令府君侨墓十里。”

162. 路：羸弱——大

路，本义为道路。《说文·足部》：“路，道也。”段玉裁注：“一达谓之道路。此统言也。《周礼》：‘浍上有道，川上有路，此析言也。’《尔雅》《毛传》：‘路，大也。’此引申之义也。”《尔雅·释宫》：“路，旅途也。”郭璞注：“途即道也。”《玉篇·足部》：“路，道路，途也。”《周易·说卦》：“艮为山，为径路。”孔颖达疏：“为径路，取其山虽高，有涧道也。”《周礼·地官》：“百夫有洫，洫上有途，千户有浍，浍上有道，万夫有川，川上有路。”

羸弱。《诗经·大雅·皇矣》：“帝迁明德，串夷载路。”陆德明释文：“路，瘠也。”阮元校勘记：“路、露古同字……凡物之瘠者多露现，故笺云：‘露，瘠也。’”《孟子·滕文公》：“是率天下而路也。”赵岐注：“是率导天下人以羸困之路也。”《管子·四时》：“不知五穀之故，国家乃路。”王念孙《读书杂志》：“路亦与露同，露，败也。”

大。《尔雅·释诂》：“路，大也。”《诗经·大雅·生民》：“实覃实訏，厥声载路。”毛传：“路，大也。”《史记·孝武本纪》：“路弓乘矢，集获檀下。”裴骃集解引韦昭曰：“路，大也。四矢为乘。”曾国藩《复李眉生书》：“高平曰阜，大道曰路，土之高者，曰冢，曰坟，皆实字也。”

163. 跢：跢跦——前往

跢，chí，跢跦也作“踟蹰”，徘徊不进貌。《尔雅·释训》：“蹢躅，跢跦也。”王念孙疏证：“急言之则曰蹢躅，徐言之则曰跢跦。”成公绥《啸赋》：“逍遥携手，跢跦步趾。”李善注：“跢跦与踟蹰古字通。”杨慎《升菴诗话·古今乐录》：“暧暧日欲暝，观骑立跢跦。”

前往，也作“趋”。王鸣盛《蛾术编·说字六》：“从走之字，误而从足者甚多。如趋，正字也，而《周礼》注云：‘故书作跢’。”《周礼·春官·乐师》：“行以肆夏，趋以采荠。”郑玄注：“故书趋作跢。郑司农云：‘跢当作趋，书亦或为趋。’”

164. 蹶：僵仆——疾行

蹶，本义为僵仆，跌倒。《说文·足部》：“蹶，僵也。”《广韵·月韵》：“蹶，失脚。”《篇海类编·身体类·足部》：“蹶，跌也。”《孟子·公孙丑》：“今夫蹶者、趋者，是气也，而反动其心。”朱熹集注：“如人颠踬趋走，则气专在是而反动其心焉。”《吕氏春秋·慎行》：“小人之行，不蹶于山。”桓宽《盐铁论·非鞅》：“善凿者建周而不疲，善基者致高而不蹶。”

疾行。《广韵·月韵》：“蹶，走也。”《国语·越语下》：“臣闻从时者，犹救火、追亡人也，蹶而趋之，唯恐弗及。”韦昭注：“蹶，走也。”潘岳《射雉赋》：“或蹶或啄，时行时止。”李善注引贾逵曰：“蹶，走也。”

165. 踌：犹豫不决——从容自得

犹豫不决。《玉篇·足部》：“踌，踌躇，犹豫也。”《楚辞·九辩》：“事亹亹而觊进兮，蹇淹留而踌躇。”洪兴祖补注：“踌躇，进退貌。”潘岳《笙赋》：“勃慷慨以憀亮，顾踌躇以舒缓。”洪升《长生殿·疑谶》：“看满地斜阳欲暮，到萧条客馆，兀自意踌蹰。”

从容自得。《庄子·外物》：“圣人踌躇以兴事。”成玄英疏：“踌躇，从容也。”又《养生主》：“提刀而立，为之四顾，为之踌躇满志。”郭象注：“逸足容豫自得之谓。”刘禹锡《砥石》：“切劘上下，真质焯见。踌躇四顾，逌尔谢客，微子之贻，几丧吾宝。”

166. 跻：登上——下坠

跻，《说文·足部》：“跻，登也。”《方言》卷一：“跻，登也。东齐海岱之间曰之跻。”《尔雅·释诂下》：“跻，升也。”跻的本义为登上。《易经·震卦》：“跻于九陵，勿逐。”孔颖达疏：“跻于九陵，勿逐，升也。”《诗经·豳风·七月》：“跻彼公堂，称彼兕觥。”曹植《应诏诗》：“西跻关谷，或降或升。”方孝孺《菊趣轩记》：“使数千里之民，乐生循礼，跻乎仁寿之域。”

下坠。《集韵·霁韵》:"跻,坠也。"《尚书·微子》:"今尔无指告予颠跻。"《史记·宋微子世家》:"今女无故告子,颠跻如之何其?"裴骃集解引马融曰:"跻,犹坠也。"

167. 蹑:踩踏——登攀

蹑,《说文·足部》:"蹑,蹈也。"蹑的本义为踩踏。《战国策·秦策》:"康子履魏桓子,蹑其踵。"《淮南子·览冥》:"骋若飞,骛若绝,纵矢蹑风,追猋归忽。"高诱注:"蹑,蹈也。"贾思勰《齐民要术·种瓜》:"又以土一斗,薄散粪上,复以足微蹑之。"

登攀。《方言》卷一:"蹑,登也。自关而西,秦晋之间曰蹑。"《玉篇·足部》:"蹑,登也。"《史记·司马相如列传》:"然后蹑梁父,登泰山,建显号,施尊名。"左思《咏史》:"世胄蹑高位,英俊沉下僚。"梁章钜《浪迹续谈·燕窝》:"以小布囊系猿背上,纵之往,升木蹑崖,尽剥塞贮囊以归。"

168. 部:总领——切分

总领。部,《集韵·姥韵》:"部,总也。"《史记·项羽本纪》:"春,汉王部五诸侯兵,凡五十六万人,东伐楚。"叶梦得《石林燕语》:"太宗北伐,高琼为楼船战棹都指挥使,部船千艘趋雄州。"陶宗仪《辍耕录·朱张》:"以吏部侍郎左迁七资最下一等授之,令部其徒属。"

分。《玉篇·邑部》:"部,分判也。"《集韵·姥韵》:"部,分也。"《素问·阴阳类论》:"帝曰:'三阳为经,二阳为维,一阳为游部。'"王冰注:"部谓身形部分也。"《山海经·西山经》:"是神也,司天之九部及帝之囿时。"郭璞注:"主九域之部界。"《史记·历书》:"至今上即位,招致方士唐都,分其天部。"裴骃集解引《汉书音义》:"谓分部二十八宿为距度。"

169. 辵:步履踌躇——疾走

辵,《说文·辵部》:"辵,乍行乍止貌。"桂馥义证:"乍行乍止也者,犹彳亍也。"王筠句读:"辵与行同意。"辵的本义为步履踌躇。

疾走。《广雅·释宫》:"辵,犇也。"《六书故·人九》:"辵,循道疾行也。"陈善《扪虱新话·荆公字说多用佛经语》:"又如云追所追者,止能追者,辵而从之。"

170. 迓：迎接——溜走

迓，《尔雅·释诂》："迓，迎也。古本皆作讶。"《说文·言部》："讶，迎也。"迓为讶的俗字。迓的本义为迎接。《尚书·盘庚》："予迓续乃命于天。"《左传·成公十三年》："迓晋侯于新楚。"杜预注："迓，迎也。"《宋史·韩世忠传》："于是召梁氏入，封安国夫人，俾迓世忠，速其勤王。"

溜走。董解元《西厢记诸宫调》卷二："何曾敢与他和尚争锋，望着直南下便迓。"凌景埏校注："迓，这里是溜走的意思。"

171. 迕：相逢——违反

相逢。《玉篇·辵部》："迕，遇也。"《古今韵会举要·麌韵》："迕，徐曰：'相逢也。'"《后汉书·陈蕃传》："王甫时出，与蕃相迕。"李贤注："迕，犹遇也。"班固《幽通赋》："上圣迕而后拔兮，虽群黎之所御。"李善注引曹大家曰："迕，触也……皆触艰难，然后自拔。"

违反。《字汇·辵部》："迕，违也，逆也。"《庄子·天道》："倒道而言，迕道而说者，人之所治也，安能治人?"成玄英疏："迕，逆也。"《管子·君臣》："国家有悖逆反迕之行，有土主民者失其纪也。"颜延之《五君咏·嵇中散》："立俗迕流议，寻山洽隐沦。"

172. 迎：迎接——相反

迎，《说文·辵部》："迎，逢也。"段玉裁注："夆，啎也；夆，遇也。其理一也。"迎的本义为相逢。

迎接。《方言》卷一："逢、逆，迎也。自关而东曰逆，自关而西或曰迎，或曰逢。"《礼记·昏义》："冕而亲迎。"《诗经·大雅·大明》："文定厥祥，亲迎于渭。"孔颖达疏："以贤圣宜相配，故备礼而亲迎之。"《孟子·梁惠王》："以万乘之国，伐万乘之国，箪食壶浆，以迎王师。"韩愈《唐故江南西道观察使太原王公神道碑铭》："制使出巡，人填道迎，显公德。"

相反。《墨子·鲁问》："楚人顺流而进，迎流而退，见利而进，见不利则其退难。"《韩非子·外储说右上》："民之从公也，为慎产也。公因而迎杀之，失所以为从公矣。"王先谦集解引孙诒让曰："迎杀者言战为逆而杀之。"

173. 迮：起——阻止

迮，《说文·辵部》："迮，起也。"《玉篇·辵部》："迮，起也。"《集韵·入铎》

“迮”字下引《论语》:“三嗅而迮。”迮的本义为“起”。

阻止。慧琳《一切经音义》引《仓颉篇》:“迮,止也。”《陈书·吴明彻传》:“明彻令军中益脩治攻具,又迮肥水以灌城。”《新唐书·信安王祎传》:“于是分兵迮贼路,督诸将倍道进,遂拔之。”

174. 逆:迎接——反,倒着

逆,《说文·辵部》:“逆,迎也。关东曰逆,关西曰迎。”罗振玉《增订殷墟书契考释》:“(甲骨文)象人自外入,辵以迎之。”《尔雅·释言》:“逆,迎也。”《方言》卷一:“逆,迎也。自关而东曰逆,自关而西或曰迎。”逆的本义为迎接。《尚书·顾命》:“虎贲百人,逆子钊于南门之外。”《左传·成公十四年》:“宣公如齐逆女。”《国语·晋语四》:“乃归女而纳币,且逆之。”韦昭注:“逆,亲迎也。”荀悦《汉纪·景帝纪》:“梁王来朝,上使乘舆驰驷马逆梁王于阙下。”

反,倒着。《孟子·滕文公》:“当尧之时,水逆行,泛滥中国。”郦道元《水经注·江水》:“当崩之日,水逆流百余里,涌起数十丈。”《西京杂记》卷二:“瓠子河决,有蛟龙从九子自决中逆上入河,喷沫流波数十里。”《北史·厍狄干传》:“干不知书,署名为‘干’字,逆上画之。”

175. 逯:行步谨慎——随意行走

逯,《说文·辵部》:“逯,行谨逯逯也。”《广韵·烛韵》:“逯,谨也。”逯之本义为行步谨慎。吴恒炜《〈知新报〉缘起》:“守者逯焉、闵焉,相顾瘆瘆,相望集集,病莫能救也。”

随意行走。《方言》:“逯,行也。”《淮南子·精神训》:“浑然而往,逯然而来。”高诱注:“逯谓无所为忽然往来也。”

176. 遇:投合——抵挡

遇,《说文·辵部》:“遇,逢也。”《尔雅·释诂下》:“遇,见也。”又《释言》:“遇,偶也。”郭璞注:“偶尔相值遇。”遇的本义为相逢,不期而会。

投合。《孟子·公孙丑》:“千里而见王,是予所欲也。不遇故去,岂予所欲哉?”孙奭疏:“不遇于齐王,不得行其道,故去。”《战国策·秦策》:“王何不与寡人遇。”韩愈《送李愿归盘谷序》:“大丈夫不遇于时者之所为也,我则行之。”

抵挡。《商君书·外内》:“以此遇敌,是以百石之弩射飘叶也。”《荀子·大略》:“无用吾之所短,遇人之所长。”杨倞注:“遇,当也。”《战国策·齐策》:“今婴子逐，盼子必用，复整其士卒以与王遇，必不便于王也。”

177. 遻：相遇——抵触

遻，《广韵·铎韵》：“遻，心不欲见而见，曰遻。”《集韵·铎韵》：“遻，《说文》：‘相遇惊也。’隶作遻。”遻的本义为意外相遇，可泛指相遇。《列子·黄帝》：“死生惊惧不入乎其胸，是故遻物而不慑。”张湛注引向秀曰：“遇而不恐也。”班固《幽通赋》：“曰乘高而遻神兮，道遐通而不迷。”李善注引曹大家曰：“遻，遇也。”韩愈《祭河南张署员外文》：“郴山奇变，其水清写，泊砂倚石，有遻无舍。”

抵触。《文选·马融〈长笛赋〉》：“掌距劫遻，又足怪也。”李善注引郭璞《穆天子传》注曰：“遻，触也。”嵇康《琴赋》：“沛腾遻而竞趣，翕韡晔而繁缛。”李善注引郭璞《尔雅》注：“遻，相触遻也。”

178. 遑：空闲——急迫

遑，《玉篇·辵部》：“遑，暇也。”遑有空闲义。《诗经·小雅·四牡》：“王事靡盬，不遑启处。”毛传：“遑，暇。”《新唐书·柳冕传》：“国家自兵兴，不遑议礼，方牧未朝，宴乐久缺。”沈复《浮生六记·坎坷记愁》：“奈友虽关切，现皆闲处，自顾不遑。”

急迫。《说文新附·辵部》：“遑，急也。”《玉篇·辵部》：“遑，急也。”《盐铁论·散不足》：“墨子遑遑，闵世也。”《三国志·吴志·华覈传》：“长吏畏罪，昼夜催民，委舍佃事，遑赴会日，定送到都，或蕰积不用，而徒使百姓消力失时。”《资治通鉴·齐明帝永明十一年》：“上虑朝野忧遑，力疾召乐府奏正声伎。”胡三省注：“遑，急也，遽也。”

179. 遢：稳行貌——急行貌

稳行貌。《玉篇·辵部》：“遢，稳行貌。”《字汇·辵部》：“遢，稳行貌。”

急行貌。《正字通·辵部》：“遢，急行貌。”

180. 適：往，至——归从，归向

适，《说文·辵部》：“适，之也。”段玉裁注：“此不曰往而曰之……往自发动言之，适自所到言之。”《尔雅·释诂上》：“适，往也。”邢昺疏：“谓造于彼也。”郝懿行义疏：“适者，之也；之者，适也。亦互相训其义，又皆为往也。”《篇海类编·人事类·辵部》：“适，至也。”适的本义为往，至。《诗经·魏风·硕鼠》：“逝将去女，适彼乐国。”《楚辞·离骚》：“心犹豫而狐疑兮，欲自适而不可。”王逸注：“适，往也。”苏轼《石钟山记》：“余自齐安舟行适临汝。”孔尚任《桃花扇·听稗》：“那太师名挚，他第一个先适了齐。”

归从，归向。玄应《一切经音义》：“适，亦归也。”《古今韵会举要·锡韵》：“适，意所必从曰适。”《管子·弟子职》：“拚前而退，聚于户内，坐板排之，以叶适己。”尹知章注：“适己，犹向己也。”《左传·昭公十五年》：“好恶不愆，民知所适，事与不济。”杜预注：“适，归也。”孔颖达疏：“言皆知归于善也。”

181. 迁：登，向上移——流放

迁，《说文·辵部》：“迁，登也。”《广韵·仙韵》：“迁，去下之高也。”迁之本义为登，向上移。《诗经·小雅·伐木》：“出自幽谷，迁于乔木。”郑玄笺：“迁，徙也。谓乡时之鸟，出从深谷，今移处高木。”朱熹集传：“迁，升。”张说《再使蜀道》：“鱼游恋深水，鸟迁恋乔木。”

流放。《篇海类编·人事类·辵部》：“迁，谪也。”《尚书·皋陶谟》：“何忧乎欢兜，何迁乎有苗。”孔传：“禹言有苗、欢兜之徒，其佞如此，尧畏其乱政，故迁放之。”《史记·白起王翦列传》：“于是免武安君为士伍，迁之阴密。”柳宗元《封建论》：“及夫大逆不道，然后掩捕而迁之。”

182. 邀：求取——遮拦

邀，《庄子·寓言》：“阳子居南之沛，老聃西游于秦，邀于郊，至于梁而遇老子。”陆德明释文：“邀，要也。”邀之本义为迎候，邀请之邀即为此义。

求取。《玉篇·彳部》：“徼，要也，求也。”《正字通·彳部》：“徼，与邀同。”“徼”是“邀”的异体字。邀有求取义。《庄子·在宥》：“黄帝退，捐天下，筑特室，席白茅，闲居三月，复往邀之。”王先谦集解：“邀，求请也。”《国语·吴语》：“弗使血食，吾欲与之徼天之衷。”韦昭注：“徼，要也。”王符《潜夫论·劝将》：“乃义士且以徼其名，贪夫且以求其赏尔。”方孝孺《王处士墓志铭》：“自世教之衰，以诡激相高，竞趋细行，以徼名誉。”

遮拦。《玉篇·辵部》：“邀，遮也。”《孙子·军争》：“无邀正正之旗，勿击堂堂之陈，此治变者也。”《东观汉记·光武帝纪》：“帝邀之于阳关，寻邑兵盛，汉兵反走。”《周书·文帝纪》：“乃令原州都督导邀其前，都督贺拔颖等追其后。”

183. 讼：诉讼——颂扬

讼，《说文·言部》："讼，争也。"讼的本义为争辩。

诉讼。《正字通·言部》："讼，《六书故》：争曲直于官有司也。"《诗经·召南·行露》："谁谓女无家，何以速我讼？虽速我讼，亦不女从。"《周礼·秋官·大司寇》："以两造禁民讼。"郑玄注："讼，谓以财货相告者。"《礼记·曲礼上》："分争辩讼，非礼不决。"孔颖达疏："争罪亦曰讼也。"韩愈《讼风伯》："上天孔明兮，有纪有纲；我今上讼兮，其罪谁当？"

颂扬。《说文·言部》："讼，謌讼。"段玉裁注："讼、颂古今字，古作讼，后人假颂貌字为之。"《韩非子·孤愤》："官爵贵重，朋党又众，而一国为之讼。"陈奇猷集释："讼、颂通，谓全国之人为之颂德也。"杨衒之《洛阳伽蓝记·平等寺》："今天眷明德，民怀奥主，历数允集，歌讼同臻。"《易林·否之大有》："家给人足，讼声并作。"讼后作颂。

184. 诡：责成——违反

诡，《说文·言部》："诡，责也。"诡的本义为责成，要求。《管子·小问》："人有余兵，诡陈之行，以慎国常。"《汉书·酷吏传·尹赏》："皆贳其罪，诡令立功以自赎。"颜师古注："诡，责也。"《后汉书·循吏传·孟尝》："先时宰守并多贪秽，诡人采求，不知纪极，珠遂渐徙于交址郡界。"李贤注："诡，责也。"

违反。《玉篇·言部》："诡，欺也，谩也。"诡有欺诈、虚假义，引申为违反。《管子·四时》："刑德合于时则生福，诡则生祸。"《贾子·道术》："容服有仪谓之仪，反仪为诡。"嵇康《答释难宅无吉凶摄生论》："今之所辨，欲求实有实无，以期自然不诡，持论有工拙，议教有精粗也。"王安石《读墨》："惜乎不见正，遂与中庸诡。"

185. 该：充足——欠

该，《说文·言部》："该，军中约也。"钱坫斠诠："言军中戒约也。"

该，《广韵·咍韵》："该，备也。"《玉篇·言部》："该，盛也。"该有具备、充足的意义。《管子·小问》："凡牧民者，必知其疾，而忧之以德，勿惧以罪，勿止以力……昔者天子中立，地方千里，四言者该焉。"尹知章注："该，备也。谓四言足以备千里之化。"班固《封燕然山铭》："鹰扬之校，螭虎之士，爰该六师。"吕延济注："该，备也。"

欠。刘致《端正好·上高监司》套曲:“库官但该一贯须黥配,库子折莫三钱便断除。”《红楼梦》第一百回:“人家该咱们的,咱们该人家的……算一算,看看还有几个钱没有。”《儒林外史》第五十二回:“他该我几两银子,我要向他取讨。”

186. 讽:朗诵,传诵——讽刺

讽,《说文·言部》:“讽,诵也。”讽之本义为朗诵、传诵之义。《周礼·春官·大司乐》:“以乐语教国子兴、道、讽、诵、言、语。”郑玄注:“倍文曰讽,以声节之曰诵。”《后汉书·延笃传》:“少从颍川唐溪典受《左氏传》,旬日能讽之,典深敬焉。”白居易《游襄阳怀孟浩然》:“今我讽遗文,思人至其乡。”

讽刺。《类篇·言部》:“讽,讽刺。”刘勰《文心雕龙·书记》:“刺者,达也,诗人讽刺。《周礼》三刺,事叙相达,若针之通结矣。”《旧唐书·肃宗纪》:“明年六月,哥舒翰为贼所败,关门不守,国忠讽玄宗幸蜀。”苏轼《送李公恕赴阙》:“酒酣箕坐语惊众,杂以嘲讽穷诗骚。”

187. 让:责备——谦让 邀请——推辞

让,《说文·言部》:“让,相责让。”《小尔雅·广义》:“诘责以辞谓之让。”让的本义为责备。《左传·僖公五年》:“夷吾诉之,公使让之。”杜预注:“让,谴让之。”《南史·刘劭传》:“多有过失,屡为上所让,忧惧,乃与劭共为巫蛊。”蒲松龄《聊斋志异·恒娘》:“朱坚卧不起,洪始去。次夕复然。明日,洪让之。”

谦让。《玉篇·言部》:“让,谦让。”《尚书·尧典》:“允恭克让。”孔颖达疏引郑玄曰:“推贤尚善曰让。”《左传·襄公十三年》:“让者,礼之主也。”《九章·怀沙》:“知死不可让,愿勿爱兮。”王逸注:“让,辞也。”《史记·魏公子列传》:“侯生摄敝衣冠,直上载公子坐,不让,欲欢公子。”

邀请。《红楼梦》第六十二回:“宝玉忙迎出来,笑说:‘我方才到凤姐姐门上,回进去,说不能见我;我又打发人进去让姐姐来看。’”《儒林外史》第九回:“两公子听这般说,竟不违命,当下让到书房里。”

推辞。《楚辞·九章·怀沙》:“知死不可让,愿勿爱兮。”王逸注:“让,辞也。”王勃《上刘右相书》:“江海不让纤流,所以存其广。”

188. 雾:比喻轻细——比喻浓密

雾,雾气。《尔雅·释天》:“地气发,天不应曰雾;雾谓之晦。”郭璞注:“言晦冥。”雾的本义指气温下降时,空气中的水蒸气凝结成小水点,悬浮在接近地面的空气中，能使视野模糊不清。

比喻轻细。宋玉《神女赋》："动雾縠以徐步兮，拂墀声之珊珊。"李善注："縠，今之轻纱，薄如雾也。"司马相如《子虚赋》："于是郑女曼姬，被阿緆，揄纻缟，杂纤罗，垂雾縠。"刘良注："雾縠，其细如雾，垂之为裳也。"李珣《女冠子》："玉堂虚。细雾垂珠佩，轻烟曳翠裾。"

比喻浓密。扬雄《甘泉赋》："翕赫曶霍，雾集而蒙合兮，半散照烂，粲以成章。"《周书·庾信传论》："淹中、稷下，八儒三墨，辩博之论蜂起；漆园、黍谷，名法兵农，宏放之词雾集。"张说《郊庙歌辞·享太庙乐章·文舞》："图书雾出，日月清悬。"苏轼《洞庭春色赋》："携佳人而往游，勒雾鬓与风鬟。"

189. 靠：相违——倚靠

靠，《说文·非部》："靠，相违也。"段玉裁注："相韦者，相背也。古人从非，今俗谓相依曰靠，古人谓相背曰靠，其义一也。"靠的本义为相违。曹松《宿溪僧院》："煎茶留静者，靠月坐苍山。"

倚靠。《篇海类编·通用类·非部》："靠，倚靠也。"林逋《和陈湜赠希社师》："瘦靠阑干搭梵襟，绿荷阶面雨花深。"朱熹《答吴伯起书》："不可只靠一言半句，海上单方，便以为足。"

190. 离：失去——两，并

离，《说文·隹部》："离，离黄，仓庚也。"《诗经·豳风·七月》"有鸣仓庚"，毛传："仓庚，离黄也。"离之本义为黄鹂鸟，离开乃为假借义。

离开，《广雅·释诂二》："离，去也。"《广韵·寘韵》："离，取也。"离有失去义。《尚书·胤征》："沉乱于酒，畔宏离次。"孔颖达疏："离其所居位次。"《墨子·辞过》："男子离其耕稼而修刻缕，故民饥。"《史记·太史公自序》："神大用则竭，形大劳则敝，形神离则死。"离后假借为"蒡"。

两，并。《玉篇·隹部》："离，两也。"《礼记·曲礼上》："离坐离立，勿往参也。"郑玄注："离，两也。"《白虎通·嫁娶》："离皮者，两皮也。"《公羊传·桓公五年》："离不言会。"《大戴礼记·虞戴德》："会朝于天子，天子以岁二月为坛于东郊，建五色，设五兵，具五味，陈六律吕，奏五声，听明教，置离。"离通"俪"。

191. 隗：高峻貌——倒塌

隗。《说文·阜部》："隗，隗隗也。"《玉篇·阜部》："隗，高也。"隗的本义为高峻貌。

倒塌。戴逵《酒赞》:“有客乘之,隗若山颓。”李华《言毉》:“临险瞰江,江隗为潭。”

192. 阒:事已闭门——门开

阒,《说文·门部》:“阒,事已,闭门也。”阒的本义为事已闭门。《庄子·人间世》:“瞻彼阒者,虚室生白,吉祥止止。”

门开。《洪武正韵·屑韵》:“阒,门开也。”《字汇补·门部》:“阒,门开貌。胡宿诗:津亭欲阒戒棠舟。”

193. 头:物的顶端或末梢

头,《说文·页部》:“头,首也。”《急就篇》:“头额頞頗眉耳目。”颜师古注:“头者,首之总名也。”头的本义为人体的最上部分或动物的最前部分。

物的顶端或末梢。刘琨《扶风歌》:“系马长松下,废鞍高岳头。”张世南《游宦纪闻》:“将头与本身,皮对皮,骨对骨,用麻皮紧缠。”俞樾《春在堂随笔》:“五子之形,两头尖锐,中间平广,状似今之杏仁。”

194. 颠:头顶——下,坠落

颠,《说文·页部》:“颠,顶也。”《尔雅·释言》:“颠,顶也。”郭璞注:“头上。”颠的本义为头顶。《诗经·秦风·车邻》:“有车邻邻,有马白颠。”《墨子·修身》:“华发隳颠,而犹弗舍者,其唯圣人乎!”孙诒让间诂:“堕颠,即秃顶也。”杨万里《病中复脚痛终日倦坐遣闷》:“满眼生花雪满颠,依稀又过四三年。”

下。段玉裁《说文解字注·页部》:“颠为最上,倒之则为最下。”扬雄《太玄·疑》:“颠疑遇干客,三岁不射。”范望注:“颠,下也。”

坠落。《左传·隐公十一年》:“颍考叔取郑伯之旗蝥弧以先登。子都自下射之,颠。”《汉书·五行志中之上》:“自上下者为崩,厥应泰山之石颠而下,圣人受命人君虏。”颜师古注:“颠,坠也。”柳宗元《答吴武陵论非国语书》:“是犹用文锦覆陷阱也,不明而出之,则颠者众矣。”

195. 靦:惭愧——不知羞愧

靦,《尔雅·释言》:“靦,姡也。”王引之《经义述闻·尔雅中》:“家大人曰:《说文》:‘靦,人面貌也。’‘姡,面靦也。’即孙、李所云:‘人面姡然也。然则靦与姡皆人面之貌。’”靦的本义为面目貌。

惭愧。《玉篇·面部》:“靦,惭貌。”《切韵·铣韵》:“靦,面惭。”左思《魏都赋》:“有靦瞢容,神惢形茹。”王定保《唐摭言·好及第恶登科》:“愧彼为裘之义,靦乎析薪之喻。”蔡絛《铁围山丛谈》:“臣虑终而不虑始,知守而不知通,有靦初心,徒欣盛烈。”

不知羞愧。慧琳《一切经音义》:“腆,《考声》云:‘谓不知惭也。’”《南史·陈伯之传》:“将军独腆颜借命,驱驰毡裘之长,宁不哀哉!”

196. 鬼:蔑称——昵称

鬼,《说文·鬼部》:“鬼,人所归也。”《正字通·鬼部》:“人死魂魄为鬼。”《礼记·祭义》:“众生必死,死必归土,此之谓鬼。”迷信者以为人死后魂灵不灭,称之为鬼,此为鬼之本义。

蔑称。张祜《感归》:“乡人笑我穷寒鬼,还似襄阳孟浩然。”《世说新语·方正》:“我父祖名扬海内,宁有不知? 鬼子敢尔!”《儒林外史》第四十三回:“六哥,你就是个讨债鬼,缠死了人!”现代汉语有“小气鬼”“吝啬鬼”等,皆为蔑称。

昵称。关汉卿《拜月亭》:“你个小鬼头春心儿动也。”

197. 魔:扰乱——神奇

魔,梵文的音译,“魔罗”的略称。佛教把一切扰乱身心,破坏行善者和一切妨碍修行的心理活动均称作“魔”。玄应《一切经音义》:“魔,书无此字,译人义作。梵言魔罗。”《大智度论》:“问曰:‘何以名魔?’答曰:‘夺慧命、坏道法功德善本,是故名为魔。’”

神奇,奇异。牛僧孺《李苏州遗太湖石奇状绝伦用题二十韵奉呈梦得乐天》:“旺兴添魔力,消烦破宿酲。”

198. 鲠:阻塞——正直

鲠,《说文·鱼部》:“鲠,鱼骨也。”鲠的本义为鱼骨。

阻塞。刘孝标《辨命论》:“楚师屠汉卒,睢河鲠其流。”吕延济注:“鲠,填也。”庾肩吾《乱后行经吴邮亭》:“獯戎鲠伊洛,杂种乱轘辕。”苏轼《张文定公墓志铭》:“饷道一鲠,兵安所仰食?”张岱《陶庵梦忆·西湖香市》:“壬午,虏鲠山东,香客断绝,无有至者,市遂废。”

正直。《韩非子·难言》:“敦厚恭祗,鲠固慎完,则见以为拙而不伦。”《后汉书·来歙传》:“夫理国以得贤为本,太中大夫段襄,骨鲠可任,愿陛下裁察。”李贤注:“骨鲠,喻正直也。”《新唐书·刘蕡传》:“万口籍籍,叹其诚鲠。”

199. 党:偏私——正直

党,《说文·黑部》:“党,不鲜也。”段玉裁注:“新鲜,字当作鱻。屈赋远游篇‘时暧曖其曭莽’王注曰:‘日月晻黮而无光也。’然则党曭古今字。”蒋礼鸿《义府续貂·党》:“嘉兴谓衣物敝垢不鲜曰烟党。”党的本义为不鲜明。

偏私。《广雅·释诂三》:“党,比也。”《尚书·洪范》:“无偏无党,王道荡荡。”《国语·晋语五》:“宣子召而礼之,曰:‘吾闻事君者,比而不党。夫周以举义,比也。举以其私,党也。’”韦昭注:“阿私曰党。”《汉书·朱建传》:“孝文时,淮南厉王杀辟阳侯,以党诸吕故。”

正直。《广雅·释诂》:“党,善也,美也。”《荀子·非相》:“元而致实,博而党正,是士君子之辩者也。”杨倞注:“党与谠同,谓直言也。”王先谦集解引郝懿行曰:“谠言即昌言,谓善言也。”夏侯湛《张平子碑》:“爰登侍中,则党言允谐;出相河间,则黎民时雝。”

(二)反向引申与一物两面

“一词具有相反两义”的反义同源形式,训诂学上称之为“反义同词”。术语的差异体现了对这一现象的认识差异,“反义同词”是从语义角度出发,一个词具有相反的两个义项,它们之间是本义与引申义或引申义与引申义的关系,而出现这种现象的原因则是反向引申。

王宁在《训诂学原理》探讨了“反义共词”存在的条件,认为凡是能共存一词的两个相反的义项相互之间必然是“相因”的,因而也只能是反向引申的结果。①笔者认为,比起存在的条件,反向引申更确切地说,是“反义同词”的一种形式,例如“左”,本义为辅佐、帮助,同时还有“违背”的义项,本义通过反向引申这个形式得出了引申义。王宁执着于“相因”这个基本条件,因而提出了“反义”的一些限制,如“所谓反义,只能是反向引申的结果,在意义上,虽反向而不能绝然矛盾。在逻辑上,绝对对立的意义不可能共词,在感情上绝然相反的意义也不可能共词。反向除去施与受外,只是动与静、先后两端、不同侧面、相依因果……

① 《训诂学原理》,王宁著,中国广播出版社1996年版,第123-124页。

它们属反向,但不互相排斥。"[①]王宁设立的限制中频繁出现"绝对""绝然"两词,由此可见她所依凭的理论根基为不存在绝对的对立,同一事物不可能出现绝对矛盾的两端,而王宁所谓的"相因",可以概括为两个对立的义项之间存在相互转化的可能,或者说只有当相反的两个义项之间存在相互转化的关系时,它们才可称为"反义同词"。但是何谓"绝对""绝然"?什么样的"绝对"矛盾双方是不可以互相转化的,王先生没有详说。在这里,这个看似明确的定义却有着模糊的边界。王宁举了声符字"介"为例,认为"介"既有"大"义,就绝不可能再同时承担"小"义,因为"大"与"小"是她意义上的绝然相反的两种概念,绝不可能同时出现在同一事物上,因而断定这两个语义是"同字不同词"。在"反义同源"现象成因分析中,将从更广阔的视野、用更多的客观事实来证明,矛盾的事物可以共存于同一事物,即便它们之间不存在相互转化的关系;只要满足一定的条件,有些矛盾着的双方也可以互相转化。再回到王宁所举的例子上,结构主义认为所有的事物都是在与其他事物的关系中找到自己的位置的,这种认识符合客观现实,正如大与小、美与丑、好与坏、真与假,这些概念都是相对的产物,只有定位了参照物,才能获得彼此的位置,而这些对立的概念,它们都是彼此的参照物。湖泊与池塘相比为大,而与大海相比则为小,在这里"大"与"小"就同时寄存于同一事物,这样的例子不胜枚举。声符"介"完全可以同时承载"大"与"小"两个相反的语义,至于后世的文献中不见"小"义,则是语言使用的选择,随着语词不断增殖,表意分工也更加明确、细化,原先"介"所承载的"小"义,因为有了更多专门的语词来承载,因而也就在语言使用的过程中慢慢脱落了,这是语言的进化法则。

王宁强调,所谓反义,只能是反向引申的结果,但是哪些是反向引申的结果,哪些又不是反向引申的结果?或者说,反向引申必然会导致什么结果?她没有说清楚,而这也是不可能说清楚的问题,因为反向引申只是手段,不是原因。很明显,反向引申所依据的是逆向思维。我们生活在其中的世界不是单向度的,这个世界所有的物质都有正反两面。思维是人类主观的意识活动,根据物质与意识之间的互动关系,我们得出逆向思维的方式是合理的。在这样的客观世界里"绝对"一词本身就显得那么虚妄,正如物理学上"绝对零度"的概念,

---

① 《训诂学原理》,王宁著,中国广播出版社1996年版,第124页。

其实是 -273.15℃，相对于其他的温度，这个温度是目前人类依靠科技可以测出的最低值，因此这个“绝对”其实仍是有参照物的、相对的。

在强调语词的表意功能的同时，我们有必要再回溯一下语源的定义与历史。语源是文字发明之前，存在于口头语言中的语音与语义的结合体，是后世语词增殖、语言发展的内在根据。很明显，语源的起源是非常原始的，而语词表意的精确性则可视为是语言使用的要求，是漫长的发展过程中语词进化的方向。人类可发出的音节数量是有限的，约为 1000 多个，在文字出现之前，用以表意的物质外壳资源如此有限，那么通过逆向思维而得出的一对相反或相对的语义寄于同一个音节之上，完全符合人类文明的发展水平；事实上，甲骨文中大量存在的同音或音近假借现象表明，即使是在文字创制之初，因为文字表意功能的低下，有限的音节仍然要承载日益繁多的语义，所以才会大量的假借，直到文字这一物质外壳越来越多地参与表意中，原来主要依靠音节来承载的语义慢慢转移到文字上来，表意的丰富性、精确性才成为可能。因此，可以说表意是语词的起点，而精确性则是语词进化的方向。在书契兴起之前，一个音节可以承载多个不同的语源，而一个语源当然也可以承载一对相反或相对的语义，这不仅是受人类文明发展水平的限制，也折射了我们所生活的客观世界的存在方式，有关这点将在下一章详细论述，因此通过逆向思维进行的反向引申，得出的一对相反或相对的语义，完全可以用一个文字形式来承载。

王宁在后续的论述中，阐述了共词的两个反向意义在使用上的明显差别，提出了“不共境”“使用频率不平衡”，这两点是很有见地的。一词可以兼具相反二义，但是这两个相反的语义不能同时出现在同一语境中，这类似于逻辑学中的“A”与“B”为一对相反的命题，“A”与“B”不可能同时为真，一个词同时具有相反的两个义项，而这对相反的义项同时出现在一个语句中，必然会扰乱语句的表意功能。至于使用频率不平衡，上一章“声符相同义相反的同源词组”中已经说过，这种区分来自语言使用，而非语源，在使用中有一个语义被当作常用义经常出现，而另一个语义在使用中的位置则被更多的同义词所取代，最终脱落了，这是语言的进化论，能适应更多语言环境的语义得以保留，反之则被使用者淘汰。综上所述，逆向思维所导致的反向引申是一词具有相反二义出现的原因之一。

一词兼有相反而已，语义学上有术语“Antonymy”和“Contronymy”即指这种现象。关于这种语词是否能够视为同源词素来没有定论，至今也没有针对汉语系统中这种类型词语的穷尽性专门研究，本书采取宽泛的选择标准，从《汉语大字典》中筛选出同时包含一对相反或相对语义的词语共212个，将之纳入汉语反义同源的表现形式之一。这类型语词从共时维度上展现了语源的结构形式；而这种类型的反义同源形式可以视为语源尚未裂变、且尚未发生同源词增殖的早期反义同源现象。如果寄寓于这些语词之上的相反或相对语义各自独立并附着在新的单音节之上，就形成了反义同源单音节词这种反义同源现象；如果这些语词没有发生语源裂变，带着所寄寓的这对相反或相对的语义，作为一个语源完整体，通过变换形符从而实现同源词组的增殖，这就形成了声符相同的反义同源词组这一反义同源形式。因而，本书将一词兼有相反二义视为反义同源的表现形式之一，并将之类比成原始语源结构。

接下来本书将从认知的角度寻找“一词兼有相反二义”的形成原因。认知语言学有“识解”(Construe)的专门研究，所谓“识解”即是我们理解身处的世界的方式，按照 Langacker 和 Talmy 的识解操作框架理论，“识解”可以被分解为不同的技术参数，如 Langacker 的“详略度”“聚焦”“突显性”“视角”，Talmy 的“注意视窗”“焦点与背景”“力动态”，等等，本研究的最后一章将专门从认知语言学的视域对汉语反义同源现象成因进行分析，在此我们只借助认知语言学的“识解”操作框架搭建一词兼有相反二义的语义分析技术参数，不对理论研究背景展开综述。王寅教授在《认知语言学探索》中将“反义同词”现象置于“事件域认知模式”(“ECM”模式)的认识分析方法之下：①

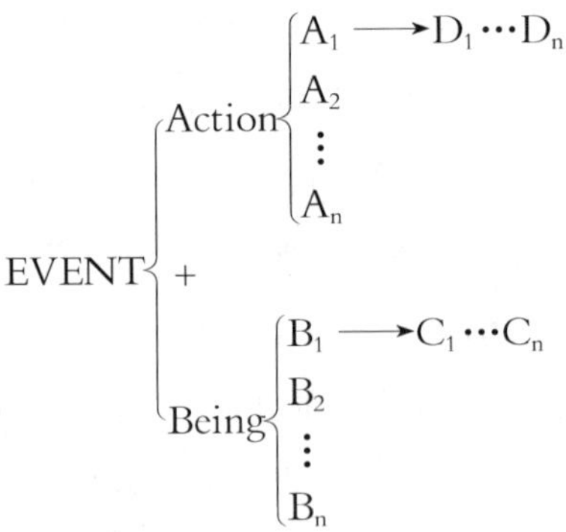

① 《认知语言学探索》，王寅著，重庆出版社2005年版，第152页。

一个基本事件域包含两个核心要素——行为与事体。ECM 是个层级模式，第一层是动作要素和事体要素，第二层是这个要素所包含的子要素，第三层则是各子要素所包含的典型特征信息。① “事件域”认知模式的优势在于，它揭示事物可以解构为不同层级、不同方面的不同特点，回过来说，可以从不同层级的不同特征出发，来描写同一事物。《认知语言学导论》中将基本层次范畴和基本经验分为行为、事件、特性、状态和处所，这是一种更加详细的分类方式，但仍然是基于同一事物的，在本部分所考释的“一词兼有相反二义”的情况中，就有从行为、事件、状态等不同视角出发得出的语义，但这些分类最终仍回归于同一整体。② 例如，“借”的本义为“借入”，有“借来”“出借”两个义项，就“借”这个动作行为来说，本身就是出借方与贷入方兼备才可能完成，一方“借出”，另一方自然就是“借入”，就“借”这个行为本身来说，“借出”与“借入”只是从不同的角度出发得出的语义，是一个行为的两个方面而已。再如“市”，本义为集中进行交易的场所，有“购买”及“卖出”一对相反的义项，就“市”这个事物来说，本来就是进行买卖的场所，有“买”自然就有“卖”，对“市”这个事物来说，“买”“卖”从不同的角度描述了同一件事物。“奔”的本义为“快跑”，引申出“逃跑”与“追逐”二义，这个义项描述的是同一个行为的两个方面，有“追逐”才用“逃跑”，否则只能称之为“跑”，何须言“逃”？“宰”的本义为“充当家奴的罪人”，有“主宰者”的义项，“主宰”与“被主宰”是一对相互依存的整体，在这种关系中，缺了一方无以成立，因此这两个相反的义项是同一种关系的两个方面。以上所列举的例子为了证明，它们所拥有的一对相反的义项，是同一个事物、行为、关系状态……（我们可以将之简称为“一个整体”）的两个方面，它们的不同只是描述角度的不同，而它们的同则是来自同一事物的不同角度的不同特征，简言之，是基于同一整体的两个不同的方面。

王寅教授在用“ECM”模式解析“反义同词”现象时得出了类似的认识，“这种情况实际反映了一个行为过程或事体的两个方面”，③“人们在体验的基础上，可认识到同一个事件可包括某些相对固定的要素（包括行为和事体），它们有机

① 《认知语言学探索》，王寅著，重庆出版社 2005 年版，第 153 页。

② 《认知语言学导论》，弗里德里希·温格瑞尔，汉斯-尤格·施密特著，彭利贞、许国萍、赵微译，复旦大学出版社 2004 年版，第 111-121 页。

③ 《认知语言学探索》，王寅著，重庆出版社 2005 年版，第 164 页。

地融合在一起就能构成一个整体事件域 E，其中各要素互为依存，处于对立统一的关系之中，如一个动作会有始末关系、因果关系、施受关系，如果用一个词来表示这种对立关系时，就产生了一词两反义的现象。"①

关于"一词兼有相反二义"，词汇学称之为"反义共词"，训诂学称之为"相反同根""美恶同辞"，从语源学的角度看，这对相反的义项都是语源义。分类上，词汇学分为本义与引申义，探究它们之间引申与被引申的关系；训诂学则有"施受同辞""美恶同辞"的分类，在这里我们将尝试打破学科之间的藩篱，以一种更加靠近事物本质的方法进行分类。

将"一词兼有相反二义"置于两种分析模式之下，一是逆向思维主导的反向引申，一是"事件域认知模式"的认知分析，通过这两种分析路径对这一现象作出分类。

首先要区分"反向引申"与"一物两面"，前文已举例说明，所谓"一物两面"是指从同一事物的不同层级的不同特征来描述同一事物，在这一过程中并不触发逆向思维；换言之，"一物两面"包含的一对相反的语义，它们是从同一个事物的两个不同方面的特征概括而来，并且这两个相反的语义一定会对应到同一个事物上；因为是同一个事物的不同层级的不同特征，这两个相反的语义是以义项的形式呈现的。

"反向引申"则是从一个语义出发通过触发逆向思维机制，得出另一个相反的语义，而这两个相反的语义，彼此之间只有逆向思维机制相联系，不统一到同一个事物之上，也不一定以义项的形式出现，而是义素、义项兼而有之，如："乖"的本义为"违背"，反向引申出"乖巧"义，"违背"与"乖巧"并非"乖"这一动作行为不同层级的两个特征，完全是触发逆向思维而来，这一对相反的语义以义项的形式出现。"周"的本义为"周密、严谨"，引申出"和调"义，再反向引申出"极端的"之义，这两个语义无法统一到"周"这个状态上，且是以义素的形成呈现相反状态。"溟"的本义为"小雨濛濛"，反向引申出"海"之义，显然这两个语义无法统一到"溟"这一事物之上，且以义素的形式呈现相反。"撹"的本义为"扰乱"，有"治"之义，这是明显的逆向思维。学界有意见认为"治|乱"一类的义相反而同词应归为因果关系，此言不错，的确是有"乱"才需"治"，但这两个相反语

① 《认知语言学探索》，王寅著，重庆出版社 2005 年版，第 164 页。

义仍是不能统一到“搅”这一动作行为上。换言之,“治”与“乱”并非是“搅”这一动作行为同时具备的两个特征,因而仍将之归为反向引申一类。本书尝试将“义相反而同词”的反义同源形式,分为反向引申与一物两面,一类是通过逆向思维而得出的,而另一类则是同一个事物的不同层面的不同特征,只关乎视角从哪个方面看,这种类型的语义为直接概括而来,彼此之间不触发逆向思维,不存在引申关系。

1. 反向引申

左,本义为辅佐、帮助,反向引申为违背。

丐,本义为乞求,反向引申为给予。

乖,本义为违背,反向引申为乖巧。

伉,本义为匹敌、相当,直率义与隐藏义当为伉字以音节所承载的语源义,这对相反语义应为反向引申。

偭,本义为面向,引申为违背。

允,本义为诚信,引申为佞。

亢,本义为颈项、咽喉,“举”及“遮蔽”的义项为反向引申。

出,本义为从里面到外面,引申为进。

到,本义为抵达,引申为前往。

墅,本义为乡间简陋的房子,引申为在郊区或风景区建筑的供修养游玩的别馆。

大,本义为形容体积、面积、数量、力量等方面超过一般或超过所比较的对象,有“尊重、推崇”及“夸大、自夸”的义项,为反向引申。

奭,本义为盛貌,引申为消散。

呐,本以为言语迟钝,有大声呼喊及声不出两个义项,为反向引申。

周,本义为周密、严谨,有和调及极端的两个义项,为反向引申。

牾,本义为背逆、抵触,引申为相逢。

单,本义缺,有大与微弱义,为反向引申。

岩,本义为崖地、山或高地的边,有山峰和洞穴义,为反向引申。

徂,本义为往、去,引申为至、到。

徒,本义为步行,有众及独的义项,为反向引申。

从，本义为随行、跟随，引申为带领。

郁，本义为繁茂，有腐臭和郁金香草两个义项，这里的语义相反以义素的形式出现，为反向引申。

屑，本义为碎末，有轻忽和顾惜义，为反向引申。

弼，本义为辅佐，引申为相违背。

委，本义为顺从，有托付和推卸义，为反向引申。

姤，《说文新附》训“偶”，又为六十四卦卦名之一；有好、善于妒忌二义，为语词音节所载语源义，反向引申。

姚，有美好貌及轻侮两个义项，当为语源义，反向引申而来。

娘，本义为少女，又有母亲义，为反向引申。

嫷，音 tuǒ，透母歌部，有美好义；音 duò，定母歌部，有懈怠义，义素相反。

几，本义为细微的迹象，引申为要害、关键。

栽，本义为筑墙立板，音 zài；有跌倒义，音 zāi，此为四声别义，为反向引申。

狎，本义为驯犬，有亲近和侮慢义，为反向引申。

狷，本以为拘谨，引申为偏激。

殖，本义为脂膏久而腐坏，引申为生长、繁殖。

戎，本义为兵器，有敌寇及相助义，以义素形式相反，为反向引申。

戗，音 qiāng，有逆义；音 qiàng，有支持义，反向引申所致，此为四声别义。

毗，本义为辅佐，引申为损伤。

毖，本义为谨慎，有缜密及疏远两个义项，反向引申。

归，本义为女子出嫁，引申为返回，已嫁女回娘家称“归宁”。

学，音 xiào，有教导义；音 xué，有学习义，反向引申。

映，本义为照，引申为遮蔽义。

晋，本义为进，有升、俯二义，反向引申。

暨，本义为太阳初出，有及、至与不及二义，反向引申。

污，本义为污浊、肮脏的东西，有弄脏与洗去污垢义，为反向引申。

汩，本义为治水，引申为乱。

泐，本义为石头因风化遇水而形成的裂纹，引申为凝合，义素相反。

泰，本义为通达、通畅，有康宁及放纵义，以义素形式相反。

泆，本义为放荡，引申为安稳貌。

浩，本义为水势浩大，引申为小港，义素相反。

海，本义为地球上最大的水域，引申为苑囿内的水池。

滑，本义为扰乱，引申为治。

溜，本义为水或其他液体向下流，有细小水滴及急流义，反向引申。

滀，本义为积聚，有水停歇及湍急义，反向引申。

溟，本义为小雨濛濛，引申为海，义素相反。

漏，本义为漏壶，有泄露及补足义，反向引申。

澹，本义为水波起伏貌，引申为安定。

济，本义为停止，引申为增加。

渎，本义为沟渠，引申为大川。

特，本义为公牛，有单个及配偶义，为语源义，反向引申所得。

披，本义为分开，引申为靠近。

括，本义为结扎、捆束，引申为滞碍，再反向引申为包容。

振，本义为赈济，有赈济与显扬义，为反向引申。

挟，本义为夹持，引申为要胁，再反向引申为护、辅。

授，为“受”的同源派生词，受兼有接受、付出二义，授所载的一对相反语义来自源词。

扰，本义为烦劳，引申为扰乱，再反向引申为安抚。

搅，本义为扰乱，引申为治。

旁，本义为普遍，引申为边侧。

焌，本义为烧火，引申为火灭。

燕，本义为鸟纲燕科各种类通称，有喜悦及亵渎二义，皆为语源义，义素相反，反向引申。

戾，本义为弯曲，有罪恶及善二义，为反向引申。

忌，本义为憎恶，反向引申为恭敬。

息，本义为生长，反向引申为停止。

慊，音 qiǎn，怨恨；音 qiè，满足，反向引申。

憺，本义为安然，反向引申为震动。

眚，本义为过失，反向引申为赦免。

瞢，音 yíng，迷惑；音 yǐng，目光纯净貌，四声别义，反向引申。

矐，本义为使目失明，有目开义，反向引申。

矕，本义为目美貌，有目生翳义，为反向引申。

矢，本义为箭，有正直及乖戾义，反向引申。

瘥，音 chài，穿母歌部字，病愈义；音 cuó，从母歌部字，疾病义。二义皆来自同一语源。

瘨：本义为疾病减轻，反向引申为疾病。

瘱：本义为安静，有明白与隐匿义，为反向引申。

窜，本义为隐藏，引申为放逐。

矜，本义为谨慎，引申为自负。

要，为腰的本字，有邀请及拦阻二义，为反向引申。

虔，本义为虎行貌，引申为杀害，再引申为劫掠，反向引申为恭敬而有诚意，如今本义脱落，以引申义"恭敬而有诚意"行，是为语言使用故。

置，本义为赦免，引申为树立义。

举，本义为双手向上举物，有两对相反的语义：没收义与借贷义，推荐义与检举义，皆为反向引申所得。

臭，音 xiù，本义为用鼻子辨别气味，后引申为气味的总和。音 chòu，有香气和秽恶难闻的气味二义，为反向引申。

裒，本义为聚集，引申为减去。

肆，本义为迅速，反向引申为延缓。

芒，本义为多年生草本植物，叶片线状披针形，边缘有细齿。有光芒与昏暗义，同源派生词"茫"取代了"芒"的昏暗义。

萌，本义为植物的芽，有萌发与锄去义，为反向引申。

荡，本义为震动，引申为平坦。

薄，本义为草木密集丛生处，引申为轻微，为义素相反。

藐，本义为幼小，引申为广阔，为义素相反。

翫，本义为相习已久而生懈怠，有戏狎及观赏义，为反向引申。

纠，本义为纠合的绳索，有收聚及检举二义，为义素相反。

细,本义为微小的丝,有细微和繁重义,为反向引申。

维,本义为系物的大绳,有纲要与角落二义,为反向引申。

䜌,本义为乱,引申为治。

趲,本义为惊散貌,引申为积蓄。

输,本义为运送,有献纳与倾毁义,为反向引申。

酤,本义为一夜酿成的酒,有买酒及卖酒二义,为反向引申。

醉,本义为饮酒适量,引申为饮酒过量。

豫,本义为喜欢,引申为厌烦。

贰,本义为副的、居次要地位的,有增加与离异两个义项,为反向引申。

适,本义为往至,引申为归从、归向。

迁,本义为登、向上移,反向引申为流放。

讼,本义为争辩,有诉讼及颂扬义,为反向引申。

讹,本义为讹误、差错,有感化与恫吓义,为反向引申。

诡,本义为责成、要求,引申为违反。

该,本义为军中戒约,具备与欠均为语源义,两者为反向引申。

调,本义为和谐、协调,引申为欺骗。

讽,本义为朗诵、传诵,反向引申为讽刺,现本义脱落,以引申义行。

让,本义为责备,引申为谦让;还有邀请与推辞拒绝一对相反语义。

离,本义为黄鹂,假借为失去之义,反向引申为两、并。

隗,本义为高峻貌,引申为倒塌。

阕,本义为事已闭门,引申为门开。

颠,本义为头顶,引申为下、坠落。

党,本义为不鲜明,引申为知晓;还有偏私与正直这对相反语义。

遇,本义为相逢,有投合及抵挡义,反向引申。

遻,本义为意外相遇,有相遇及抵触义,反向引申。

2. 一物两面

一,本义为数词,有少许及全、满的义项,从外部看一是为少许,但从内部看,一却意味着全部,视角不同。

来,本义为小麦,假借为来到之义,有前往的义项,对于到达方是来到,对于出发地则是前往，乃是方向不同。

借，本义为借入，有借入方就有出借方，因此借入与出借二义是“借”这个动作行为的双方。

儒，本指春秋时从巫、史、祝、卜中分化出来，熟悉诗书礼乐而为规则服务的人，有有智的文人与愚昧二义，其实这两种特征都是儒这个群体所具备的特征，儒在中国古代是知识分子群体，然亦有腐儒一称。

價，本义为卖，有买义，有买才有卖，买卖双方是相辅相成的，共同完成價这一动作行为。

取，本义为捕获到野兽或战俘时割下左耳，有获得与拿出义，对这一行为过程来说，只有拿出才能获得，它们共同构成这一行为。

夸，本义为奢侈，有夸张与赞赏二义，词汇学上称之为词义升降，其实二者之间是量变与质变的关系，适度的为赞赏，过度的则为夸张。

奉，本义为承受，有进献义，对于这一动作过程来说，有进献才能承受，它们共同构成这一行为。

奔，本义为快跑，有逃跑与追逐二义，只有后有追逐，前面的动作才能称为逃跑，否则只是跑，因为两者共同构成这一动作过程。

就，本义为就高而居，有趋向和归于二义，这两者的方向不一样，于下则是趋向，于上则是归于，所言乃是同一件事物。

市，本义为集中进行交易的场所，有购买及卖二义，就交易而言，买卖双方共同构成了这一行为。

从，本义为随行、跟随，有带领义，这两个是从不同的行为主体出发，没有带领则谈不上跟随。

御，本义为驾驭车马，有统治及侍奉二义，这也是从不同的行为主体出发，没有侍奉者则称不上统治。

宛，本义为弯曲，有顺利义，这是从不同的角度看同一事物，弯曲是为了事情进展顺利。

宰，本义为充当家奴的罪人，有主宰者之义，这是同一动作行为的不同主体，没有被主宰者就没有主宰者。

引，本义为延长，有收缩义，在被延长的过程中有收缩的力量，这是作用力与反作用力。

支，本义为去竹的枝，有支持和抵抗二义，这乃是作用力与反作用力之故。

犯，本义为侵犯，有遭遇义，这是从不同的行为主体出发，对于被侵犯者来说是遭遇。

兽，本义为打猎，又指四足哺乳动物，乃是为猎物，打猎与猎物是这一行为的两个组成部分。

旷，本义为光明、开朗，有辽阔与阻隔二义，这是同一件事物的不同特征，乃为视角不同所致。

湛，音 chén，为深邃义；音 zhàn，为清澈义，皆为定母侵部字。深邃与清澈是不同视角看同一事物。

澜，本义为大波，有微波义，大波与微波都是相对而言，看参照物，皆为同一事物。

扔，音 rèng，牵引；音 rēng，抛，抛与牵引乃是一对作用力反作用力。

扞，本义为捍卫，引申为触犯，有触犯才有捍卫，它们各自的行为主体不一样。

扣，本义为牵住，有举、发义，仍是一对作用力反作用力。

抽，本义为引出，有伸展与收缩义，为一对作用力反作用力。

抵，本义为排挤，有触犯与抵抗二义，有触犯才有抵抗，它们是同一事件的不同行为主体。

拉，本义为摧折，有牵引义，为一对作用力反作用力。

拙，本义为笨拙，有粗劣及质朴无华义，其实它们本是一物，有区别的是审美主体。

持，本义为握住，有支持和对抗义，仍然是作用力反作用力。

推，本义为用外力使物体移动，有扩充与排除义，其实它们是同一动作行为，理解的视角不同，结论也不同。

撩，本义为料理，有挑弄义，它们的义素相反，其实是量变与质变的关系，过度的料理就可能演变为挑弄。

媵，本义为陪送出嫁，有致送与承接义，对出嫁方为致送，对迎娶方则是承接，是同一行为的不同主体。

膺，本义为胸部，有抵挡与接受义，乃是作用力反作用力。

忍，本义为忍耐，有残忍面，两者是量变与质变的关系，过于能忍耐就近乎残忍，是为同一事物的不同特征。

惮，本义为畏惧，有敬畏义，词汇学称之为词性不同，实则为同一事物的两个方面。

祝，音 zhù，祝祷；音 zhòu，诅咒；祝的本义为祭祀时司祭礼的人，以上两个引申义项都为祭祀时的组成部分。

申，本义为伸展，有约束义，为作用力反作用力关系。

禀，本义为官府赐人以谷，有赐予及领受义，此为同一动作行为的不同参与主体。

痛，本义为疼痛，有恨及怜爱义，这两者之间也是量变与质变的关系，因爱而生恨，乃是人的一种心理状态。

绪，本义为丝头，有头绪和剩余义，这是从不同视角看同一事物，既可以说是刚开头，也可说只剩下这个头。

辍，本义为车队行列间断又连接起来，有停止义，这两个语义合起来就是整个事物的全部特征。

酷，本义为酒味浓厚，有残暴义，为同一件事物的两个特征，浓厚的酒味称为烈，有残暴义。

货，本义为财物、金钱、珠玉布帛的总称，有买及卖两个义项，二者共同构成货物交易的过程。

贾，本义为做买卖，买、卖双方才能构成完整的交易。

赇，本义为行贿，有受贿义，行贿、受贿为同一行为的不同主体。

赋，本义为敛取，有授予义，有予才有取，为同一行为的不同主体。

赠，jìng，赐予；qíng，受赐，是同一行为的不同主体。

邀，本义为迎候，根据迎候的动机不同，可分为求取及遮拦。

雾，本义为一种气象现象，有轻细和浓密义，雾的本体为轻细的，但是雾大则为浓密状，为同一事物的不同特征。

靠，本义为相违，有倚靠义，为作用力及反作用力。

须，本义为胡须，有迟缓及须臾义，为语源义，迟缓与须臾只有对照同一参照物才有意义,一个时间段与不同的参照物相比较,即可以是迟缓的也可以只是须臾之间,因为这两者可视为同一事物的不同特征。

头,本义为人体的最上部分或动物的最前部分,有物的顶端或末梢的义项,也可指事情的始末,从上往下看,头为顶端,而从下往上看,头则为末端,取决于视角。

靦,本义为面目貌,有惭愧及不知羞愧的义项,而这相反的两者都是面目貌的其中一种。

鬼,迷信者以为人死后魂灵不灭,称之为鬼;既可用于昵称,如称小孩为“小鬼”,也可用于蔑称,如称日本侵略者为“日本鬼子”。这要从语词的文化源上来看,鬼在文化史上地位变迁,上古社会时初民敬畏鬼神,随着社会文化发展,神与鬼的地位开始分化,神的地位上升,鬼的地位下降,因为鬼又被作蔑称之用。

魔,本是佛教用语,有扰乱与神奇之义,这与鬼的情况类似,都要从文化源上追溯。魔本为梵语“魔罗”的汉译,有扰乱人神思之义,但魔本身是有法术的,这种法术本身是神奇的,因而扰乱与神奇是魔这一事物的不同特征。

鲠,本义为鱼骨,有阻塞与正直二义,乃从不同视角看同一事物。

反向引申中,最常出现的意象为如下 5 种:

(1) 帮助:违背

左、乖、偭、弼、挟、戗、毗

(2) 背逆:相逢

牾、遇、遻

(3) 治:乱

汩、滑、扰、搅、䜌

(4) 大:小

呐、单、浩、海、溟、藐、陌

(5) 进:出|至:往

出、到、徂、归、暨、适

一物两面类型的“一词兼有相反”二义则可根据范畴不同,分为以下 7 种类型：

(1) 视角不同

一、宛、旷、湛、漉、拙、推、绪、头、鲠

(2) 方向不同

来、就

(3) 行为主体不同

借、债、取、奉、奔、市、从、御、宰、犯、兽、扞、抵、塍、稟、货、贾、赇、赋、赌

(4) 量变与质变

夸、撩、忍、痛

(5) 作用力与反作用力

引、支、扔、扣、抽、拉、持、申、膺、靠

(6) 参照物不同

澜、须

(7) 不同组成部分

儒、悍、祝、辍、邀、觋、鬼、魔

严格来说，这个范畴的全称应该是同一事物的不同组成部分，或是不同特征，两者相加才是这个事物的全貌。

第三章 “反义同源”现象成因分析

在前文详细的案例分析的基础上，我们可以得出结论，反义同源的单音词、声符相同而语义相反的同源词、一词兼有相反二义这三种“反义同源”的表现形式，归根结底其成因是同一个，即一个语源同时包含一对语义相反或相对的因子。

在这里，我们将对“因子”这一概念做出澄清。“因子”这个概念并不从属于现有的语言学的任何一个学科门类。我们反复说，“反义同源”是指一组同源词，其语义相反或相对，语音相同或相通，在这里语义分化是主要矛盾，语音规律性通转及文字形体变化则是适应主要矛盾的。为什么我们不用一个语源同时包含一对相反或相对的语义，而要表述为语义相反或相对的一对因子呢？正如绪论部分引述了诸家对于“语源”的不同表述时所说，“语源”是一种客观存在，是后世语词增殖、语言发展的内在根据。自然科学如物理学及化学，通过实验发现，客观世界中的物质是由分子及原子构成的，如水（H_2O）是由水分子构成的，而金刚石是由碳原子构成的，这是从微观层面解析客观存在的物质。我们用因子来表述，暗含了这样的逻辑——“语源”也是种客观存在，当然这种客观存在与客观世界中存在的物质不一样，它是语言这个人类主观产物中的客观存在；“语源”是类似于分子的存在，语源相同的词才是同源词，而一个语源可以同时包含一对语义相反或相对的因子，这里的因子在结构上类似于原子，在性质上则是一种客观存在。

一、自然科学的启示

为什么我们将“语源”与客观存在勾连起来，借鉴物质的微观结构来解析语源？下面我们将从自然科学中来寻找资源，解释为什么一个语源可以同时包含一对语义相反或相对的因子。

（一）磁现象

俗称吸铁石的磁铁两端的磁性是相反的，分别被标以“N”和“S”，磁铁不是人类的发明，最初来自自然中的磁铁矿，磁铁的主要成分为 Fe_3O_4，如果将一个条形磁铁的中央用绳平行于地面悬挂起来，则会发现磁铁的 N 极指向地球的北极，磁铁的 S 极指向地球的南极，磁铁的两端极性完全相反，且共存于一体。

类似的还有我们生活的星球——地球，地球的两端分别有南极和北极；其实，地球就是一个巨大的磁体，地磁北极在地理南极附近，地磁南极则位于地理北极附近，地磁的南北极与磁铁的两极一样，也是极性完全相反的。按照磁流体力学的规律形成的地核电流体和原有弱磁场的相互作用，通过感应方式电流自身形成的场又可不断地再生磁场，从而增强后来的磁场。地核电流体持续运动而不断提供能量，因而引起一种自激发电机效应。由于能量的不断消耗和供应，磁场增强到一定程度就稳定下来，形成现在的地球基本磁场。①

在此简要介绍地磁场的起源及发生机制，是为了说明看似相反的一对事物，就如地磁场的南极与北极，它们内部是有某种联系的，比如地核是一个导电的流体。正是这个联系成为沟通相反事物的桥梁，让我们了解没有绝对孤立的相反或相对，相反或相对的事物总有一条路径来相成。

（二）干电池

干电池是我们日常生活中使用最为广泛的一种电池，例如为手电筒、收音机及遥控器等提供电源，以锌-锰干电池为例，正极与负极分列电池的两端，正极的材料是 MnO_2，负极的材料是锌片，电解质是 NH_4Cl 和 $ZnCl_2$。干电池的工作原理是通过正极与负极之间的电势差，促使电子流动从而产生电流，简单说来就是化学能转化为电能。

电池中的电子流动与氧化-还原反应有关，电池的正极发生的还原反应，反应的离子方程式为：$2MnO_2 + ZNH_4^+ + 2e = Mn_2O_3 + 2NH_3 + H_2O$；电池的负极发生的是氧化反应，离子方程式为：$Zn - 2e = Zn^{2+}$；锌的化学活性比锰

① 《地磁场与磁力勘探》，管志宁编著，地质出版社 2005 年版，第 10 页。

强，负极的锌失去电子被氧化，正极的锰得到电子被还原。氧化-还原反应的存在使得正负极同时存在于同一电池之上，而一方失去电子、一方得到电子的过程为这种相反的存在方式提供了相成的路径。

（三）中和反应与分解反应

中和反应与分解反应是化学科学的术语，但是这一反应类型描述的确是自然界客观存在的规律。

中和反应是酸和碱互相交换成分，生成盐和水，如 HCl 和 NaOH 的化学反应方程式为：$HCl + NaOH = NaCl + H_2O$，这个反应的离子方程式为：$H^+ + OH^- = H_2O$。再如：$Al(OH)_3 + 3HCl = AlCl_3 + 3H_2O$，现代医学常用氢氧化铝作为治疗胃酸过多的药物，这个化学方程式表达的就是中和胃酸的过程。化合价相等的正离子-氢离子与负离子-氢氧根离子结合成为化学形态稳定的水，由此我们可知，酸性的盐酸和碱性的氢氧化钠发生中和反应后，产生的是中性的盐和水，而人类生存的必须物——水，其微观分子结构是由一对化合价相等的正离子及负离子构成的。

由此引出另外一种化学反应形式——分解反应，还以水为例，正常条件下化学形态稳定的水，在通电的条件下会发生分解反应，化学方程式为：$H_2O = 2H_2 + O_2$，离子方程式为：$H_2O = H^+ + OH^-$。也就是说，纯水在电离的反应条件下，会分解为化学价相等的一对正离子-氢离子和负离子-氢氧根离子。

（四）雌雄同体

这里的“雌雄同体”是生物学意义上的，指一个生物体中雌、雄性状同时存在且都很明显的现象，“雌雄同体”的生物，意味着一对相反的性状同时存在于一个生物体之上。

雌雄同体的现象在植物与动物之中都有存在。大约 80%左右的被子植物是雌雄同体的，包括雌雄同花，雌雄异花同株、雄花两性花同株、雌花两性花同株等①。生活中常见的植物，如南瓜、黄瓜、玉米、水稻、大麦、小麦、西瓜等，许多植物都是雌雄同体的。

① 《雌雄同体植物的性别干扰及其进化意义》，白伟宁、张大勇著，《植物生态学报》2009 年第 4 期。

动物之中，最为常见的雌雄同体的就是蚯蚓，蚯蚓身上有雌性生殖孔 1～2 对，雄性生殖孔 1～2 对，因种类不同其所在位置也不一样[①]。泥螺也是雌雄同体的动物，雌雄性腺生在一起称为两性腺，精子和卵子都由两性腺产生；而比较进化的雌雄同体种类，如多角海牛，精子和卵子分别由精泡和卵泡产生，因此泥螺是比较原始的雌雄同体种类。[②] 俗称老鼠斑的驼背鲈，生殖腺有 2 叶，左叶大于右叶，粗短、雌雄同体。[③] 一篇名为《马氏珠母贝雌雄同体和自体受精研究》的论文提到，马氏珠母贝的雌雄同体可为两类，一种可以直接从性腺外观特征上辨别，另一种则需性腺穿刺和组织切片来确认，这证明在马氏珠母贝这种生物体上存在雌雄同体现象[④]。瘤背石磺也是雌雄同体的生物，它的生殖器包括两性腺，雌雄性腺生在一起成为两性腺，精子和卵子产生在同一个腺泡内[⑤]。黄边糙鸟蛤也是雌雄同体的生物，其生殖腺 1 对位于足上部，性腺由树枝状分支的生殖管、输精管、输卵管组成[⑥]。

雌雄同体的动物包括但不止于以上所述诸种，上述雌雄同体的动物有一个共性，即在进化链上都属于低等动物，低等动物出现的时间更为原始，而被子植物在植物进化链上也属于原始的低等植物种类。排除受外界环境变化影响以及自身基因突变带来的性状改变，低等与原始这两个关键词提示我们，从生物进化的角度来看，它们是更加原生的形态，后来的高等级生物形态都是在之前的低等生物形态的基础上进化而来。

磁现象中，磁铁和地磁场一样，它们的两端极性相反，电子的规律性运动是产生磁场的原因；干电池的两头分别是正极与负极，电子在电势差的引导下流动从而产生电流；化学反应中的中和反应是酸、碱这两种 pH 值完全相反的物质发生反应形成中性的水和盐，而分解反应的实质让我们认识到化合物是由化学价相等的正、负离子组成的；生物体中的雌雄同体现象出现在更为原始的低等

---

① 《蚯蚓养殖》，唐志明著，《农业科技与信息》2011 年第 7 期。

② 《泥螺生殖系统的组织学》，於宏、王一农、王国良、苏文锋著，《动物学杂志》2003 年第 4 期。

③ 《驼背鲈的形态和生物学性状》，区又君、李加儿、陈福华著，《中国水产科学》1999 年第 6 卷第 1 期。

④ 《马氏珠母贝雌雄同体和自体受精研究》，王梅芳、余祥勇、刘永、谭亚聪、杨珍义著，《水生生物学报》2006 年第 30 卷第 4 期。

⑤ 《瘤背石磺的形态、习性和生殖行为》，王金庆、成永旭、吴旭干、陈亚瞿、南天佐著，《动物学杂志》2005 年第 40 卷第 1 期。

⑥ 《黄边糙鸟蛤生殖腺的组织学研究》，吴洪流、王红勇、赵平孙、曾纪峰、陈振贤著，《海南大学学报（自然科学版）》2004 年第 22 卷第 2 期。

生物体上。以上的种种事实向我们昭示，一个物体同时具有性质相反的两端，这是自然的法则，是我们生活的世界存在的方式之一。

我们当然不能据此断言，一个语源同时包含一对语义相反或相对的因子，是自然法则在人的意识领域的反应，毕竟语源的历史非常久远，而人类认识这些自然法则需要有个过程。经典物理学认为，物质是客观的，然而这一认识被量子力学理论颠覆，量子力学提醒我们重新认识物质与意识之间的关系。因此讨论语源诞生的时间与人类认识以上所举的自然科学例证的时间节点，变得毫无意义，到底是物质决定意识还是意识决定物质，量子力学的存在提示了另外一种可能。笔者只想说，同时包含一对相反或相对的语义因子的语源，与以上所列举的科学现象，它们之间是同构的；无论是地磁场、干电池，还是化合物的离子方程式、雌雄同体的生物，它们的存在提示我们，一个语源同时包含一对语义相反或相对的因子，这完全有可能。

二、创世神话与思维同构

如果说以上所列举的四种例证属于自然科学领域，那么创世神话则是作为主体的我们建构出的一个关于世界起源的图景，它从属于人的意识领域，然而在这个被建构出来的图景中，我们不难发现自然界无处不在的投影，隔着人，神话与自然遥遥相对。

中国的传世神话中，接受度最高的当属盘古开天辟地的故事。《艺文类聚》引徐整的《三五历纪》载：“天地混沌如鸡子，盘古生其中，万八千岁，天地开辟，阳清为天，阴浊为地，盘古在其中，一日九变，神于天，圣于地，天日高一丈，地日厚一丈，盘古日长一丈，如此万八千岁，天数极高，地数极深，盘古极长，后乃有三皇，数起于一，立于三，成于五，盛于七，处于九，故天去地九万里。”①关于天地来源，《广雅·释天》有个一个类似的言说，只是其中没有那个开天辟地的人物——盘古，“太初，气之始也，生于酉仲，清浊未分也；太始，形之始也，生于戌仲，清者为精，浊者为形也；太素，质之始也，生于亥仲，已有素朴而未散也；三气相接，至于子仲，剖判分离；轻清者上为天，重浊者下为地，中和为万物”。②

① 转引自《古神话选释》，袁珂著，人民文学出版社1979年版，第1页。
② 《广雅诂林》，徐复主编，江苏古籍出版社1992年版，第704页。

无论是《三五历纪》还是《广雅·释天》,天与地都是同源的,一个是因为人——盘古的活动而分离,另一个则是清、浊二气的自发运动而分离。根据袁珂先生的研究,盘古这个人物源自西南少数民族的神话人物盘瓠①,在徐整的《三五历纪》之前并没有这个英雄,而屈原的《天问》就已经开始呼唤这样一个救世主般的英雄了。

无独有偶,《圣经·创世纪》的开篇,也讲了一个类似的故事,"起初,神创造天地。地是空虚混沌,深渊上一片黑暗,神的灵运行在水面上。神说:'要有光!'就有了光。神看光是好的,他就把光暗分开了。神称光为昼,称暗为夜。有晚上,有早晨,这是第一日。神说:'众水之间要有苍穹,把水和水分开。'事就这样成了。神造了苍穹,把苍穹以下的水和苍穹以上的水分开了,神称苍穹为天。有晚上,有早晨,这是第二日。"在这个创世神话中,神用 7 天时间创造世界,其中就包括把天与地分开,而之前的世界是一片混沌。

赫西俄德的《神谱》中说,最早诞生的神是卡俄斯②,卡俄斯是音译名,希腊文原文为Χάος,英文译作 chaos,随后诞生的是大地女神该娅,再由该娅生出天神乌拉诺斯,"将她完全覆盖,以作为受佑诸神永远稳固的栖居地"。③ 卡俄斯、该娅、乌拉诺斯均为音译,后两者在希腊语中分别为土地及天的意思。卡俄斯(Χάος),在另外一个译本中被直接译为"浑沌",并从语源学角度进行了追溯,"最接近古希腊词源解释是'开口''豁口''空洞'或'张开的深处''一个打开的口子'。我们可以把它想象为无限延伸的空间。因为,这时天地尚未产生,还没有或上或下的空间限制。"④"浑沌的基本特征是黑暗。在古希腊宇宙起源叙事中,黑暗往往是最早存在的元素。"⑤

于是,三个创世神话在思维结构上显现了同源的特征。世界的最初,是一片混沌,关于中国古代创世神话的混沌说,袁珂先生认为和汉代末年逐渐发展起来的"浑天说"的天文学思想有关⑥,由混沌生出天与地,而后才有了世间万

---

① 《古神话选释》,袁珂著,人民文学出版社 1979 年版,第 6 页。
② 《神谱》,赫西俄德著,王绍辉译,上海人民出版社 2010 年版,第 23 页。
③ 同②。
④ 《神谱笺释》,吴雅凌撰,华夏出版社 2010 年版,第 191 页。
⑤ 《神谱笺释》,吴雅凌撰,华夏出版社 2010 年版,第 192 页。
⑥ 《中国神话史》,袁珂著,上海文艺出版社 1988 年版,第 115 页。

物。"混沌"一词代表着古代人类的宇宙观,中国的"浑天说"一般认为是以张衡为代表,《晋书·天文志》载《浑天仪注》曰:"天如鸡子,地如鸡中黄,孤居于天内,天大而地小。天表里有水,天之包地,犹壳之裹黄。天地各乘气而立,载水而浮。周天三百六十五度又四分度之一,又中分之,则半一百八十二度八分度之五覆地上,半绕地下,故二十八宿半见半隐。其两端谓之南北极。北极乃天之中也,在正北,出地上三十六度。然则北极上规径七十二度,常见不隐。南极天地之中也,在正南,入地三十六度。南规七十二度常伏不见。两极相去一百八十二度强半。天转如车毂之运也,周旋无端,其形浑浑,故曰浑天。"[①]"周旋无端,其形浑浑",可知"浑天说"是以形命名,而由之而来的"混沌"也应具备"周旋无端"的特征。

英文 chaos,由希腊文Χάος而来,两词同源,《二十一世纪英汉大辞典》对"chaos"的释义为"混乱、纷乱、无秩序",《柯林斯英汉双解大辞典》关于"chaos"的英文解释为:"Chaos is a state of complete disorder and confusion."无论是从中文还是英文、希腊文的释义来看,"混沌"一词的基本特征都为"无序""混乱",可以说"混沌"代表的是一种未知、未明的状态,而由"混沌"分化天地、生育万物的过程则是由未知、未明走向澄明的过程。

神话是由人创造的,语言是由人创造并使用的,在这里我们要将"混沌"与"语源"放在一起类比。创世神话中,世界起源于"混沌",因为神的活动,从"混沌"中分出天地,而天与地是相对的存在;"语源"则是语言中类似"混沌"的存在,或者说"混沌"是"语源"的内在属性之一,"反义同源"则是"语源"这个"混沌"包含了一对语义相反或相对的因子,随着"语源"分裂,它们各自获得了独立,有了清晰的边界,从原初的"混沌"走向了澄明。这就是创世神话带给我们的启示,而"语源"和创世之初的"混沌"是完全可以类比的,因为它们都是人的创造,很明显人类在创造它们的时候包含了思维的同一性;而语言使用是促使语源分化的"神",正是人类对表意明确性以及语义边界清晰化的不断追求,使得一对语义相反或相对的因子所共同寄寓的语源发生了分化,于是"混沌"结束了,澄明诞生了。

有关"混沌",在此我们还要引入一点哲学思考。德勒兹与伽里塔在《哲学

---

① 《晋书》,中华书局 1974 年版,第 281 页。

是什么》的结论部分谈到了“混沌”，认为混沌有三个女儿，它们是三个作为思想或艺术创作形式的“澄浑态”，即艺术、科学和哲学。① “哲学家从混乱中带回的是一些无穷尽的变化，但是这些变化的外在面积和内部绝对容量都不可分割：这已经不再是一些联想，而是对一个概念中不明晰思想的逐区重新链接。学者从混乱中带回一些变量，这些变量通过减速即排除其他任何可干扰的变性，而成为独立的变数，以致于这些保留住的变量以可确定的关系进入一种功能：这已经不是诸多事物中有关特性的联系，而是一种从局部可能性进入宇宙整体参照线路图上的确定的坐标。艺术家从混乱中带回一些变样，它们不再是可感物在器官中的复制，而是在一个无机组合而又能够重新给出无限感觉的平面，塑造一个质感的存在，一个动人的存在。”②在这个言说体系中，“混沌”不是“秩序”的“他者”，而是按照干扰律自身的规则运动，或者可以说，“混沌”即是规则。布多在《混沌哲学》中提出，混沌可以出现在简单的系统里，既有复杂中的单纯性又有简单中的复杂性，并借分析逻辑斯蒂方程的非线性指出“混沌学揭示着虚构性，因为经典的单纯性是赝品……尺度不再是有规则的东西，而是无规则的东西。有序不再是规范，而是无秩序中例外的小岛。”③在这里，混沌是真实的存在，是普遍性的规律，而单纯与有序则是被虚构出来的赝品，无规则本身就是规则，无序是运动的规律。不仅如此，混沌还是事物本身所固有的，“系统运动状态的复杂性，并不来自外部环境干扰的作用，而是系统本身内在的或固有的。”④将哲学思考引入语源，我们可以说，混沌是语源本身所固有的属性，混沌不是“他者”而是语源自身，混沌即是语源的规律。“混沌规律是复杂系统的规律，是非线性规律。”“混沌是有结构的、有规律的，也可以是稳定。”⑤语源这个看似简单的系统本身就是复杂的，而一个语源同时包含一对语义相反的因子，这对因子需要依靠对方才能确立彼此，这便是混沌的语源秩序。语源分裂后，这对因子各自语义的澄明，则是以混沌的语源中彼此之间的关联作为基础的。

伍铁平先生在《论反义词同源及一词兼有相反二义》引美国语言学家萨丕

---

① 《从混沌到思想》，德勒兹、伽里塔著，关宝艳译，《世界哲学》2006 年第 4 期。

② 同①。

③ 《混沌哲学》，A·布多著，世泉摘译，《世界哲学》1992 年第 4 期。

④ 同③。

⑤ 《混沌与真理》，陈中立著，《江汉论坛》1993 年 8 月。

尔、英国语言学家莱昂斯、美国心理学家奥斯古德及宋代画家郭熙之言，试图从不同学科的不同角度证明，模糊性是语言的本质特征，而这正是反义词同源及一词兼有相反二义的根本原因，后来伍先生专门著有《模糊语言学》一书，成体系地阐释语言的这一特征以及模糊性对语言学各部门所产生的影响。

模糊是语源的特征之一，然后混沌却不止于模糊，它还有包容之义。一个混沌的语源包含这一对语义相反或相对的因子，而语源的分化则可视为这对因子的各自诞生，分裂成拥有狭窄语义边界的个体，就如同天与地的分开与诞生，语义狭窄与语义明确是伴生的。在这里要借鉴生物进化史，起初生命只是一团薄膜包裹的微粒，细菌的出现终结了化学进化，生物进化开始了，最早的生命是以单细胞的形式出现的，在经过长达数亿年的进化后单细胞才分裂为多细胞，更高级的生命形态出现了。同源词形成与生物族群繁衍的相似让我们更加确信语源分化的合理性，这过程类似于单细胞分裂，从一到多，从无到有，并最终繁衍出一个系统。

三、语言与思维

关于语言与思维的关系，学界有两种截然不同的观点，分别是萨丕尔的人本主义立场与布龙菲尔德的机械主义立场。在此将两种不同的关于语言与思维关系的言说做一简略梳理，用以探讨一个合理性的解释，应用于本章节的研究。

布龙菲尔德在《语言论》第二章“语言的用途”里将人类言语行为解释为“刺激——反应”模式，他将整个言语行为过程分为三部分：A. 言语行为以前的实际事项，B. 言语，C. 言语行为以后的实际事项。言语行为以前的实际事项，他称之为“说话人的刺激”，而言语行为以后的实际事项，他称之为“听话人的反应”，他将这一过程描写为“S→R”，语言可以在一个人受到刺激时（S）让另一个人去作出反应（R）。而 B 部分“言语”，说话人并不去实际的反应（R），而是作出发音动作即言语，布龙菲尔德将之称为“替代性反应”（r），因而对说话人来说，他|她的反应不是一种而是两种：

S→R（实际的反应），

S→r（语言的替代性反应）。

在言语这部分来说，说话人所作出的是后一种反应。对于听话人来说，他所作出的反应也分为两种：

无言语反应：S→R，

用言语作中介的反应：S→r……s→R。

无言语反应与刺激可以用一人完成，而用言语作中介激起的反应可能发生在没有受实际刺激的人身上，受到刺激的人可以激起另外一个人的反应，而这另外一个人的反应所作出的行为恰好是受刺激的人需要做出的，这就是布龙菲尔德所描述的言语行为的全过程。① 在这个模式中，我们并未发现可以称得上为思维的过程，收到刺激→作出反应，严格意义上来说，这是人类的本能反应而非思维过程，这个言语过程的“刺激→反应”模式很自然地令我们想起了人类生理的条件反射现象，这是人类神经系统正常工作的表达，而非思维系统。

布龙菲尔德写该书的年代，正逢行为主义心理学盛行，布龙菲尔德以及语言学并非是唯一受到其理论辐射的，另一方面，我们可以借鉴传播学中的超强效果论。超强效果论也被称为“皮下注射论”与“魔弹论”，施拉姆曾形容这种效果论为：“在手腕高明的宣传家手里，大众媒介对人的作用就像枪弹打在靶子上一样，颇像射击场里所见：瞄准射击，靶子应声倒下。”②这一传播效果论认为经媒介传播的信息，就像势不可挡的子弹，或如同注射器，直击目标，而受众对此只能做出本能的反应，从态度到行为都被媒介讯息完全操控。这就是行为主义心理学盛行的年代，又一个“刺激—反应”辐射下的假说，显然在这个模式之下，人类显现出动物性的一面。“他们认为人类与高等动物的行为之间存在着一种继承关系。例如，由于共同的遗传本能，某一特定物种的所有行为都会或多或少的表现出共同性。因此他们认为人类的行为也由共同的生物本能所控制，他们会对刺激产生大致相同的反应。在这种天性论的指导下，人类对刺激的反应被认为是由缺乏理性控制的本能决定的，或者是其他由遗传而不是由智力决定

① 《语言论》，布龙菲尔德著，袁家骅、赵世开、甘世福译，钱晋华校，商务印书馆 1997 年版，第 24-28 页。

② 《传播学概论（第二版）》，施拉姆、波特著，何道宽译，中国人民大学出版社 2010 年版，第 172 页。

的下意识过程决定的。”①

行为主义心理学的重要代表人物华生认为，心理学的研究对象是行为，行为的基本单位是“刺激—反应”；有机体的各种复杂行为，可以说都是在一定刺激情境下的适应活动。② 很显然，布龙菲尔德接受了华生关于一切行为都是对于刺激情境的适应的观点。然而人作为高级智能生物，思维系统从不会缺席，它与神经系统同时工作，当听说人接到来自说话人的指令时，他/她可以选择接受或者不接受，而一旦他/她开始选择，思维系统已经参与其中，所以在此我们用“映射”来代替“刺激—反应”，思维会映射到语言之中。

我们重新提及布龙菲尔德的机械主义语言观及行为主义心理学，是为了强调在“刺激—反应”的过程中，思维必然参与其中，思维的结果会投射到行为之上。后来的传播效果“说服”研究证明，在大众传播过程中，信息从信源出发到达信宿，而信宿在接受信息之后，思维参与了信息处理的全过程。二战时霍夫兰在耶鲁的“说服研究”已经证明了“刺激—反应”模式的破产，实验数据证明单一的大众传播信息并不能强烈地改变已有的态度，或者说“刺激”并没有引起所期待的“应激反应”。而“态度”已经取代含糊不清的术语，如本能、风俗、社会力量和感情，成为社会心理学领域最清晰、最不可取代的概念。③ 一旦谈及态度，思维即隐藏其中，“说服研究”实验证明，思维参与了“刺激—反应”的过程，并影响了作为终极目标的“态度”的改变；在语言学领域，布龙菲尔德所建构的企图将思维过程排除在外的“刺激—反应”模式自然也不成立，那么思维是怎样投射到语言之上的？我们在此用汉语及英语关于亲属称谓的词语作一对比。英语中亲属称谓极其简单，uncle，aunt，cousin，nephew，niece 即可道尽一切亲属关系类型，而汉语中的称谓名词却严格的区分了亲缘关系，所以我们有堂兄、表兄、舅舅、叔叔、阿姨、姑姑等一系列专有名词，亲属关系指代明确，而仅从英语中的那些称谓词我们是绝对无法推测出其中的亲缘关系类型的；汉语与英语在亲属关系称谓上的不同，投射的其实是中国人与英国人在亲缘关系认识上的差异，

---

① 《大众传播效果研究的里程碑（第三版）》，洛厄里、德弗勒著，刘海龙等译，中国人民大学出版社 2004 年版，第 13 页。

② 《行为主义心理学》，张厚粲著，浙江教育出版社 2003 年版，第 49 页。

③ 《传播理论：起源、方法与应用》，沃纳・J・赛佛林、小詹姆士・W・卡德著，郭镇之等译，华夏出版社 1999 年版，第 176-178 页。

汉语的称谓名词来自于汉民族亲属关系的“九族”“五服”区分，我们如何认识世界，语言就是一个投射的载体。

另一种则是经由洪堡特、博阿斯、萨丕尔、沃尔夫形成并发展起来的人本主义观点，称为语言的世界观，最有代表性的是“萨丕尔—沃尔夫”假说。

萨丕尔在《语言论》“引论：什么是语言”中将语言定义为：“语言是纯粹人为的、非本能的、凭借自觉的创造出来的符号系统来传达观念、情绪和欲望的方法。”①与布龙菲尔德截然相反，萨丕尔认为语言是非本能的，因而也就不是简单的“刺激—反应”，语言是应用于交际的，不能只从“心理—物理”过程来给语言下定义。在《作为一门科学的语言学的地位》中，萨丕尔说：“语言对科学地研究某一特定文化的引导作用显得越来越重要。从某种意义上说，表达某种文明的语言是该种文明的文化模式的标志。……正是语言符号才使得该文化的概貌变得对社会有意义并易于被社会理解。”②“语言强烈制约着我们对各种社会问题和社会变化的一切思索。人类并非孤立地生活在客观世界之中，也不是孤立地生活在人们通常所理解的那种社会活动范围之中，而是深受那充当社会表达工具的特定语言的支配。”③“事实是，‘现实世界’在很大程度上是不自觉地建立在人类习惯的语言社团之上的”。④

沃尔夫的《论语言、思维和现实》一书则是对萨丕尔的继承与扬阐，在《关于霍皮语言学的讨论》一章中，他表示要将语言学课程“侧重于心理学方面，以及所谓原始文化中意义、思维和概念方面的问题”，探讨“原始经验如何通过语言形式组织成一整套有条理、可交流的思想”。⑤ 在《习惯性思维、行为与语言的关系》中，他列举了那个著名的案例——“汽油桶”与“空汽油桶”，提出了“语言学意义”在对情境命名或语言描述上的影响。⑥ 在《原始社群思维的语言学考察中》，沃尔夫说：“原始社群中人们的思想及思维方式问题并非是一个简单纯粹

① 《语言论——言语研究导论》，爱德华·萨丕尔著，陆卓元译，陆志韦校订，商务印书馆 1985 年版，第 7 页。

② 《作为一门科学的语言学的地位》，爱德华·萨丕尔著，马毅、龚群虎、范俊军合译，伍铁平校，《福建外语》1993 年第 3－4 期。

③④，同②。

⑤ 《论思维、语言和现实：沃尔夫文集》，本杰明·沃尔夫著，高一虹等译，湖南教育出版社 2001 年版，第 79-80 页。

⑥ 《论思维、语言和现实：沃尔夫文集》，本杰明·沃尔夫著，高一虹等译，湖南教育出版社 2001 年版，第 120 页。

的心理问题。它在相当大程度上是文化问题，更是语言问题。我们所说的语言，即某种内部结构特别紧密的文化现象聚合体。”①而在感觉、情感、思维、直觉四种心理功能中，“与其他三种功能相比，思维在很大程度上是语言性的功能”。② 在罗列以上观点之后，“萨丕尔—沃尔夫”假说就呼之欲出了。“该理论有两种表述：‘语言决定论’，即语言决定思维；‘语言相对论’，即思维相对于语言，思维模式随着语言的不同而不同。”③该假说被分为“强势”及“弱势”两种，分别对应“语言决定论”及“语言相对论”。在此，我们更加倾向于接受“语言相对论”，正如高一虹教授所言，沃尔夫假说的言外行文是对 19 世纪西方主流话语的“一元决定论”的突破，意在唤醒对语言差异与思维模式差异之间关联的认识，并达成民族之间的理解，这种背景下的“语言决定论”多少有些修辞方面的动机，本章要讨论的是语言究竟如何影响思维。陈保亚教授在《语言影响文化精神的两种方式》一文中，将思维活动分为四个层面：思维能力、思维轨迹、思维模式和思维方法。思维能力是先天的，并且具有各民族普遍性的特征，而思维轨迹是思维能力在语言系统的实现，思维轨迹的差异是语言系统决定的，语言浇铸了思维轨迹。思维能力导致语言普遍性的产生，语言系统导致思维轨迹差异的产生。④ 我们认同这种观点，语言到底在什么层面上影响了思维？应该是怎样思这个层面上；而思维能力作为一种被全体高等智能生物共同拥有的存在，本身是普遍性的，存在于各种民族之间，而语言的产生本身就是智慧的结果，正是因为普遍拥有这种思维能力，所以各民族创造了自己的语言。而语言又反过来在怎样思这个层面上产生影响，可以说语言影响了我们对世界图景的建构。

再回到本文的主体，汉语反义同源现象的存在，究其根本是因为一个语源同时包含一对语义相反的因子；相反而共存，在汉民族的文化中处处都有这种现象存在，除了以上所举的创世神话“盘古开天辟地”说，最具代表性还有“阴阳

---

① 《论思维、语言和现实：沃尔夫文集》，本杰明·沃尔夫著，高一虹等译，湖南教育出版社 2001 年版，第 34-35 页。

② 《论思维、语言和现实：沃尔夫文集》，本杰明·沃尔夫著，高一虹等译，湖南教育出版社 2001 年版，第 36 页。

③ 《沃尔夫假说的“言外行为”与“言后行为”》，高一虹著，《外语教学与研究》第 32 卷第 3 期，2000 年 5 月。

④ 《语言影响文化精神的两种方式》，陈保亚著，《哲学研究》1996 年第 2 期。

鱼”太极图与道家思想。清胡渭《易图明辨》曰：“其环中为太极，两边黑白回互，白为阳，黑为阴。”[①]《道德经》云：“道生一，一生二，二生三，三生万物。万物负阴而抱阳，冲气以为和。”陈鼓应先生的《老子注译及评介》一书引诸家说，其中晨阳说：“‘道’是万物的原质，生的‘一’，是未分阴阳的浑沌气，浑沌气分裂成阴阳二气，阴阳二气和生第三者，第三者产生千差万别的万物。”任继愈先生说：“‘道生一，一生二……’并没有更多的意义，只是说，事物因浑沌的气（或朴、或一）分化成万物，由简单到复杂的过程罢了。”《淮南子·天文训》解为：“道始于一，一而不生，故分而为阴阳，阴阳和而万物生，故曰‘道生一，一生二，二生三，三生万物’。”陈鼓应先生认为《淮南子》的训解最接近老子原义，他认为统一是“道”的基础，统一的道又包含着对立的两个方面——“一生二”，如书中常出现的有无、动静、阴阳等两两相反的范畴。[②] 冯友兰先生说：“这里说的有三种气，冲气、阴气、阳气。我认为所谓冲气就是一，阴阳是二，三在先秦是多数的意思。二生三，就是说有了阴阳很多东西就生出来了。那么冲气究竟是哪一种气呢？照后来《淮南子》所讲的宇宙发生的程序说，在还没有天地的时候，有一种混沌未分的气，后来这种气起了分化，轻清的气上浮为天，重浊的气下沉为地，这就是天地之始。……在阴阳二气开始分化而还没有完全分化的时候，在这种情况中的气就叫做‘冲气’。‘冲’是道的一种性质，‘道冲而用之或不盈’。这种尚未完全分化的气，与道还差不多，所以叫冲气。也叫做一。”[③]道家是建构中国人精神内涵的支柱之一，如前所言，哲学即是一种怎样思的体系，在道家的言说体系中，我们发现了与语源同构的结构，这种同构应该存在着影响与被影响的关系。在中国人的创世观上，神话与哲学是同构的，天地导源于混沌，称为“一”“一生二”，且这二是性质相反的两物，再由这个彼此相反的“二”生出世间万物；正如语言系统最初以语源的形成呈现，语源是个具有模糊性和包容性的存在，其中可以寄寓一对语义相反的因子，而这对因子从语源中分化独立出来，并各自繁衍出庞大的同源词族，在创世神话及《周易》、道家建构的世界图景中，我们发现了反义同源现象的影子，也为沃尔夫假说再添一重证据。

① 转引自《周易精读》，王振复著，复旦大学出版社 2008 年，第 38 页。

② 《老子注译及评介》，陈鼓应著，中华书局 1984 年版，第 233 页。

③ 《老子注译及评介》，陈鼓应著，中华书局 1984 年版，第 234 页。

语言在怎样思这个层面上影响着思维，而“义相反而同词”现象同样存在于世界其他语言之中。如英语中就有大量的“一词兼有相反二义”现象，founder既有创始人的义项又有沉没的义项；stem既有起源于的义项、又有阻止的义项；fast既有迅速的义项、又有坚定的义项；fine既有美好的义项，又有罚金的义项；scan既有快速浏览的义项，又有细看的义项；overlook既有俯视的义项，又有忽视的义项；oversight既有疏忽的义项，又有监督的义项；sanction既有制裁的义项，又有认可的义项；quantum既有量子的义项，又有突飞猛进的义项。以上所举只是英语常用词中“反义同词”现象的一小部分，英语中将这一现象称为“ambivalent words”，所以我们发现希腊神话、圣经与中国神话中的创世说存在同构现象，而这种同构当然不是巧合，我们可以将之视为这些语言中语源形式的同构。

再反观既往研究中对“反义同源”现象的成因解释，辩证法是最常被引用的资源，在作了以上这么多的事实及理论铺垫之后，我们可否换一个方向来阐释“反义同源”现象与辩证法两者之间的关系？或者可以说，辩证法作为哲学体系中的一员，属于怎样思的层面，在辩证法理论体系的构建过程中，语言学上的反义同源现象是否也贡献了一份力量？

第四章

认知语言学视野里的汉语反义同源词成因分析

汉语反义同源现象有三种表现形式，究其因却是一样的，即一对相反或相对的语义因子同时寄寓于一个语源之上。若因此为观察点，我们会发现，这三种不同的表现形式可以视为是这一现象的不同阶段。一词兼有相反二义，亦即词汇学上所说的“auto-antonymy”，这个承载了一对相反语义的语词，最接近语源分化前的状态，这个语词可能同时具有多个义项，这种多义项形式可能是由文字假借和词义引申共同造成的。这些义项中有一对语义相反，不过这种语义相反既可表现为义项也可表现为义素，声符相同的反义同源词组，这个相同的声符即是同源词组的语源，语源以整体的形式参与同源词的增殖中。反义同源单音词，是汉语反义同源现象中形式最为复杂的一种，也可以视为是同源孳乳过程的高级阶段，因为语源发生了裂变，相反的这对语义在语源裂变后独立出来并各自附着在一个单音节词上，形成了一对语音具有通转关系的反义同源词组。从语源形成、语源作为整体参与同源词组增殖、再到语源裂变形成两个独立的单音节词，汉语反义同源现象的三种不同表现形式不仅共时存在，还呈现出了一定的历时性。本章将以汉语反义同源单音词为研究对象，通过对其成因进行认知分析，揭示这种特殊语言现象的形成原因。

一、转喻与特殊语源结构的形成

汉语反义同源现象形成的根本原因是一对相反或相对的语义因子同时寄寓于一个语源之上，而研究的难点也在于解释这种特殊的语源结构何以形成。

语言是人类认知的产物，因此语源结构本质上是一种认知结构，体现的是说这种语言的人对世界的认知方式和思路。转喻在汉语反义同源词形成中的作用可以分为两个层面：一是转喻作为一种思维机制，是如何孵化这种特殊的语源结构的；二是从转喻的视角去识解汉语反义同源词的生成。

（一）相反概念的激活

关于转喻的功能，目前主要有两种观点，一是"替代"（substitution），亦即用一件事来代替另一件事，旨在强调并吸引更多的注意力在转喻中被指涉的那部分事件，代表人物如 Lakoff 和 Johnson①；另一个是"参照点"（reference point），由 Langacker 首先提出②，亦即用一个实体概念作为认知参照点来获得与另一个实体的心理可及，Radden 和 Kövecses 强调转喻为一个概念实体到另一个概念实体提供了心理可及，持这一观点的学者都认可转喻的这种意义建构是在心理空间操作的。Panther 和 Thornburg 提出转喻提供了一种无意识的自然推理图式，可以看作是一种"激活的扩散"③。Barcelona 将"心理可及"换作"激活"，并将概念实体扩展为一个概念整体，他提出从一个子域到另一个子域的激活可以视为转喻的一个基本属性④。Langcaker 认为，重复发生的事件固化并形成惯例，而惯例执行就是激活⑤。

就本文所考释的反义同源单音词的语源结构来看，寄寓于同一个语源的这对相反的语义，它们相互之间不是"代替"的关系，X 不能替代 Y 的语义；它们之间是互相激活（activation）的关系，这对相反的语义不仅是彼此的参照物，还主动激活了对方的语义。这对矛盾或相反的语义，其中一个语义的确立依赖于另一个作为参照点。Vosshagen 提出对立可以被看作是转喻原则，一个概念实体可以用来为其对立面提供心理上的通达，语义上的对立不仅是词汇上的，而且是概念上的，对立面之间的关系是紧密的心理毗连关系之一，它为转喻映射提

---

① 《我们赖以生存的隐喻》，乔治·莱可夫、马克·约翰逊著，何文忠译，浙江大学出版社 2015 年版，第 33 页。

② Langacker, Ronald W. 1993. Reference-point constructions. Cognitive Linguistics 4(1). pp. 1-38.

③ Panther K U, Thornburg L. The role of conceptual metonymy in meaning construction[J]. Cognitive Linguistics: Internal Dynamics and Interdisciplinary Interaction, 2005.

④ Barcelona 2019 Metonymy[J], Edited by Ewa Dąbrowska & Dagmar Divjak, Cognitive Linguistics Foundations of Language [M]. Berlin/Boston: Walter de Gruyter GmbH.

⑤ Langacker R W. Foundations of cognitive grammar: Theoretical prerequisites[M]. Stanford university press, 1987, p 96.

供了概念基础，即不仅仅是基于词汇而是基于语言使用者的百科知识和语境知识。① 汉语反义同源单音词的语源裂变可以视为语言使用者以其中一个语义为参照点，唤起另一个对立语义的过程；这种激活是基于同一语义范畴的等距离激活，无论这对语义是相对或是相反的，它们之间的语义值是相等的。

例如“本|末”这对反义同源单音词组，“本”的本义是“草木的根”，“末”的本义是“树梢”，这种空间的“上|下”关系是依照对方的位置进行命名的，首先定义了“本”（“末”），再依据位置的相对，激活相反的语义；“本”与“末”都是指事字，即在象形字“木”的不同部位加指示符号而形成的，这两个字的造字逻辑即反映了这一语义形成的心理过程。

再如“甘|苦”这对反义同源单音词，“甘”的本义是“美味”，“苦”的本义是“苦菜”，后泛化引申为“苦味”，“美味”与“苦味”是一对相对的味觉概念，只有当对方存在的时候，“甘”或“苦”的味觉才能成立，没有参照物，这种相对语义无法成立，因此当我们定义其中一种味觉的时候，就不可避免地要激起与之相对的另一种味觉。

再如“结|解”，“结”的本义是“打结”；“解”的本义是“用刀分割牛”，泛化引申为“分开”。“结”与“解”体现的是动作行为的相反过程，因此“结”与“解”是两个具有相对方向性的动作，语义要依照参照物才能成立，其中一个语义成立时另一个相反的语义也相应地被激活。

纵观本书考察的诸多反义同源单音词个案，按照其思维特征可以将之分为反向思维机制和不同识解维度两种类型，上述三组语料即为触发反向思维机制形成的。认知语言学家公认转喻的源域和目标域具有相近性(contiguity)，吴淑琼在《反义共词的转喻阐释》中提出，反义同词的中的反义关系具有“概念相近性”和“范畴同一性”特征，汉语反义同源单音词的语源即包含一对相反或相对的语义，语义的相反来自概念的相反、相对，“反义词是被同一维度上的概念相反所定义的”。② 反向联想作为一种联想思维，是伴随着连贯性的推理行为。反

① Vosshagen, Christian 1999. Opposition as a Metonymic Principle. In Klaus-Uwe Panther & Günter Radden (eds.), Metonymy in Language and Thought (Human cognitive processing 4), pp. 289-308. John Benjamins Publishing Company.

② 《反义同词的转喻阐释》，吴淑琼著，《西华师范大学学报(哲学社会科学版)》，2010(6).

向关系是指两个语词与中性参考点①的距离通常是相等的，以中性参考点为中心，通过“部分-部分”转喻类型形成的语源，其对立的一对语义在性质、程度、距离等参数上应该是对称的，在语义极性上也是对称的，这种等距离激活是汉语反义同源单音词语源分化的关键。

关于转喻发生的范围，亦即源域和目标体的关系，Lakoff、Radden & Kövecse 王寅提出理想化认知模型（ICMs），Croft 使用了概念矩阵（matrix）这个术语，Barcelona 认为两者属于同一个框架（frame），本研究拟采用“ICM”作为转喻发生的范畴，因为这一模型对于语源形成过程最有解释效力；将语源结构视为一个 ICM，可以更好地解释语源分裂中的思维过程并对其进行建模展示。“我们有所有被概念化的事物的 ICM，这些 ICM 包括对事物和事件、词形及其意义、现实世界中的事物和事件的概念化。”②汉语反义同源词的语源结构可以用“容器图式”和“连接图式”来描绘，语源即可视为“容器”（container），寄寓于同一个语源的相反语义 A 和 B，互相联系又各自独立，共同构成一个“容器”，它们之间是互为参照互相激活的关系。“容器模型”确保了“范畴的同一性”，“连接模式”带来了“概念的邻近性”。

例如：“聪|聋”这对反义同源单音词，是听觉这个范畴中的两种极端概念，它们之间的参数差异是标量（scalarity），它们与神经参照点的距离相等，彼此互为参照物。如果将听觉视为一个 ICM（听觉容器），“聪”和“聋”是其中的两个子域（subdomain），彼此之间被听力状况的纽带相连，其中一个子域成立，必是以另一个为参照物的，因此它们的存在是互相激活的关系。

再如：“规|矩”，“规”的本义是圆规，“矩”的本义为画直角或方形用的曲尺。“规”与“矩”是一个概念整体内两个相关联的部分，最初是一套相互协作的劳动工具的名称。因为相互协作又彼此独立，所以人们在给它们命名时触发了反向思维机制，转喻的思维机制提供的是一种心理操作通道，由此形成了“规矩”这一反义同源联合词，这是汉语独特的构词法，两个反义同源单音词为词根，构成一个新的复合词，复合词的语义也发生了扩大，产生了“1＋1＞2”的效果。

---

① Lehrer, A., Lehrer, K., 1982. Antonymy. Linguistics and Philosophy 5, pp. 483-501.

② Radden G, Kövecses Z. Towards a theory of metonymy[J]. Metonymy in language and thought, 1999.

关于寄寓于同一语源的这对相反语义的类型特征，我们可以借鉴对反义词语义类型的划分。Lehrer 和 Cruse 将反义词的对立语义分为四种类型：①互补，它们构成了一对默认的解释；②相反，它们通常表示某些属性的程度；③反向，表示在两种状态下方向相反的变化；④反面，表示从两种对立的视角看某种关系。[①②] Karaman 从微观层面将"contronymy"现象分为五种类型：①具有成双性特征的互补；②具有渐进性特征的反义词；③具有方向性对立特征的反面；④具有事件始末特征的反向；⑤除去以上四种，其他的归入"不兼容"类型。[③]

综合考虑上述语义划分根据，我们拟将汉语反义同源词的语源按照其语义类型分为如下四类：

1）互补："茹|吐""静|躁""生|死""通|塞""旦|夕""恩|怨""明|灭""题|踬"等；

2）反义："老|少""盈|虚""利|钝""甘|苦""聪|聋""精|粗""新|陈"等；

3）反面："买|卖""教|学""取|舍"等；

4）反向："出|入""进|退""往|还""远|近""结|解""掩|扬""陟|垫"。

Panther 和 Thornburg 认为，词汇会自动唤起它们的对立面，这在直觉上是合理的，且得到了实验数据的支撑。[④] 通过对汉语反义同源单音词的量化统计分析，我们得出，寄寓于同一语源的两个对立语义属于同一范畴的两个概念域或同一概念的两个子域。

（二）"事件域"认知模型与识解操作框架下的汉语反义同源单音词生成分析

识解是我们认识世界的方式和路径，识解的重点是一列操作框架，有关识

① Lehrer, A., Lehrer, K., 1982. Antonymy. Linguistics and Philosophy 5, pp. 483-501.

② Cruse, D. A., 1986. Lexical semantics. Cambridge University Press.

③ Karaman, B. I., 2008. On Contronymy. International Journal of Lexicography 21, pp. 173-192.

④ Panther, K.-U., Thornburg, L. L., 2012. Antonymy in Language Structure and Use, in: Brdar, M., Fuchs, M. Ž., Raffaelli, I. (Eds.), Cognitive Linguistics Between Universality and Variation. Cambridge Scholars Publishing, pp. 159-186.

解操作的方案，主要有 Langacker、Talmy 以及 Croft 的三种框架。Langacker 的识解框架分为“详略度”“聚焦”“突显性”“视角”“动态性”等部分①②，Talmy 的识解框架包括“配置结构”“视角”“注意力分布”和“力动态”③，Croft 和 Cruse 的识解操作框架包括“注意力|显著性”“判断|比较”“透视|情境”“构成|格式塔”④。三种识解操作框架中，重叠的部分有“视角”“突显”“注意力”等，说明大部分的转喻现象可以涵盖其中。

王寅提出用“事件域”认知模型来解释转喻现象，综合了 Langacker、Talmy、Lakoff 等提出的识解操作框架，兼顾线性和层级性分析，将一个基本事件域 Event 的核心要素划分为两大类：行为（Action）和事体（Being）；一个行为（包括动态性行为和静态性行为）可以由许多具体的子行为或子动作构成，一个事体的构成既可以包括人、事体、工具等实体，也可包括抽象或虚拟的概念。⑤“ECM 也可对转喻机制作出清晰明了的认知解释。一个事件可包含很多行为要素和事体要素，我们仅用其中一个要素和部分要素就可表达整个事件。”⑥这种以部分要素表达另一部分甚至整体的方式，是一种以在场来呈现不在场的方式，被选择或被突显的部分就是在场，被激活的部分是不在场，在汉语反义同源单音词的语源结构中，这种在场与不在场的身份是可以互换的，哪一个概念作为在场被呈现取决于语境。王寅将反义同词现象置于“事件域”认知模型中进行识解，并用“始末关系”“因果关系”“施受关系”“美恶同辞”四种类型来进行类型划分，本部分的研究将采用“事件域”认知模型结合识解操作框架进行。

1. 主客体不同

主客体，即是 Langacker 所说的“subject”和“object”，王寅的“事件域”模型将之总结为“施受关系”。

“买|卖”，在历史语言学的理论框架中，这组反义同源词符合同源词判定的

① 《认知语法导论》，罗纳德·W·兰艾克（著），黄蓓译，刘辰诞审校，商务印书馆 2016 年版。

② Langacker, R. W., 2007. Cognitive Grammar, in: Geeraerts, D., Cuyckens, H. (Eds.), The Oxford handbook of cognitive linguistics, Handbook of cognitive linguistics, pp. 421-462.

③ Talmy, L., 2000. Toward a cognitive semantics, Vol. 1: Concept structuring systems. The MIT Press, Cambridge, Massachusetts.

④ Croft, W., Cruse, D. A., 2004. Cognitive Linguistics. Cambridge University Press, New York.

⑤ 《认知语言学》，王寅著，上海外语教育出版社 2007 年版，第 240 页。

⑥ 《认知语言学》，王寅著，上海外语教育出版社 2007 年版，第 247 页。

最标准条件——双声叠韵，“买”与“卖”是一场交易行为中的双方，主客体地位的确定取决于隐藏的说话人视角。当说话人是“买方”时，“卖”就是这个交易行为中的客体；当说话人是“卖方”时，“买”就是客体，说话人是在场的，不在场的一方被以这种转喻的方式呈现出来，当说话人身份互换时，主客体的身份也随之互换，说话人是被突显的一方。

再如：“教|学”，教的异体字中有一个字形为“斆”，教与学是一个ICM里的两个组成部分，教与学的概念语义都是以对方为参照物才能成立的，汉语有个成语“教学相长”，加上前面所提及的异体字，间接说明两者之间是可以流动的，取决于说话人的身份。类似的还有“取|舍”等。

2. 视角不同

Arie Verhagen在对识解操作的几种不同框架进行分析比对之后，得出了一个高度同一化的识解操作框架，就是透视（Perspectivization）①，“不同的词汇化折射的是对于概念化者可识别的‘视点’的不同识解”。Langacker提出视点（Vantage Point）的概念，认为同一客观情境从多个不同的视点加以观察和描述可以造就不同的识解方式，并带来形式上的差异②。视点的不同，造就了语义中的不同方位关系。

“出|入”“进|退”“远|近”，这三组反义同源词体现的是方向的差异，这里有一个缺省的观察者，他|她是话语的主导，面向这个观察者的动作是“入”“进”“近”，背离这个观察者的是“出”“退”“远”，方向是相对的，方向的成立依靠参照物，而观察者的位置就是方向的原点。

3. 程度不同

Langacker的“识解”框架中有一个“详略度”，亦即“精度”与“解析度”，不同的识解结果与不同的“精度”标准有关。如汉语反义同源词“疏|数”，“疏”的本义为“疏导、开通”，转喻引申为“数量少”；“数”的本义为“计数”，转喻引申为“紧凑”义，“疏|数”的差异是数量的“多少”，而“多”与“少”本来就是一个相对的程度概念。

同类型的反义同源词组还有“纯|杂”“粹|杂”“深|浅”“生|熟”“精|粗”“贫|

---

① Verhagen, A., 2010. Construal and Perspectivization, in: Geeraerts, D., Cuyckens, H. (Eds.), The Oxford Handbook of Cognitive Linguistics.

② 《认知语法导论》，罗纳德·W·兰艾克著，黄蓓译，刘辰诞审校，商务印书馆2016年版，第134页。

富”“清|浊”，等等。因为是一个程度范畴内的两个极值，所以此类反义同源词之间存在着从“量变”到“质变”的转化可能，两者中间存在一个中间标准，一旦越过了中间线，词义就会向相反的一方转化。例如，“疏”是“稀少”，“数”是“紧凑”，从“稀少”到“紧凑”之间存在过渡空间，一旦越过中间值，“稀少”就变成了“紧凑”，并且可以向“十分紧凑”这个极值继续前进。“生|熟”也是这样的一组反义同源词，一旦达成“可食用”这个基准线，食物就从“生”变为“熟”。

二、隐喻：反义同源词的增殖机制

如果说转喻的思维机制导致了特殊语源结构的分化，隐喻的思维机制则促进了反义同源单音词在数量上的增殖；这种增殖的达成，依靠的是基本意象图式在不同概念域之间的映射（Mapping），基于此，下文的论述将依据基本意象图式类型进行。

（一）意象图式与源义素

意象图式（Image Schema）是认知语言学的核心概念，汉语反义同源单音词的增殖机制，简而言之，就是由有限的基本意象图式在不同的概念域之间，通过不断的隐喻映射，形成庞大的同源词组。

Lakoff 和 Johnson 最先奠定了意象图式的概念基础，“和传统意象不一样，意象图式不是具体的、自觉的、需要努力的”，“它们是相对抽象的图式，用于组织可以感知和可视化的内容，但它们本身不能像丰富的图像那样直接可视化”。① Johnson 认为图式由少量的部分和关系组成，通过这些部分和关系可以无限期地构造许多感知、图像和事件。他认为，图式是动态的模式，而不是固定的、静态的意象，人们可以通过这些意象来建构或形成他们理解世界的秩序。② 图式被看作是建立在一般人类知识结构基础上的高度抽象、适应性良好的底层结构，这就解释了为什么不同语言中的意象图式高度同质，因为人类的一般知识结构与具身体验高度重叠。Aleksander Szwedek 将意象图式分为“对象”和

① Lakoff G. Women, fire, and dangerous things: What categories reveal about the mind[M]. University of Chicago press, 1987, p 453.

② Mark Johnson. The Body in The Mind: The Bodily Basis of Meaning, Imagination and Reason[M]. The University of Chicago, 1987, p 29.

“关系”两种，他继承了意象图式的具身体验观点，但是强调“对象”模式是“关系”模式的基础，亦即意象图式本质上是一种心理结构，但是这种心理结构的来源还是世界的结构，“意象图式是一种心理结构，至少有一个对象意象图式模式，它是一个概念上独立的实体，代表一个物理对象，其基本属性是通过触摸可体验的密度，随之而来的是有界、形状、大小等。”①Hampe 将意象图式概括为 6 种特征：体验性、前概念性、高度图示化的格式塔、内在的结构、高度弹性、独立于其他概念获得的模式。② 体验性肯定了意象图式的心理特征和现实来源，内在结构与 Lakoff 和 Johnson 所提出的意象图式是种不可视结构一致；而高度图示化的格式塔结构和高度弹性则暗示了意象图式是一个层级结构，有最底层、最抽象的意象图式也有具体、丰富的图式，多个意象图式可以叠加出一个具体的图式，底层基本意象图式就相当于一个认知模型（CM），每种语言中都有这样来源于世界结构、经过具身体验表征为心理结构的意象图式。

Todd Oakley 认为，图式可以被定义为对特定信息进行排序的固定模板，而图像则被定义为能够被图式呈现的特定模式的表征③；也就是说，人们习惯使用一些固定的模板作为模式或窗口来解释他们所生活的世界，以此来规划世界的秩序，固定模板的存在带来了不同概念之间高度同质的内在图式结构。Johnson 认为意象图式是一种拓扑结构：“就当代认知神经科学而言，我们会说意象图式不是某些（不存在的）用于产生形式的自主神经模块的产物，而是表征大脑各种感觉和运动区域的拓扑神经图中的不变结构的模式。”④Thomas 认为意象图式是“一种特别‘不饱和’的图像形式，仅通过模拟知觉探索过程中最早和最普遍适用的阶段产生：仅进行一些初步的知觉测试，因此仅代表定义的非常广泛的事物类别，被数量相当有限的全局特征所限制”。意象图式是一种“计算机数据结构”⑤。拓扑神经结构表示意象图式表征的不是明确、具体的语义，而是语义

① Szwedek A. The Image Schema：A Definition[J]. Styles of Communication，2019，11(1).

② Hampe. B. Image schemas in cognitive linguistics. Introduction[J]. From Perception to Meaning：Image Schemas in Cognitive Linguistics. Berlin-New York：Mouton de Gruyter. 2005.

③ Oakley T. Image schemas[J]. The Oxford handbook of cognitive linguistics，2007，pp. 214-235.

④ Mark Johnson. The philosophical significance of image schemas[J]. From Perception to Meaning：Image Schemas in Cognitive Linguistics. Berlin-New York：Mouton de Gruyter. 2005，p 19.

⑤ Thomas，N. (2005). A Note on “Schema” and “Image Schema”. From http://www.calstatela.edu/faculty/nthomas/schemata.htm.

树上的类型关系以及语义衍生路径。“不饱和”结构指向了意象图式的高度抽象性，意象图式只是一个模糊语义范畴，后面的语义叠加都只是在这个范畴内对语词进行具体化赋形；计算机数据结构则指向意象图式的可生成性，可建模、移动、排列重组，多语义生成即是依赖于这种计算数据结构的，这种通过数据结构的不同排列组合而生成丰富语义的过程，类似于基本意象图式通过排列组合生成不同的理想认知模型（ICM），在此基础上我们建立不同的语义范畴，每个范畴内再以相似性为链条形成语义集合，丰富的语义由此生成。“正是这种意象图式结构使我们能够对我们所感知的事物进行分类，正是这种意象图式结构使我们能够将语言与我们的感知和丰富的图像相适应。”①

将汉语反义同源单音词进行“源义素”（etymological semanteme）与“类义素”（conceptual semanteme）分离后，可对语源义特征进行如下分析：

“本|末”，源义素为“上|下”，类义素为“植物”；

“出|入”，源义素为“前|后”，类义素为“动作状态”；

“潮|汐”，源义素为“上|下”，类义素为“时间概念”；

“乘|除”，源义素为“上|下”，类义素为“动作状态”；

“宠|辱”，源义素为“心理状态两极化”，类义素为“情绪”；

“出|纳”，源义素为“前|后”，类义素为“动作行为”；

“纯|杂”，源义素为“基于感官的标量”，类义素为“纺织品”；

“粹|杂”，源义素为“基于感官的标量”，类义素为“米”；

“旦|夕”，源义素为“上|下”，类义素为“时间”；

“动|止”，源义素为“开始|停止”，类义素为“动作状态”；

“恩|怨”，源义素为“心理状态两极化”，类义素为“情绪”；

“甘|苦”，源义素为“基于感官的标量”，类义素为“味觉”；

“好|恶”，源义素为“心理状态的两极化”，类义素为“情绪”；

“荣|枯”，源义素为“开始|停止”，类义素为“植物”；

“茹|吐”，源义素为“上|下”，类义素为“动作状态”；

① Lakoff G. Women, fire, and dangerous things: What categories reveal about the mind[M]. University of Chicago press, 1987, p. 455.

“深|浅”，源义素为“基于感官的标量”，类义素为“视觉”或“触觉”；

“生|熟”，源义素为“基于感官的标量”，类义素为“味觉”；

“始|终”，源义素为“开始|停止”，类义素为“动作状态”；

“疏|数”，源义素为“基于感官的标量”，类义素为“视觉”；

“夙|夕”，源义素为“上|下”，类义素为“时间”；

“消|息”，源义素为“开始|停止”，类义素为“动作状态”；

“掩|扬”，源义素为“上|下”，类义素为“动作状态”；

“生|死”，源义素为“开始|停止”，类义素为“动作状态”；

“题|蹄”，源义素为“上|下”，类义素为“动物躯体”，

“顶|底”，源义素为“上|下”，类义素为“物体”；

“陟|垫”，源义素为“上|下”，类义素为“动作状态”；

“精|粗”，源义素为“基于感官的标量”，类义素为“触觉”或“视觉”；

“清|浊”，源义素为“基于感官的标量”，类义素为“视觉”；

“远|近”，源义素为“前|后”，类义素为“空间”；

“往|还”，源义素为“前|后”，类义素为“动作状态”；

“抑|举”，源义素为“上|下”，类义素为“动作状态”；

“种|收”，源义素为“开始|停止”，类义素为“动作状态”；

“抑|扬”，源义素为“上|下”，类义素为“动作状态”；

“腹|背”，源义素为“前|后”，类义素为“躯体”；

“天|地”，源义素为“上|下”，类义素为“空间”；

“首|足”，源义素为“上|下”，类义素为“躯体”。

经过源义素与类义素分离之后，我们发现汉语反义同源词的源义素呈现出高度的同一性，如“上|下”“前|后”“开始|停止”“基于感官的标量”等；源义素同时还表现出与意象图式的高度相似性，究其原因，是因为汉语反义同源单音词的增殖，是由意象图式在隐喻思维机制的催化下，在不同概念域之间的持续映射形成的。

Grady 将意象图式解构为基本单元（Fundamental Unit）、回应图式（Response Schema）和超级图式（Super Schema）；基本单元是基于感官经验的最

小格式塔模式，回应图式则应用于那些非感官经验图式类型如循环、进程、程度等，意象图式在隐喻机制的一个重要作用就是许可并节制从一个概念域到另一个概念的映射①。隐喻的源域与目标域共享一个意象图式，但不同概念域之间共享的是其实是 Grady 所说的超级图式，超级图式包括本体类别（例如，事件、过程、事物、名义、关系）、标量和维数、方面（例如，准时、持续、快/慢等）、有界、关系中的参数数量、射体-界标结构、因果结构、侧显-基底结构、简单与复杂（即内部配置）。

基本单元直接来源于感官经验，比如本书研究个案中，"首|足"这组反义同源词组直接来源于人体器官，是意象内容（Image Content）；"旦|夕"这组反义同源词则属于回应内容（Response Content），而它们之间的超级图式就是"上|下"。"纯|杂""粹|杂""清|浊"是基于视觉、触觉经验（Sensory Experience）的基本单元，"疏|数""同|异"则是回应图式，两者之间共享的超级图式是程度（Scalar Property）。"生|死""种|收"是人的具身经验，"始|终""动|止"是回应内容，它们之间的超级图式是"开始|停止"的过程。Grady 强调共享超级图式并不会形成隐喻赖以建立的相似性，相反，超级图式的应用依赖于"识解"（Construal），亦即我们理解世界的方式。

通过以上分析，可以将汉语反义同源单音词的意象图式总结如下：

"上|下"图式："本|末""天|地""首|足""题|蹄""抑|扬""抑|举""陟|垫""顶|底""题|蹄""掩|扬""夙|夕""茹|吐""旦|夕""乘|除""潮|汐""本|末"；

"前|后"图式："腹|背""往|还""远|近""出|纳""出|入""进|出"；

"开始|停止"图式："始|终""生|死""动|止""种|收""荣|枯"；

"基于感官的标量"图式："清|浊""纯|杂""粹|杂""疏|数""同|异""深|浅""甘|苦"；

"心理状态的两极化"图式："恩|怨""宠|辱""好|恶"。

---

① Grady J E. Image schemas and perception: Refining a definition[J]. From perception to meaning: Image schemas in cognitive linguistics, 2005, 29: 35.

汉语反义同源词的增殖过程有两个特点，一是跨概念域映射的心理特征，二是通过空间图式映射增殖的同源词数量最多。认知语言学认为，隐喻是基于象似性（iconicity）的，然而这种象似性更多的是基于心理空间的，意象图式是一种“心理上的真实”①。Mandler 和 Cánovas 提出三种不同的认知结构，即空间原型、意象图式、整合图式；空间原型是第一概念建构块，而意象图式是由它们构建的简单空间层。通过上述意象图式归纳可以发现，空间图式构成了大多数汉语反义同源单音词，甚至很多时间类语词也是由空间图式构成的，毫无疑问，空间图式是最基本的意象图式类型。“意象图式是认知科学中用来作为构建块的时空关系，用来在高度抽象的层次上对对象和事件进行概念化。”②空间关系是汉语反义同源单音词的基石，通过隐喻映射，空间关系被应用到时间的识解上，产生大量时空关系类的反义同源词，紧随其后的是情感范畴和道德范畴。Szwedek 提出意象图式最基本属性是可触摸体验的密度③，亦即触觉是最基本的感官经验而密度是基本的标量测量单元，由此我们可以归纳出另外一个意象图式“基于感官的标量”。

（二）汉语反义同源词的意象图式映射路径

1. “上|下”图式从人体域向非人体域扩散

“首|足”，“首”本义为头，“足”本义为腿脚，“首|足”是空间的人体方位概念。

“天|地”，“天”的本义是人的头顶，经“部分-整体”转喻机制词义扩大为天空义；“地”的本义为大地，天空与大地分别位于人体的上下两端。

“顶|底”，“顶”的本义为头顶，先经“部分-整体”转喻引申为头的上部，再经隐喻词义扩大为“物体的上部”；“底”，本义为物体的下部。从“首|足”到“顶|底”，语义从具象的人体上下部位扩大为物体的上下部位，指称从具体变为抽象。

---

① Gibbs, R. W., Colston, H. L., 1995. The cognitive psychological reality of image schemas and their transformations.

② Mandler, J., Cánovas, C. P., 2014. On defining image schemas. Language and Cognition 6, pp. 510-532. Murphy, G. L., Andrew, J. M., 1993. The conceptual basis of antonymy and synonymy in adjectives. Journal of Memory and Language 32, 301-319.

③ Szwedek, A., 2019. The Image Schema: A Definition, in: Cmeciu, C. M. (Ed.), Styles of communication, p 1.

“题|蹄”,“题”的本义为“额头”,语义经由隐喻从人体域向非人体域映射,因此“题”也有“动物头部”的义项;“蹄”的本义指马、牛、羊、猪等动物生在趾端的角质物,“首|足”与“题|蹄”是两组相对应的空间方位域,分别是人的上下与动物的上下两端。

“本|末”,“本”的本义是草木的根,“末”的本义是树梢,经由隐喻投射,词语扩大为草木的枝梢末端。

“上|下”的概念从人体域映射至植物域,而后再经隐喻投射,词义分别扩展至事物的开端和结尾,一个更大的范畴由此形成。

2. “上|下”图式从具体域向抽象域映射

无论是人体的上下两端、动物的上下两端、植物的上下两端还是事物的上下两端,它们中的绝大部分都是可见、可触摸的具体物,它们之间是从一个具体域到另一个具体域之间的跨域映射,而以下这几组反义同源词反映的则是“上|下”的空间概念从具体域到抽象域的映射。

“乘|除”,“乘”的本义为登、升,“除”的本义为宫殿的台阶,经“工具-行为”转喻引申出去除义,“乘|除”这组动词体现的是空间关系的“上下”。

再如:“掩|扬”,“掩”的本义为遮蔽,“扬”的本义为飞举、高升;“陟|垫”,“陟”的本义为“登”,“垫”的本义为“下陷”;“抑|举”,“抑”的本义为“按压”,有向下的动作趋势;“举”的本义为双手向上托物,有向上的动作趋势,因而也是空间“上下”的关系,类似的还有“抑|扬”和“隐|扬”。

3. “上|下”图式从空间域向时间域映射

“上|下”的空间结构是我们认知世界的基本意象图式,相比空间结构的可视化、具象化,时间是抽象的、不可触摸的、无限循环的,将具象概念投射至抽象概念、进而帮助标记及定义世界是隐喻的基本功能,汉语的时间标记就是通过空间结构的隐喻投射,以下这几组反义同源词就是“上|下”这一空间结构在时间域中的映射形成的。

“潮|汐”,“潮”本义为江河水流向海,也指海水因受太阳和月亮的引力而定时涨落的现象。“汐”,《字汇·水部》有“早曰潮,晚曰汐”,可知“潮汐”乃同一物,《广韵·昔韵》:“汐,潮汐。”“潮”“汐”二字的声符分别是“朝”和“夕”,声符是示源性构件,“潮”“汐”二字是根据时间变化给事物命名,“朝”是早上,“夕”是晚

上;时间本没有坐标,是循环往复的,将“上|下”的空间基本意象图式投射在时间之上,就形成了“潮|汐”这对语义相反的同源词。

“旦|夕”,“旦”的本义为天明,“夕”的本义为傍晚,时间本来是循环交替的,但是人们将空间“上|下”的概念投射在时间之上,以自己为参照点,观察太阳的起落,于是就有了早上和晚上的概念;从这个意义上来说,时间的概念是被想象出来的,人们建构了时间,相同原理的还有“夙|夕”和“日|夜”。

4. “前|后”意象图式

“腹|背”,“腹”的本义是“厚”,抽取典型特征跨域映射至人体域,引申为人的肚腹部位;“背”的本义是脊背。以人为参照物,“腹|背”位于人的“前|后”两端,空间的“前|后”与“上|下”一样,是我们思维中最基本的意象图式之一;“前|后”的意象图式投射于动作域,还衍生出“进|出”的空间概念,以观察者自己为参照物,面向自己的为“进”,背向自己的为“出”。

如“出|入”“出|纳”“进|退”,都是这种身体的“前|后”图式在动作域的映射,隐身的观察者不仅以自己为观察原点还掌握着话语优势;“远|近”“往|还”两组反义同源词表征了空间距离概念,“远”即背离观察者,“近”即靠向观察者;以说话者为参照物,靠近为“还”,远离为“往”,这两组词仍然是人体“前|后”的概念在动作域的投射。

5. “开始|停止”意象图式

“开始|停止”的意象图式可以说是人类基于自身经验形成的最基本的意象图式之一,普通物理学证明了世界上没有永动机,所有的运动都有开始与停止两种阶段。

“始|终”,“始”的本义为初始,“终”的本义为“终止”。“动|止”中“动”的本义为行动,“止”的本义为脚趾,由“工具-行动”的转喻关系引申出“停止”义。

“荣|枯”,“荣”的本义为“桐木”,因“桐木”生长繁盛,“原因-效果”转喻生成“茂盛”义;“枯”的本义为枯槁。从繁盛到枯槁,就是从开始到停止的过程。

“生|熟”,“生”的本义是生长,“熟”的本义为“食物到可以吃的程度”,泛化引申为“成熟”义,汉语有“瓜熟蒂落”的成语,意为成熟是成长的终止。

“种|收”,“种”的本义为植物的种子,经“工具-行为”的模型转喻引申为播种义;“收”的本义为拘捕犯人,后经隐喻映射引申为“收获”义,播种是生长的开

始，收获意味着成熟，“种|收”也是“开始|终止”的过程。

“生|死”，“生”的本义为“生长”，“死”的本义为“生命终结”，“生”与“死”是人类最基本最深刻的具身认知。动物有生死，过程有始终，植物有荣枯，人类认知是具身性的，基本意象图式也是具身性的。

6. 基于感官的标量

“纯|杂”，“纯”的本义是未经染色的蚕丝，遵循从具体到抽象的隐喻规则，引申为同一颜色的丝织品。“杂”的本义是以各种色彩相配制作衣服，类似的还有“粹|杂”。

“深”“浅”在训诂实践中常被用来互训，《说文・水部》：“浅，不深也。”《玉篇・水部》：“浅，水浅也。”这是一组相对性概念，必须以对方为参照物才能成立，而这组概念也是来自人类的具身经验，是凭借触觉和感觉经验建立起来的概念范畴。

“精|粗”，“精”的本义为优质纯净的米，“粗”的本义为“糙米、粗粮”；“精米”与“粗米”是是客观世界的真实存在，是基于感觉器官的具身经验。

“清|浊”，“清”的本义为“水纯净、透明”，“浊”的本义为“液体不清亮”。

“瑕|瑜”，“瑕”的本义为有红色的玉，玉质以通透、温润为上品，玉之间夹杂的红色，常被当作玼病；“瑜”的本义为“美玉”，类似的概念还有“盈|虚”“圆|缺”。

（三）隐喻中的“认知-文化”机制

“语言就其内在联系方面而言，只不过是民族语言意识的产物。”①Kövecses认为，语言可以被视为一种以文化成员共享的语言符号的形式存储的意义储存库，这使语言在稳定和保护文化方面发挥了历史作用。② 我们生活在一个命名的概念化世界，人类通过体验的方法感知世界，再将所感知的信息通过内在心智系统处理之后外化为各种语词来为世界命名，这个命名过程不仅是世界在人的意识领域投影的过程，也是人参与建构世界的过程。人是意义建构的主体，

① 《论人类语言结构的差异及其对人类精神发展的影响》，威廉・冯・洪堡特著，姚小平译，商务印书馆1997年版，第17页。

② Kövecses, Zoltán. Metaphor, language, and culture. DELTA: Documentação de Estudos em Lingüística Teórica e Aplicada 26(SPE): 739-757.

信息处理与输出的过程则与人的认知结构、背景知识紧密相关，亦即语义生产的百科观，而前置文化背景即是决定语义产生的百科知识中的一种，形成了“可选择的识解”(Alternative Construal)。

命名过程是人类在参与世界建构的同时，将世界投射到人类意识中的过程。人是意义建构的主体，因而信息处理和输出的过程与人的认知结构和背景知识密切相关，即语义生产的百科全书观，前置文化背景是决定语义生产并形成识解基础的百科全书知识的组成部分之一。“意义制造是一个总是发生在一组大的语境(从直接到背景)并伴之不同程度的成功的合作事业(语言的或其他的)，能够成功参与这种意义建构的人可以说是属于同一文化的。”①如果说前文汉语反义单音词的增殖路径从基本意象图式的角度反应了隐喻的普遍性，这部分的研究将致力于发掘文化在隐喻变体中的作用。Kövecses 在《文化中的隐喻》中，从社会、种族、宗教、风格、亚文化等不同维度探讨文化在隐喻变体形成中的作用。这些都暗示了在隐喻的形成中存在着“认知-文化”因素，作为思维机制的隐喻是仅仅折射了文化模式还是参与形成了文化模式呢?

如下这组反义同源词：夫|妇、乾|坤、天|地、清|浊、阴|阳，在中国古代文化体系内，它们可以被统分为两种，其中“夫”“乾”“天”“清”为“阳”，“妇”“坤”“地”“浊”为“阴”，“阴”“阳”的区分还包含着一个话语权力结构，“阳”为上“阴”为下。“阴阳”，可谓是中国文化体系中独特的物质观与世界观，所有的物质皆可依其性而被分为“阴”“阳”两类。

作为思维机制的隐喻，首先折射了塑造认知模型的文化背景。文化可以视为是一种规约，而语词所表征的是一个概念化的世界，这种概念化归根结底是人类身体体验与意识加工的产物;“阴阳”这一基本文化范畴的存在，体现的是汉语独特的基本认知模型——“天人感应”观。“天人感应”不仅是中国哲学范畴的方法论，还是认知科学范畴的思维模型，《春秋繁露·同类相动》:“天有阴阳，人亦有阴阳，天地之阴气起，而人之阴气应之而起，人之阴气起，天地之阴气亦宜应之而起，其道一也。”外感于天而内化于心，是汉民族最基本的思维模式之一，天的一切意旨都可以通过一定的中介或途径被人所感知，天的意志决定

① Kövecses, Zoltán. 2010b. Metaphor and Culture. Acta Universitatis Sapientiae: Philologica 2. pp. 197-220.

了人的行为；天分“阴阳”，因而人也分“阴阳”，世上的所有事与物也都可分“阴阳”，“阴阳”这个概念范畴由此被确立。“词汇概念反映的是人类从语言心理角度对外界事物的思考，这种思考又依附在语言符号中，代表其指称对象的属性。”①自然界的客观存在（“天”与“地”）作为信息经人类体验系统（视觉、听觉、触觉）完成输入，认知系统按照一定的思维模式（“天人感应”）对输入的信息进行加工，人类本身的知识结构必不可少的参与了信息加工的过程，文化作为组成并影响知识结构的重要因素也就相应地参与进信息加工的合成。

隐喻不仅仅折射文化模型，它还参与形成了文化模型。阳，甲骨文字形为（合集 948），金文字形为（集成 2805），阳的本义为“山的南面或水的北面”。阴，甲骨文字形为（乙 307），金文字形为（集成 4443），阴的本义为“山的北面或水的南面”。“阴”“阳”原本是方位名词，很显然，“阴”“阳”的语源分别是“月”“日”，甲骨文中“日”“月”皆为象形字，“日”像日中太阳之形，“月”像上、下弦月之形，故“日”为满而“月”为缺。仅从造字理据来看，“阴”“阳”皆不具备后来的核心文化关键词功能，只是方位名词。从单纯的方位名词上升到文化关键词，隐喻在其中扮演了语义赋能及范畴扩充的角色。“阴|阳”的地位差异应该来自其语源“日”“月”，物理现象被赋予心理意义，古代中国的太阳崇拜即因为同样的原因。在这个从物理到心理的隐喻映射中，人类的身体经验发挥了重要作用，太阳的能量要远远高于月亮，人类生存对太阳有很高的依赖性，“日”＞“月”，所以“阳”高于“阴”，语词意义形成了心理势能差。“阴阳”作为中国文化体系的核心范畴之一，原型的意义通过隐喻的方式确立起来，范畴成员的扩充通过隐喻建构的相似性得以完成，于是一个拥有众多数量成员的范畴形成了。“如果没有这些概念隐喻，仅仅依靠基本经验，就很难看出抽象概念是如何出现的，在出现的过程中，很难看出它们如何获得它们所拥有的详细内容和结构。尽管如此，基本经验在这个过程中确实有一个重要的作用，即它们可以被看作是对概念隐喻的激励和约束，这些隐喻最终可以提供抽象概念的必要内容和结构。”②

① 《语义·认识·释义》，章宜华著，上海外语教育出版社 2009 年版，第 168 页。

② Kövecses Z. Metaphor in culture: Universality and variation[M]. Cambridge University Press, 2005, p. 208.

隐喻是如何在不同的概念域之间不断映射以形成一个更大的"阴阳"的文化范畴的呢？《礼记·郊特牲》："乐由阳来者也，礼由阴作者，阴阳和而万物得。"孙希旦集解："乐由天作，故属乎阳；礼由地制，故属乎阴，阴阳和则万物得，礼乐和则万事顺。"天属阳，地属阴，《易·说卦》："乾为天……坤为地。"故而乾属阳，而坤为阴。《礼记·郊特牲》："玄冕其戒，鬼神阴阳也。"孔颖达疏："'鬼神阴阳'也者，阴阳谓夫妇也。著祭服而齐戒亲迎，是敬此夫妇之道如事鬼神，故云'鬼神阴阳'也。"夫为阳为天，妻为阴为地，古代中国夫妻家庭权力关系不平等的合法性与合理性即由此得证。阴、阳这两种对立的物质与性质却有着相同的起源。《周易·系辞上》："易有太极，是生两仪，两仪生四象，四象生八卦。"太极图由阴鱼和阳鱼组成，意味太极分化出阴阳，由阴阳而产生四时变化，继而变幻出自然万物；而所谓太极，即是最原始的混沌之气，孔颖达疏："太极谓天地未分之前，元气混而为一。"阴阳统一于混沌，中国的创世神话"盘古开天辟地"中，有混沌初开后清气上升为天、浊气下沉为地的记载，因此"清"为"阳"而"浊"为"阴"。

在整个古代中国，儒家的意识形态在思想体系中占据了绝对的主导地位，因此，儒家话语被当作不容置疑的社会行为准则；阴阳范畴作为二元对立的结构，是由儒家的威权主义话语建构起来的，再经过历代士人的阐释与重塑，最终形成了社会的思维模式。

在隐喻的形成中，文化系统被视为概念语境和情境语境，意识形态是文化-概念语境的一个亚型，儒家意识形态成为社会主流价值观，引发了隐喻变体。隐喻是人类普遍性的思维机制，而文化却是族群赖以形成的想象的空间，除了对客观世界的体认外，还有来自族群文化的规约性力量，这种"认知-文化"机制在我们认识并建构世界的过程中发挥了重要的作用，隐喻的民族性由此而来。

三、体认语言学视角下的转喻及隐喻形成原因分析

《我们赖以生存的隐喻》将人类身体经验当作隐喻和转喻的经验基础。"转喻概念跟隐喻一样，根植于我们的日常经验。事实上，转喻概念的经验基础要比隐喻更加明显。它总是有直接的物理联系和因果关系。"①"我们的空间概念

① 《我们赖以生存的隐喻》，乔治·莱可夫、马克·约翰逊著，何文忠译，浙江大学出版社2015年版，第36页。

的形成源于我们不断的空间体验，即我们与自然环境之间的相互作用。”①

《体验哲学》提出，人类的感觉和知觉系统在塑造特定的概念系统诸如颜色、基本类型、空间关系、事件架构等概念方面占据了重要作用②，“因为我们是神经动物，所以我们的范畴是由体验形成的，这意味着范畴是我们经验的一部分”，“一个体验性的概念就是一个神经架构，它或者是、或者利用了我们大脑的感觉运动系统，所以很多概念推理是感觉运动推理”③。概念结构和我们的神经架构是同构的，我们所有的推理和想象并非是依靠人类理性，相反是依赖我们的感觉运动神经的，基本概念是体验性的，范畴的形成是基于身体经验的。

汉语反义同源单音词的语义关系，在词汇学范畴内呈现出本义与本义、本义与引申义、引申义与引申义以及本义与假借义相反等四种类型，除去本义与假借义相反外，本义与引申义、引申义与引申义相反的形成皆来自人类的具身认知机制。如“寒|喧”这组反义同源词，“寒”的本义为“寒冷”，人们通过通感，将从感觉域获得的经验进行特征突显并投射在心理域，引申出“声音凄凉”的含义；“喧”的本义是“惊呼”，其听觉性状特征被突显，转喻引申出“大而嘈杂”，“寒”的“声音凄凉”义就是建立在具身感知的基础上的。“盈|虚”，盈，本义为充满。虚，本义为大丘。《说文·丘部》：“虚，大丘也。昆仑丘谓之昆仑虚。”大山空旷、渺无人烟，视觉感受传导至感觉域，故可引申为空虚义。再如下这几组“心理状态”范畴的反义同源词，“宠|辱”“恩|怨”“勇|惧”“喜|恶”，这些两极心理体验完全是来自具身经验的，“大脑回路会在某些大脑区域释放荷尔蒙，我们会体验到‘影响’，无论是积极的还是消极的；这个神经系统与实现目标有关并维持正常的体内平衡。它决定了你什么时候感觉好或坏——当你有幸福或不幸的感觉时”。④ 人类首先有了这样的情感体验，然后才会造词。

从具身认知与隐喻的思维机制来看，语词增殖的过程，就是身体作为主体去经历或感受然后形成具体概念和几种基本意象图式，经由隐喻的思维机制，

① 《我们赖以生存的隐喻》，乔治·莱可夫、马克·约翰逊著，何文忠译，浙江大学出版社2015年版，第56页。

② Lakoff, G., Johnson, M.L., 1999. Philosophy in the flesh: the embodied mind and its challenge to Western thought. Basic Books., New York, p 16.

③ Lakoff, G., Johnson, M.L., 1999. Philosophy in the flesh: the embodied mind and its challenge to Western thought. Basic Books., New York, pp. 19-20.

④ Lakoff, G., 2016. Language and emotion. Emotion Review 8, pp. 269-273.

不断地进行跨概念域映射，最终形成更大的概念范畴的过程。“人类可以将较为简单的概念结构向不同认知领域进行迁移，这是一种具有重要意义的进化适应优势；利用已被证明具有良好适应力的概念结构来发展更高层次的概念，可以丰富信息加工范围，扩展思维广度。”①“人类身体独特的构造决定了人类独特的思维方式。以身体为基础，人类形成了‘上下’‘前后’‘里外’的概念。这些概念是基于身体的，以特定的身体体验为基础。”②

王寅将语言的产生概括为“体”和“认”两步，“体”是互动体验，“认”是认知加工，“语言是人们后天在于社会现实进行‘互动体验’和‘认知加工’的基础上逐步形成的，是服务于社会交际功能的，在语言用法规则中必然要打上人之认知策略”。③ 体认语言观的理论核心是“现实—认知—语言”，强调语言的“人本性”，相比认知语言学的体验观，体认语言学更加强调人的主观性在认知加工中的作用，体认语言观视域下的汉语反义同源词成因研究，首先要解释的就是我们在形成这种特殊的语言现象时，是从何处“体”。现实世界是人类语言的基础，人类无法说出超越存在的语言，汉语“反义同源”现象形成的原因还要从现实世界存在的方式着手进行解析。如前文所述，地球是一个巨大的磁体，地球的南北极磁场极性是完全相反的。动植物中也有许多常见的雌雄同体现象，植物如南瓜、黄瓜、玉米、水稻、大麦、小麦、西瓜等，都是雌雄同体的。动物之中，最为常见的雌雄同体的就是蚯蚓，除此之外泥螺也是雌雄同体的动物，就进化链来说，蚯蚓和泥螺都是原始的低等级生物，也更靠近生命的起源。

汉语反义同源词组形成的语义范畴中，有两点着力体现了“认”的方法与思路对语言的整体影响，一是汉语时间的垂直方向观，还有一个是道德范畴的形成。王文斌《论英汉的时空性差异》从英语重动词、汉语重名词、英汉否定表征、词构、篇章结构、汉语流水句特征、英汉进行体标记的语法化差异等，论述了英语是时间性语言、汉语是空间性语言。④ 英语时间词更多是水平方向的，而汉语时间词更多是垂直方向的，刘丽虹、张积家用“空间关系启动对时间加工的影响”和“不同语言条件下垂直、水平空间关系对汉语母语者时间加工的影响”两

---

① 《具身认知——原理与应用》，叶浩生著，商务印书馆 2017 年版，第 212 页。

② 《具身认知——原理与应用》，叶浩生著，商务印书馆 2017 年版，第 56 页。

③ 《认知语言学》，王寅著，上海外语教育出版社 2007 年版，第 6-7 页。

④ 《论英汉的时空性差异》，王文斌著，外语教学与研究出版社 2019 年版。

个实验证明,“不同语言最初在建立时间表达方式时对时间的规定不同,因此,后来的人们就承袭前人的表达习惯,按照本民族语言规定的方式对时间和空间的不同维度进行匹配,从而以相应的方式来思考时间”。① Gibbs 在论述概念隐喻塑造决策时,同样将英汉时间词进行对比,实验研究表明,当被要求按时间顺序排列桌子上的物体时,三分之一说普通话的人是沿着垂直维度,而说英语的人却从未使用过垂直维度,这些结果表明人们的时间判断如何受到他们最突出的概念隐喻的影响。② 民族语言是建立在民族思维和民族文化之上的,汉语“时间-空间”观的这种垂直方向偏好首先是来自语言建立之初我们对世界形成了这种垂直方向的认知,比如“上下五千年”,这种全局史观呈现的就是一种垂直向度的假设,而这种概念隐喻一旦形成,又会强化使用这种语言的人的认知。

Lakoff 认为道德隐喻是植根于人们的身体和社会互动经验之上的,不同的道德类型建立于不同的家庭模型(models of family)之上,在“严厉的父亲”(the strict father)模式中,道德权威、道德力量和道德秩序的隐喻被赋予优先地位。③④ 这种认知是由文化涵化而来,儒家所提倡的那种道德秩序作为隐藏的话语,在隐喻形成中展示了强大的能量,“廉|贪”“勤|逸”“勇|惧”这三组反义同源单音词组的语义对立体现的其实是儒家意识形态对于士人的规训。“廉”,《说文·广部》:“廉,仄也。”“廉”的本义为狭窄,转喻引申为棱角义,再经隐喻映射引申为“廉洁”义,可见“廉”所代表的规训是极其严厉的,廉洁到近乎“仄”是种苛刻的道德秩序。“逸”,《说文·兔部》:“逸,失也……善逃也。”“逸”的本义为逃跑,转喻引申为“闲适、安乐”义,《书·无逸》:“生则逸,不知稼穑之艰难。”“勤”是形声字,其形旁体现的是农耕文明对于“力”的崇尚,“出力”是农耕时代的道德要求,而与之相对的“逸”则是不知稼穑之艰难,“勤”与“逸”语义对立的背后是价值观念的对立。勇,本义为有胆量,果敢。《说文·力部》:“勇,气也。”段玉裁注:“勇者,气也。气之所至,力亦至焉。心之所至,气乃至焉。故古文勇

① 《空间-时间隐喻的心理机制研究》,刘丽虹,张积家著,《心理学探新》2009 年第 3 期,第 32-36 页。

② Gibbs R W. The psychological status of image schemas[J]. From perception to meaning: Image schemas in cognitive linguistics, 2005, 29: 113-136.

③ Lakoff, George. 2010. Moral politics: How liberals and conservatives think. University of Chicago Press, p.65.

④ Lakoff, George. 2010. Moral politics: How liberals and conservatives think. University of Chicago Press, p.108.

从心。”《玉篇·力部》:“勇,果决也。”《书·仲虺之诰》:“天乃锡王勇智,表正万邦。”“勇”为形声字,下形上声,造字肇始是有力气之义,属于生理范畴;后经隐喻投射至道德范畴,在儒家经典中“勇”被阐释为一种好的道德品格并被上升为对士人行为规范的训诫。

儒家作为整个封建时代的主流意识形态,其价值观一直以威权主义话语的形态出现,而封建社会又是以父权为核心的,因此“廉”与“贪”“勤”与“逸”“勇”与“惧”的对立,体现的是以父权为核心的封建社会价值观,这种价值观的二元对立被铭刻进语词中,这就是汉语反义同源词组中道德范畴的来历。

第五章

“阴-阳”概念是如何形成的

——以词源、隐喻、批评话语分析为视角的解读

本章以“阴-阳”概念从确立到扩容的过程为考察对象，拓展汉语同源词研究的边界，将同源词研究与概念史研究相结合，采用认知语言学、话语分析等不同领域的研究方法，探索汉语同源词研究方法的多样性与研究对象的可能性。

“阴阳”是一对反义同源词组，而“阴-阳”则是中国文化体系中最重要的概念之一，几乎所有的事物与关系都可以按照其性质被分为“阴”“阳”两类；“阴-阳”还是中国哲学的基本范畴之一，作为一种重要的方法论，提供了思考的范式，在这个意义上说，“阴-阳”还是独属于中国人的思维模型。然而“阴-阳”也是最难被定义或澄清的概念，因为其概念从确立到发展的过程，融入了多种思想资源，或者说“阴-阳”这一概念作为话语，成了权力实践与博弈的空间。同源词系统的发展，除了语言内部的演化，还有来自语言外部的社会历史因素在起作用；或者说，语言不仅是社会有机体的组成部分，语言的演化本身就是历史的一部分，历史语言学关于同源词形成的一套研究方法无法解释“阴阳”及其同范畴的一系列同源词组的形成，语言接触与语音对应规律不是这类同源词形成的原因。既然语言是沉浸在社会与历史中的，同源词的形成也应该更多的从社会历史视角进行考察，就“阴阳”这一研究样本来说，语音对应只是外在形式而已，而既有的汉语语源学研究缺乏突破历史语言学范式的跨界面研究，本章对“阴-阳”的研究，即是一次跨领域交互研究的尝试。

“阴-阳”及其同范畴的同源词，不仅可以被视为同源词组，还可被看作历史概念范畴；不仅塑造了古代中国的物质观与宇宙观，还为中国传统医学的创立与发展提供了方法论基础。“阴-阳”这一概念还被征用为权力实践的空间，儒

家意识形态通过话语改造的方式，将儒家的社会秩序观与道德伦理观注入其中，并将概念塑造为“知识”的形式，纳入庞大的儒家话语体系。

“阴-阳”这一概念从发生到形成，经历了从方位词、物质观到伦理观的迁移。“阴-阳”概念范畴形成的原因和动力是复杂的，本章拟从语源学、隐喻机制以及批评话语分析等不同维度分析这个中国文化关键词从形成到发展过程中的各种影响因素，从语言角度切入概念史研究，这种“语言-历史”的界面研究方法既拓宽了语言学的研究视野，也为概念史的研究提供了多种可选择的方法。

一、语源学视野中“阴阳”概念的形成

“阴阳”可以被视为同一范畴的原型，“阴”与“阳”最初只是方位名词，然而汉语词汇系统中的“阴阳”却是一个潜藏着权力意图的话语，亦即“阴”与“阳”不仅被用来区分物质的属性，还被用来区隔事物的地位；“阴-阳”这一概念范畴中，语词的地位并不平等，“阳”>“阴”，“阳”的概念范畴成员相比“阴”的概念范畴成员具有更高的话语地位。

“阴”“阳”从方位名词上升为文化关键词的过程，可以从它们的词源开始追溯。“阴”“阳”在造字方式上都属于形声字，它们的形符相同，声符分别为“月”“日”；关于形声字声符示源功能，前文曾援引了王宁、李国英、殷寄明等诸位学者的研究结论，声符是示源性构件，起着提示语源的作用，声符承载的是核心义素，同源词的语源义即由声符承载，而形符则起到限定、区别具体义类的作用。

按照上述诸家理论界定，“阴”“阳”的声符义来自其语源“月”“日”，其形符“阜”则是附加性、限定性义素，“日”“月”在这里以显性语源义的形式出现，亦即“阴”“阳”的语义直接来源于作为示源性构件的“日”“月”的本义。日，《说文·日部》：“实也，太阳之精不亏。”日是象形字，甲骨文“日”为。月，《说文·月部》：“阙也，太阴之精。”徐灏笺注：“古文、钟鼎文像上、下弦之形，日像圆形，则月像其阙也。”月也是象形字，甲骨文“月”为。“阴”“阳”皆是象形字，“阴”的金文为（集成4443），“阳”的甲骨文为（合集948）；“阴”“阳”皆从阜，“阜”为形符，标定了“阴”“阳”最初皆为地形方位词，“阴”“阳”的差异来自示源符号“月”“日”的差异。阳，《说文》训“高、明”，段玉裁注：“闇之反也。”阴，《说文》又训：

“闇也。”段玉裁注:“闇者、闭门也。闭门则为幽暗,故以为高明之反。……日之所照曰阳。然则水之南、山之北为阴可知矣。”日光照射到的地方为“阳”,反之则为“阴”,“阴”的示源符号“月”本身不发光,靠折射太阳光线发出微弱光亮,因此“阴”用“月”加形符的方式构成,指涉缺少光照。

“日”“月”的差异不仅来自两个天体的体积、能量等客观参数方面,还反映在人们的具身体验上。地球上的生物对太阳的依赖度要远远超过月球,而认知语言学与具身哲学的基本观点之一就是语言是人类具身经验的产物。

Lakoff 和 Johnson 提出人类的感觉和知觉系统在塑造特定的概念系统方面占据了重要作用。“我们不能超越我们的范畴,并且没有一个纯粹的未范畴化和未概念化的经验,因为神经存在做不到这样。”①基础隐喻是认知无意识的一部分,我们通过正常的神经学习过程自动并且无意识地获取它们,很可能不知道我们已经拥有了它们。② 他们提出人类的具身经验是隐喻和转喻的经验基础,例如,空间概念的结构源于我们不断的空间体验。③ “阴”“阳”的本义就是空间方位词,因此“阴-阳”最初是一对空间概念,“山南水北”和“山北水南”只是以人自己为观察者,观察太阳光线位置变化后的描述;而“阴”与“月”的关联则是来自人类的类比联想,月亮本身不发光,只能反射太阳光线,这与“山北水南”地带太阳光线并不能直射具有相似性,因此古代中国的人们用“阴”来指代那些太阳光线不能直射的地区。

这种概念的形成首先是源于我们的具身体验,人们对于太阳和月亮光照以及能量变化的感受即是这对概念的构词理据。体认语言学将语言的形成细分为“体”与“认”两步,“‘体’,是语言具有普遍性的基础,因为全世界的现实是相同(基本相同)的,人类身体结构和功能也相同,这就可以解释语言为何具有‘普遍性’”;“‘认’,承认了语言在很大程度上具有主观性、差异性。虽说人们的感知和体验基本相同,但是人们可选择不同的‘感知渠道’或‘体验方式’,这就是

① Lakoff, G., Johnson, M. L., Philosophy in the Flesh: the Embodied Mind and Its Challenge to Western Thought[M]. Basic Books., New York. 1999, p.19.

② Lakoff, G., Johnson, M. L., Philosophy in the Flesh: the Embodied Mind and Its Challenge to Western Thought[M]. Basic Books., New York. 1999, p.73.

③ Lakoff, G., Johnson, M. L., Metaphors We Live By[M]. University of Chicago Press, 2003, p 33.

‘识解’”①。人类活动对太阳的高依存度是具有普遍性的体验，而山南为阳的定义则是人的主观识解对于语言的加工。“阴-阳”概念作为只存在于汉语系统中的语词，其特殊性来源有两个，一是古代中国的地理位置，因为空间概念的形成往往是以观察者为参照点的；还有一个则是古代中国文明作为认知识解的编码系统，对客观世界的主观解码。

古代中国的绝大部分版图都位于北回归线以北，因此太阳直射对于生活在此的人们而言，是从南方而来的；山北为阴，山在这里是一般障碍物的指称，山的北边是太阳直射不到地方，故而为“阴”。正是因为人类对于太阳的高依赖度，太阳崇拜是全球范围普遍存在的文明景观，在世界主要文明体系如古希腊文明、古罗马文明、古代中国文明中，太阳神的神格地位相较月亮神要高。因为“日”的心理地位高于“月”，所以“阳”的心理地位也高于“阴”，因此作为方位名词的“阴”“阳”获得了超越本义的心理赋能。

整个漫长的古代中国社会都处于农业文明阶段，其生产方式与生活方式都对太阳十分依赖，比如将太阳升起视为一天的开始，将两次太阳升起的间隙视为一天，依照太阳在天空运动的轨迹安排一天的生活；中国古代最重要的时间体系——历法，就是按照地球围绕太阳公转的规律制定的，历法不仅是时间系统，指导整个社会的生产和生活，甚至被抬高到“礼”的位置，是祭祀的依据，是政权统治工具的一部分。《礼记·月令》就是一部以太阳为核心，制定历法、安排祭祀的著作，历法与礼法合二为一，共同成为封建王朝统治的法理基础，它不仅能够驭下民，还起到了约束君主的作用，实则是一部规定社会秩序的制度性著作，而这部著作先验的合法性就全部来自太阳，《礼记·月令》中四时、三月的开头，都是太阳的位置，太阳在这里已经被神化为拥有至高无上权力的人格神，通过运动轨迹传达神示，处于整个权力体系的顶端，太阳之下才是人间君主。

列维·布留尔在《原始思维》中提出原始人类认为任何事件的发生都是由神秘的和看不见的力量引起的，他们的直接经验比我们丰富，并且将看得见的和看不见的世界合二为一。“原始人的直觉不但不抛弃一切缩小它的客观性的东西，而且相反的，它还专注于存在物和现象的神秘属性、神秘力量、隐蔽能力上面，从而指靠那些在我们看来具有纯主观性的、但在原始人看来却不比其他

① 《体认语言学—认知语言学的本土化研究》，王寅著，商务印书馆 2015 年版，第 8 页。

任何东西更少实在性的因素。”[①]人类文明早期阶段，限于低下的认知水平，对一切不能用当时科技解释的现象，习惯于将其视为一种神示，这就是无处不在的自然崇拜，太阳崇拜是原始文明中一种普遍存在的现象。高福进考察了多种文明早期的太阳神话，他认为太阳崇拜出现的原因首先因为早期人类严酷的生存环境与落后的生产方式导致即使是最常见的自然现象他们也无从解释；其次是所有自然神崇拜中，人类最有可能首先认识到的就是太阳神，因为太阳对于自然万物的存在与进化来说是最重要的。[②] 王守功通过对刻画在器物上的太阳崇拜图像、与太阳崇拜相关的遗址和遗迹等考古资料进行分析，提出古代中国的太阳崇拜可以分为对太阳自身的崇拜和对人神合一的太阳神的崇拜两个阶段。[③] 李修松提出上古时期中国东南地区的太阳崇拜经历了从自然崇拜、图腾崇拜到祖先崇拜各个阶段，“天圆地方”“四面八方”的世界观与古代中国的原始天文历法与原始八卦也都产生于太阳崇拜。[④] 纪晓建对《楚辞・天问》中“阳离”的形象进行分析，认为“阳离”就是日中神鸟，反映了南楚民族先民的太阳崇拜意识。[⑤] 以上研究从文化人类学、考古学、古代中国文学等不同领域证明了太阳崇拜从原始文明时期就已经存在于中国文明体系中，并且随着历史发展，从纯粹的对太阳本体的崇拜进化到将太阳抬升为神格最高的人格神地位，太阳崇拜深刻影响着中国文化的方方面面，而“阳”的概念地位先验性地高于“阴”只是古代中国太阳崇拜在语词系统中的一个缩影。

二、概念隐喻与“阴-阳”概念的扩容

“阴”“阳”从方位名词上升到文化关键词，概念隐喻及隐身其后的“认知-文化”机制在其中扮演了语义赋能及范畴扩充的角色。认知语言学认为，隐喻达成的关键是相似性，而隐喻的思维机制是帮助我们通过一个概念去理解另一个概念[⑥]，通过从源域（source domain）到目标域（target domain）之间的跨域（cross-

---

① 《原始思维》，（法）列维・布留尔著，丁由译，商务印书馆 1981 年版，第 37 页。

② 《太阳崇拜与太阳神话探源：一种原始信仰的世界性探视》，高福进著，《青海社会科学》1999 年第 5 期。

③ 《考古所见中国古代的太阳崇拜》，王守功著，《中原文物》2001(6)。

④ 《上古时期中国东南地区的太阳崇拜》，李修松著，《历史研究》2002(2)。

⑤ 《〈楚辞・天问〉“阳离”与楚人之太阳崇拜》，纪晓建著，《兰州学刊》2010(11)。

⑥ Lakoff, G., Johnson, M. L., Metaphors we live by[M]. University of Chicago Press, 2003, p 13.

domain)映射(mapping)[①],最终形成一个更大的范畴。

汉语词汇系统中属于“阴-阳”这一概念范畴的包括“日月”“天地”“君臣”“夫妇”“男女”“礼乐”“乾坤”“清浊”“昼夜”“寒暑”等。

《礼记·祭义》:“日出于东,月升于西,阴阳长短,终始相巡。”孔颖达疏:“阴谓夜也,阳谓昼也,夏则阳长而阴短,冬则阳短而阴长,是阴阳长短。”

《楚辞·九辨》:“四时迟来而卒岁兮,阴阳不可与俪偕。”

柳宗元《天问》:“寒而暑者,世谓之阴阳。”

《楚辞·九章·涉江》:“阴阳易位,时不当兮。”王逸注:“阴,臣也。阳,君也。”洪兴祖补注:“阴阳易位,言君弱而臣强也。”

高原《事物纪原·天地生植·阴阳》:“《春秋内事》曰:‘伏羲氏定天地,分阴阳。’”

《礼记·郊特牲》:“乐由阳来者也,礼由阴作者,阴阳和而万物得。”孙希旦集解:“乐由天作,故属乎阳;礼由地制,故属乎阴,阴阳和则万物得,礼乐和则万事顺。”

《易经·说卦》:“乾为天……坤为地。”故而乾属阳,而坤为阴。

《礼记·郊特牲》:“玄冕其戒,鬼神阴阳也。”孔颖达疏:“‘鬼神阴阳’也者,阴阳谓夫妇也。著祭服而齐戒亲迎,是敬此夫妇之道如事鬼神,故云‘鬼神阴阳’也。”

其中,属于“阴”这一概念范畴的有“月”“地”“臣”“妇”“女”“礼”“坤”“浊”“夜”“寒”,属于“阳”这一概念范畴的有“日”“天”“君”“夫”“男”“乐”“乾”“清”“昼”“暑”。显然,“阴-阳”及其成员之间的语义都存在着一个二元对立的结构,这个特殊语义结构可以视为一种意象图式(Image Schema),而隐喻作为一种思维机制,促使这一独特的意象图式在不同的概念域之间持续映射,最终就形成了“阴阳”的概念范畴,“阴阳”则是这一范畴的原型。上一章讨论了意象图式的

① Lakoff, G. (1993). The Contemporary Theory of Metaphor. In A. Ortony (Ed.), Metaphor and Thought (second edition) (pp. 202-251). Cambridge: Cambridge University Press.

一些基本特征，意象图式是一种不可见的格式塔结构，意象图式的产生仍然是人类的具身经验，因此意象图式本质上是一种心理结构，人们在日常生活体验的基础上通过认知加工形成意象图式；人类的神经器官与神经功能基本相同，因此我们拥有很多相同的具身经验，这种神经机制与具身经验的普遍性决定了语言中普遍存在的基本意象图式；但是作为认知加工的产物，人类对同一事物不同的识解方式，亦即认知的主观性又不可避免地参与意象图式的形成中，因此不同语言又拥有独特的意象图式结构。意象图式可以被理解为我们识解世界的模板，用相同的模板就会产生相似的内在结构；而人们对事物的分析、想象、推理为何，很大程度上取决于他们使用怎样的模板去理解，而语义特征则是意象图式的外在表征之一。正是因为我们采用了这一意象图式结构去识解，语义上的二元对立是认知模板的表征。意象图式激发了关于我们如何思考、推理和想象的重要方面，而同一意象图式可以在不同的域中被示例化，因为它的内部结构可以被隐喻化的理解①。通过隐喻映射，源域和目标域拥有一样的内在结构，这个内在结构就是意象图式，确切来说，被隐喻连接起来的双方，并不一定在物理现实上具有相似性，隐喻提供的是一种识解事物与关系的模板，重要的是作为思维主体的人们相信处于隐喻关系中的双方存在着某种“相似性”，从这个层面上来说，隐喻是在心理现实上成立的。关于意象图式的层级结构，有基础意象图式（Basic-level Image Schema），也有复杂意象图式（Complex Image Schema），而复杂意象图式可以由基础意象图式叠加而来，就“阴-阳”这个概念来说，基础意象图式有两个，一个是二元对立的结构，另一个是“阳”＞“阴”的内部关系，而这个两个基础意象图式叠加起来，就是这个概念范畴的意象图式了。

“阴阳”是汉语中的基本隐喻，这一概念范畴的形成是植根于文化语境的，人类认知与生存其中的文化是分不开的；大脑是一个复杂的信息处理系统，外界信息通过具身体验输入，信息解码除了依靠神经系统，文化作为前置背景知识也是解码系统的重要组成部分，这直接导致了隐喻特殊性的产生。人类对于太阳的高依存性是普遍的，然而“阴阳”这一概念范畴却只存在于古

① Gibbs Jr R W, Colston H L. The cognitive Psychological Reality of Image Schemas and Their Transformations[J]. 1995.

代中国的文化系统中，显然是文化语境作为人类认知系统的有机组成部分发挥了作用。正如Lakoff所提出的一个文化中最根本的价值观将与隐喻结构连贯①。

Steen讨论了话语中的隐喻(Metaphor in Discourse)，他将隐喻的话语性质(the Career Discourse of Metaphor)分为官方隐喻模式(Official Metaphorical Model)、有争议的隐喻模式(Contested Metaphorical Model)、内含的隐喻模式(Implicit Metaphorical Model)以及基于以上三种类型的新兴的隐喻模式；其中，官方隐喻模式是在书面或口语文本中显性提法的基础上正式被正规教育灌输的思想隐喻，而内含隐喻模式则是一方面是典型的内含，另一方面则作为文化作品中的民俗而被明确表达。② 就"阴-阳"这一概念隐喻的形成与范畴扩容来看，"阴-阳"概念的形成得益于文化语境，而传播与被接受则是通过古代中国的官方教育与教材，比如儒家的经；而"阴-阳"的概念含义几经变迁，内涵丰富，对于文化语境之外的人来说，很难领会，但是对于身处同一文化语境的人来说，其含义则是非常清晰的。

有关文化在隐喻形成以及人类认知中的作用，Kövecses作了系统性研究。他将隐喻存在的层级分为三种，分别是超个体的(Supreindividual)、个体的(Individual)以及亚个体的(Subindividual)，其中亚个体层次是隐喻获得动机的层次，亦即隐喻所具有的身体或文化基础。③ 隐喻的身体基础导致了隐喻的普遍性，因为人们的感觉器官与神经机制是高度近似的；而隐喻的文化基础则造成了隐喻的特殊性，因为即使对于同一种具身体验，不同文化中的人们也会有不同的解读。人类对于太阳的依赖是普遍性的，因此太阳崇拜是不同文明中广泛存在的现象；但是不同文明对于世界起源与物质属性的隐喻式理解不一样，因此"阴-阳"是独存于古代中国文化体系中的概念。

他认为自然情境下隐喻概念化的发生可以归结为两个同时发生的压力：具

---

① Lakoff G, Johnson M. Metaphors We Live By[M]. University of Chicago Press, 2003, p 22.

② Steen G J. The Contemporary Theory of Metaphor—Now New and Improved[J]. Review of Cognitive Linguistics. Published Under the Auspices of the Spanish Cognitive Linguistics Association, 2011, 9(1): pp. 26-64.

③ Kövecses Z. Conceptual metaphor theory: Some Criticisms and Alternative Proposals[J]. Annual review of cognitive linguistics, 2008, 6(1): 168-184.

身的压力和语境的压力，其中，语境的压力由本土文化决定，隐喻的特殊性由此产生（2010）；①而引起隐喻变异（Variation in Metaphor）的原因可能有两种：不同的体验（Different Experience）和不同的认知推理（Different Cognitive Inference），②不同的体验就涉及不同的社会-文化语境（Social-cultural Context），而认知推理也需要以一定的知识结构为基础，文化是知识的组成部分。在论述文化和语境的关系时，他提出文化可以视为情境的语境（Culture as Situational Context），影响隐喻概念化的文化因素包括群体成员的主导价值观和特征、支配生活的关键观念和概念、组成这个群体的各种亚群体和亚文化等等。关于影响隐喻的语境类型，他提出两种分类，一种是“情境语境”（Situational Context），另外一种是“概念-认知”语境（Conceptual-cognitive Context），由概念体系、意识形态、对事件和事物的记忆、关注与利益等组成，概念一般表征为框架或模型，构成了我们对世界认识的很大一部分。③ 概念体系的形成有赖于隐喻的思维机制，而文化作为影响隐喻的因素不可避免地会参加到概念化的过程之中，意识形态系统则是社会文化体系的重要组成部分，因此我们的认知在很大程度上是被文化塑造的。於宁（1995）将汉语与英语中关于“发怒”和“幸福”的隐喻表达作了对比，得出汉语更倾向于用“气”和“压力”来形容“angry”，他认为古代中国思想体系中的“阴阳”“五行”概念导致了这种独特的隐喻路径。④

“阴-阳”这一基本概念隐喻形成的背后是古代中国思想史上的气化宇宙论，这一假说的基本轮廓是是宇宙起源于气，气是构成万物的基本要素；气可分阴阳，阴阳二气孕育了世间万物；既然万物皆是由阴阳二气所生，自然也就可以依其性分为“阴”与“阳”。气化宇宙论在汉代发展成体系，不仅黄老道家相信宇宙导源于气，气分阴阳交融万物，儒家也宣称阴阳二气生成万物。《淮南子》是

---

① Kövecses Z. Metaphor and culture[J]. Acta Universitatis Sapientiae, Philologica, 2010, 2(2): 197-220.

② Kövecses Z. Metaphor, Language and Culture[J]. DELTA: Documentação de Estudos em Lingüística Teórica e Aplicada, 2010, 26: 739-757.

③ Kövecses Z. Context in cultural linguistics: The Case of Metaphor [M]. Advances in Cultural Linguistics. Springer, Singapore, 2017: 307-323.

④ Yu N. Metaphorical Expressions of Anger and Happiness in English and Chinese[J]. Metaphor and symbol, 1995, 10(2): 59-92.

黄老道家的集大成之作，王晓毅将《淮南子》中关于宇宙生成的模式概括为三种，第一种是《天文训》中的模式，“虚廓→宇宙→元气→阴阳二气→四时精气→万物”；第二种是《俶真训》中的模式，“天地所含阴阳二气未交融→阴阳二气交融而未孕育万物→万物孕育成熟而未出生”，或“混沌元气→元气已孕育着天地胚胎及阴阳二气→现实世界”，两种路径中阴阳二气都是由天地所孕育；第三种是《精神训》中的模式，“无形本根→二神→天地→阴阳二气→万物”。[①] 道家的叙事框架里，阴阳二气之上是虚空、混沌、无形，先有无然后孕育出有，“阴”“阳”二气属于有，气虽无形但是却有质，可以孕育世间万物。儒家的叙事框架中，阴阳二气是由天地所化生，“天”“地”在儒家的思想体系中都是被神圣化的人格神，“天”的权力最为至高无上，阴阳二气是作为权力主体的“天地”造化万物的工具，天可分阴阳，人亦可分阴阳，天的意志可以通过某种中介物进行传递，董仲舒在《春秋繁露》中频繁论及阴阳二气，是为了健全“天人感应”论的逻辑，天地通过阴阳二气化生万物，天地不仅是造世主，还是人间世界的管理者，通过天人感应的模式传达自己的意志，进行管理。

《道德经》第四十二章：“道生一，一生二，二生三，三生万物。万物负阴而抱阳，冲气以为和。”

《淮南子·天文训》：“天地未形，冯冯翼翼，洞洞灟灟，故曰太昭。道始于虚霩，虚霩生宇宙，宇宙生气。气有涯垠，清阳者薄靡而为天，重浊者凝滞而为地。清妙之合专易，重浊之凝竭难，故天先成而地后定。天地之袭精为阴阳，阴阳之专精为四时，四时之散精为万物。积阳之热气生火，火气之精者为日；积阴之寒气为水，水气之精者为月。”

《淮南子·精神训》：“古未有天地之时，惟像无形，窈窈冥冥，芒芠漠闵，澒濛鸿洞，莫知其门。有二神混生，经天营地；孔乎莫知其所终极，滔乎莫知其所止息；于是乃别为阴阳，离为八极；刚柔相成，万物乃形；烦气为虫，精气为人。”

《礼记·礼运篇》：“是故夫礼，必本于大一，分而为天地，转而为阴阳，变而为四时，列而为鬼神，其降曰命，其官于天也。”

---

① 《“天地”“阴阳”易位与汉代气化宇宙论的发展》，王晓毅著，《孔子研究》2003年第4期。

《春秋繁露·五行相生》:“天地之气,合而为一,分为阴阳,判为四时,列为五行。”

《春秋繁露·天地阴阳》:“天地之间,有阴阳之气,常渐人者,若水常渐鱼也。”

《春秋繁露·同类相动》:“天有阴阳,人亦有阴阳,天地之阴气起,而人之阴气应之而起,人之阴气起,天地之阴气亦宜应之而起,其道一也。”

道家的气化宇宙论代表了古代中国的物质观、宇宙观,气是构成物质的基本元素,清气上升为天,浊气下降为地,天地孕育出阴阳,阴阳又化生四时、五行,四时、五行是世间万物的运行守则。气不仅是形而下的,还是形而上的,“阴-阳”虽然由气化生,却是形而上的概念范畴;换言之,“阴-阳”的二元对立区分可以视为一种思维模型,一种对世界的识解方式。“气”的假说分别从宏观与微观两个维度解释了宇宙起源与物质来源,这当然不是科学,而是生活在先秦至汉的人们对于生存的世界的想象,因此“阴-阳”不仅是哲学范畴,还是想象的框架(Frame)。儒家的气化宇宙论则是与“天人感应”观联系在一起的,还具有秩序观的涵义,天属阳,地属阴,天是拥有最高权力的人格神,因此“阳”的概念范畴成员拥有对“阴”的概念范畴成员的统摄权,这种权力的优越性从起源开始就是先验性的。“天”的权力是不容置疑的,因此“阳”的概念范畴对于“阴”的超越性也是不容置疑的,只有“阴”“阳”相和,人间才能有秩序;反之,如果人间失序,天地也会通过“阴”“阳”失和的方式降下罪责,直到人间的秩序再一次调整正常,人间秩序只能遵循天的意志。

文化在本质上可以视为是一种所属社群全体成员默认的公约,儒、道二家构成了古代中国思想的绝对主流,换句话说,古代中国社会接受并将儒、道两家所提供的这种识解世界与自我的方法当作社会群体的共识,于是一个社会的主流价值观形成了。有了主流价值观,就有与之相匹配的方法论,气化宇宙论不仅被应用于探讨宇宙与人的关系,还被应用于传统中国医学领域,中医与现代西方医学的一大不同,就是所依据的哲学与科学基础不一样;而存在于汉语系统中的“阴-阳”概念范畴及其成员,则是这种主流价值观引导下的方法论在语言领域的实践,气化宇宙论假说就是 Kövecses 所说的语境,这一假说及其背后的意识形态不仅通过塑造社会主流价值观从而营造了情境语境，气化宇宙论本身就是一种思维模式，提供了一种全社会的认知模型。

认知语言学认为，隐喻是基于相似性的(Similarity-based)，就“阴阳”这一概念范畴内的成员来看，“男”与“女”、“清”和“浊”、“昼”与“夜”、“寒”与“暑”、“天”与“地”是物理或生理属性相对的事物，这种相对就是成员之间的相似性；而“君”与“臣”、“夫”与“妇”、“乾”与“坤”、“礼”与“乐”本质上只能说是属性不同，它们之间的这种二元对立关系是通过隐喻建立起来的。前文已述，意象图式是种心理结构，作为意象图式的“二元对立”通过隐喻的思维机制从“阴-阳”这一源域到不同的目标域之间映射，将这种二元对立的心理结构投射到不同的概念域之上，于是“君-臣”“夫-妇”“乾-坤”“礼-乐”也就变成了二元对立的概念；因为“阴-阳”的语义从语源开始，就是不平等的，因此这个概念范畴中的所有二元对立之间，也都有了地位的差异。于是“阴-阳”的概念内涵从物质观、宇宙观再一次发生了迁移，变成了伦理道德观。

Lakoff讨论了道德秩序隐喻产生的逻辑，既然我们将所拥有的一切都归功于自然的工作，自然就被视为道德的；经过历史的长河，权力的自然等级就出现了；既然它们是自然的，自然是不可能不道德的，那么传统的权力等级就是道德的。① 遵循这一逻辑，道德秩序隐喻中的阶层(Hiararchy)产生了：天＞人，人＞其他生物，男人＞女人，这种秩序观普遍性地存在于不同文明中。Lakoff提出了两种不同模式的道德概念系统，分别称为“严厉的父亲”(Strict Father)和“养育的父母”(Nurturant Parent)，“严厉的父亲”的家庭模式是与“什么样的人才是正确”“什么样的世界才能制造并且维持这样的人”的观念相伴生的②，这也就意味着“父亲”作为合法化的权威，有责任去维护家庭秩序，而秩序的维护可以通过隐喻来完成。因此在“严厉的父亲”模式中，道德隐喻架构主要包括道德力量、道德权威、道德秩序、道德边界、道德精华、道德整体、道德纯净度、道德健康、道德自利以及道德培养。“阴-阳”作为道德伦理概念，体现的主要是儒家意识形态体系的社会秩序观，而整个封建社会都处于以君权和父权为核心的父系

① Lakoff G. The political mind: A Cognitive Scientist's Guide to Your Brain and Its Politics[M]. Penguin, 2008.

② Lakoff G. Moral politics: How Liberals and Conservatives Think[M]. University of Chicago Press, 2002.

社会,王朝统治者的身份是全体臣民的君主与父亲,因此在“阴-阳”概念体系内,最被突显的是君主统治权与男性的社会话语权,而道德秩序、道德边界则是这个隐喻体系的核心。

Kövecses 提出,在隐喻形成中除了基于相似性,还有基于框架(Frame-based)这一规律,“范畴可以在我们经验中事物共同且反复出现的基础上形成”。经验中反复共现的事物可以视为是同一框架的,“阴-阳”就是一种框架,而框架则是“人类经验连贯性组织的结构化心理表征”①;这一定义再次强调了概念化的心理特征,基于经验的反复共现体现的是一种群体的心理表征,只不过这种心理表征并非是个人内在产生的,而是来自社会化的影响。概念形成的过程,也就是说这种语言的整个社群就某一事物或关系形成了心理上的共识,并将这一共识上升为群体意见在更大的范围内进行传播,在更多的具体事物和关系上进行映射使之具有相类似的结构和性质,最终形成一种家族相似性(Family Resemblence)的过程。

“君-臣”“夫-妇”“乾-坤”“礼-乐”之间的关系需要被应用一定的框架进行界定,而“阴-阳”就是这个框架;“阴-阳”从词源上就自带阶层(Hierarchy)属性,而上述几组语词属于社会关系类型,社会关系的界定牵涉阶层、权力、地位等因素,“阴-阳”的框架最合适被用来界定多重因素影响下的社会关系。从“Frame-based”这个层面来说,“君-臣”“夫-妇”“乾-坤”“礼-乐”之间也可以是别的某种关系,如果在它们之上运用了别的框架,但是它们却被划为“阴-阳”的概念,因为这个概念最合适用来界定它们之间复杂的多重社会关系,因此框架不仅是社会群体的心理表征,还是种社会选择。隐喻的达成不仅依赖概念之间的物理或生理相似性,还依赖于群体内部的选择,亦即在当时的社会文化语境压力下,人们倾向于选择什么样的框架来界定某些关系。所以,当我们说“君-臣”“夫-妇”“乾-坤”“礼-乐”是“阴-阳”概念范畴时,其实是将“阴-阳”的意象图式主动映射在了这些语词之上。

至于社会群体为什么会做这个选择,这样的心理表征又是如何形成的呢?下文我们将应用批评话语分析的理论框架对这一切背后的原因进行分析。

---

① Kövecses Z. Metaphor, Language, and Culture[J]. DELTA: Documentação de Estudos em Lingüística Teórica e Aplicada, 2010, 26: 739-757.

三、批评话语分析视野下的“阴阳”概念解读

“阴-阳”不仅是一个语词，还是话语，“阴”与“阳”范畴的话语地位并不平等，其中潜藏着一个权力结构；而基于框架达成的隐喻，其依据是心理现实而非客观现实，这种心理现实显然是受到一定的语境压制的，浸淫在不同文化语境中的人们对于同一种事物或关系认知可能会有差异，这就是语境压制的结果。

“阴-阳”的概念范畴内部关系可以概括为两种：语义上的对立、身份上的不对等，这种身份不平等最初来自于其语源，表征的也主要是功能方面的意义；而经过儒家典籍的阐发后，“阴”“阳”从物质属性概念上升为伦理道德概念，变成了权力实践的空间。本部分研究将在批评话语分析（Critical Discourse Analysis）的理论框架下分析作为话语的“阴阳”概念范畴以及权力如何通过话语实现社会控制。

话语、权力、意识形态是CDA的三个关键词，在这里，意识形态不再是马克思主义的那种经济基础|上层建筑的二元论，也不是文化的表面那种类型，它是我们日常信仰背后的、隐藏的类型，并通常通过概念化的隐喻或相似来进行伪装。CDA所强调的是语言是如何参与传播知识的，语言是如何形成社会制度的，语言又是如何被用来作为权力的话语实践场所的。Fairclough在*Language and Power*中解构了语言与权力的关系，他提出语言与权力有两种关系，分别是话语中的权力和话语背后的权力。话语是权力关系被实践或执行的场所；而话语背后的权力关系关注的则是作为社会或社会机构的社会秩序的维度，话语秩序是如何被权力关系型塑并形成的。① 权力是如何掌控话语的？Fairclough认为话语中的权力是通过具有威权的参与者对非权力的参与者的控制与抑制来实现的，而“内容”（Contents）、“关系”（Relations）、“话题”（Subjects）则是实现这种控制的三个基本要素，什么样的内容是可以被谈论的，什么样关系的人被允许进入这个话语之中，参与话语的人能占据什么样的话题位置。② 就本部分的研究来说，我们采用CDA的研究思路，要分析的是在“阴-阳”范畴伦理道德化的过程中，谁隐身在话语背后，通过何种途径，渗透了什么样的意识形态。就

① Fairclough N. Language and Power，Anderson Wesley Longman Limited. 1989，p 43.

② Fairclough N. Language and Power，Anderson Wesley Longman Limited. 1989，p 46.

CDA所关注的权力、话语、意识形态三者关系来说，权力通过话语实践实现，而意识形态的传输则是话语实践的最终目的，因此可以这样说，没有无目的的话语实践，话语是权力发挥作用的空间之一；也没有无权力的话语，意识形态是通过权力的话语实践进行浸入式的传播的。Fairclough在*Critical Discourse Analysis: The Critical Study of Language*的“Language and Ideology”一章中使用了“hegemony”(霸权)一词，将政治、经济以及意识形态三者整合在一起，“霸权是关于建立同盟的，是通过迁就或意识形态的方法来使得下层级的阶级整合在一起而不是简单的进行操控，进而赢得共识的。”①因此我们可以说，意识形态操控权力通过话语实践来实现霸权的目的，无论这种霸权是政治的、经济的还是意识形态的，霸权是话语实践的最高目标。

首先来看谁制造了怎样的话语。

《春秋繁露·基义》:“阳之出也，常悬于前而任事；阴之出也，常悬于后而受空处，此见天之亲阳而疏阴。”

《春秋繁露·阳尊阴卑》:“阳，天之德；阴，天之刑也。阳气暖而阴气寒，阳气予而阴气夺，阳气仁而阴气戾，阳气宽而阴气急，阳气爱而阴气恶，阳气生而阴气杀。是故阳常居实位而行于盛，阴常居空虚而行于末。”

《春秋繁露·阳尊阴卑》:“物随阳而出入，数随阳而终始；三王之正，随阳而更起；以此见之，贵阳而贱阴也。”

《春秋繁露·阳尊阴卑》:“恶之属尽为阴，善之属尽为阳。”

《春秋繁露·基义》:“君臣父子夫妻之义，皆取阴阳之道。君为阳，臣为阴；父为阳，子为阴；夫为阳，妻为阴。”

《春秋繁露·阳尊阴卑》:“丈夫虽贱皆为阳，妇人虽贵皆为阴。”

对“阴-阳”概念形成的词源学分析得知，因为其语源的原因，双方的关系并不对等，这为制造话语时，“阳”的概念在伦理道德维度全面超越“阴”的概念提供了条件。《春秋繁露》中，董仲舒进一步将“阳”的概念形成与“天”直接联系，“天”在儒家的思想体系中是至高无上的存在，《说文·一部》:“天，颠也。至高

① Fairclough N. Critical Discourse Analysis: the Critical Study of Language, Routledge, 2013.

无上。”它不仅是为世间立法的义理之天，还是具有最高权力的人格神，《书·泰誓上》：“天佑下民，作之君，作之师。”《诗经·大雅·文王》讲述了周朝代商的由来：“文王在上，于昭于天。周虽旧邦，其命维新。有周不显，帝命不时。文王陟降，在帝左右。”在儒家的伦理系统中，政权更迭的合法性来自于“天”，因为受命于天，人间君主的统治权也有了不容置疑的神圣性。《书·商书》记载了商汤伐夏的理由：“有夏多罪，天命殛之。”《史记·项羽本纪》中司马迁将项羽败亡的原因总结为：“天赐也。天其或者将逮诸。天将兴之，谁能废之。此天之亡我，非战之罪也。”就连孔子都有“获罪于天，无所祷也”（《论语·八佾》）的感叹。“天”在古代中国不仅是政治权力的最高象征，还是道德伦理之“天”，同时拥有宗教的属性，也正因为如此，“天”的权力具有超验性；董仲舒将“阳”的概念起源追溯于“天”，“阳”的概念范畴在话语地位上超越“阴”也就获得了合法性。

确立了“阳”这一概念在伦理道德维度的话语权力，同一范畴内的成员也就相应地被赋予了身份上的特权。“阴”“阳”概念范畴内那些“基于框架”的成员，其隐喻成立依据的是心理现实，这种心理现实是被权力话语所塑造的。在《春秋繁露》的叙事逻辑里，“君”“夫”“父”因为属于“阳”的范畴，所以获得了对“臣”“妇”“子”的统摄权，这种权力与“阳”一样，是来自“天”的，因此具有先验的合法性，《春秋繁露·阳尊阴卑》：“是故孝子之行，忠臣之义，皆法于地也。地事天也，犹下之事上也。”于是“阴-阳”从最初的区分物质属性的物质观，变成了制定社会运行秩序的伦理观。

“阴-阳”这一概念作为话语，是如何确立其合法性的呢？

Leeuwen 讨论了合法性的话语建构，合法性可以被分为四个范畴：威权化（Authorization）、道德评价（Moral Evaluation）、理性化（Rationalization）以及创造神话（Mythopoesis）。威权化包括因为其在特定机构的地位或角色而获得的个人权威（Personal Authority），因为其在某个领域的专业程度而获得的专业权威（Expert Authority），同伴群体或媒介名流作为榜样或意见领袖而具有的榜样权威（Role Model Authority），法律、规则、规定所具有的非个人权威（Impersonal Authority），传统、习俗、习惯所具有的传统权威（the Authority of Tradition），以及“因为人人都那样做”而必须遵从的权威（the Authority of Conformity）。道德评价则主要通过评估性形容词来指认（Designative）和定性

(Attributive),通过抽象的道德化将具体行为或实践与道德话语联系起来,或者通过类比、对比将一个事物和另一个具有积极道德价值的事物联系起来。理性化可以分为工具理性化(Instrumental Rationalization)和理论理性化(the Oretical Rationalization),前者是目标导向型的,后者则与自然化(the Category of Naturalization)的范畴相关联,亦即“这才是事物本身”的逻辑。创造神话是通过讲故事的方式,假设一个情境,在这个情境中,人们被假设获得或者失去某种意义,因为他们实践或放弃了某些行为。①

在话语合法性确立的过程中,首先要确立话语的威权地位。在这里,个人权威、专业权威和榜样权威是可以是重叠的,比如董仲舒就同时兼具了这三种角色,他是汉景帝时讲授《春秋公羊传》的博士,是在官学中传播儒学的专业知识分子,他的行为举止严格遵循儒家礼制,汉武帝时他的学说对中央集权的巩固影响很大,因此他又被儒生们视为榜样,官学的当世鸿儒,帝王的决策咨询顾问,开一时之学的儒坛领袖,个人权威、专业权威、榜样权威就这样集于一身,他在《春秋繁露》中借阴阳五行来论证儒家意识形态指导下的社会秩序的言说及其逻辑,也就格外地具有威权主义色彩。封建时代的中国是以礼代法、将“三礼”作为王朝统治的根本法则的,因此儒家的传统被上升为法的高度,制度性的非个人权威与传统之力所代表的传统权威又因为其重合而达到了叠加与放大的效果,而当新的社会秩序与规则变身为“知识”,再经由教育机构这一意识形态国家机器传播到社会的各个层面,心理学上的从众效应产生,这种效应又反过来形成“沉默的螺旋”效应(the Effect of Spiral of Silence),它迫使怀疑者与异议者屈服于强大的舆论效果而放弃对立,最终“阴-阳”这一话语具有了必须遵从的威权。

道德评价、理性化和创造神话则是从技术层面确立话语合法性的路径。在《春秋繁露》的言说逻辑里,“阳”被与天、暖、予、仁、宽、爱、生、善等积极修辞相连;相对的,“阴”则被与刑、寒、夺、戾、急、恶、杀等具有消极语用色彩的语词相关联,这些形容词不仅指认了“阴”与“阳”的各种特征,还定义了它们的属性。“阴”与“阳”本来只是抽象的概念,其具体内涵就是通过这些技术手段不断进行

① Van Leeuwen T. Discourse and Practice: New Tools for Critical Discourse Analysis. Oxford University Press, 2008.

扩充的，在回答何谓“阳”时，董仲舒借助“天”这一概念所具有的绝对权力来肯定“阳”的地位；将“阳”的性质定义为“仁”，借助“仁”这一儒家最高道德理想来界定“阳”的道德正义性；将“君”“夫”“男”与“阳”进行类比，以帮助它们确立在关系中的强势地位，让这些无法通过逻辑证明的关系，通过话语霸权的形式来确立。创造神话借助的是符号的象征意义，神话因其超自然的故事内核，也是反逻辑的，既然无法从逻辑层面论证关系的合法性，那就借助符号的力量创造情境。在儒家的话语体系中，夏禹、商汤与周文王是古代中国历史上拥有完美人格的理想君主，而儒家对士人的训诫，总结起来可以概括为求仁和成圣，求仁是成圣的路径，成圣则是求仁的目标；“阳”具有“仁”的属性，因此维护“阳”的秩序与地位是求仁的一种方式；而三王的政令也是随着阳气更替出现的，三王是整个封建时代理想化君主的化身，是儒家所提倡的内圣外王的统治者的原型与模板，是“圣”，如果连上古时期圣人君主政令的发布都要依据阳气的起伏而进行，那么当世的君主又有什么理由不参照圣人的行为以“阳”为尊呢？如果自然万物的形成和生长都是依据阳气的起伏而开始和结束的，那就证明“阳”是天地的运化规则，人又怎么能不顺应这一规则呢？神话中圣王和自然分别是儒家和道家的符号，圣王由天选定并代表天来统治人间，自然则是道所效法的对象，如果连他们都要服膺于“阴-阳”的规律与秩序，那么世俗人间的人又怎么能例外呢？“阴-阳”作为道德伦理概念的合法性就此建立起来。

“阴-阳”所代表的儒家伦理秩序观又是如何变成整个语言使用群体所接受的心理现实的？通过知识。

《礼记·郊特牲》：“乐由阳来者也，礼由阴作者，阴阳和而万物得。”孙希旦集解：“乐由天作，故属乎阳；礼由地制，故属乎阴，阴阳和则万物得，礼乐和则万事顺。”《易·说卦》：“乾为天……坤为地。”故而乾属阳，而坤为阴。“礼”“乐”“乾”“坤”经由这些言说逻辑，被分隔为对立的范畴并获得了不同的身份地位；而语言使用者接受这样的心理现实，是因为这些渗透了儒家意识形态的伦理秩序观以知识的形式出现。

“知识”是自启蒙主义时代起，最被祛魅（Disenchantment）的语词。“知识”曾被和客观、理性联系在一起，然而康德在《纯粹理性批判》中提出，事物本身是不可知的，我们能知道的只是现象世界的经验范畴，我们的认识不能超出经验，被视为理性范畴的“知识”其实只是我们在经验范畴内的认识。Van Dijk 认为知识具有认知属性，是在社会标准基础上被社会共享或接受的信念，就像认知概念一样，是一种社会或文化概念，我们在话语生产中所使用的多种知识结构，可能控制着话语的语义和其他属性；①而意识形态经常表现为一种社会共识或一种文化语境，由这些信息组织起来的知识自然就有了意识形态偏向的属性。

福柯更进一步揭示了“知识”背后的话语实践与权力，“这个由某种话语实践按其规则构成的并为某门科学的建立所不可缺少的成分整体，尽管它们并不是必然会产生科学，我们可以称之为知识。知识是详述的话语实践中可以谈论的东西：这是不同的对象构成的范围，它们将获得或不能获得科学的地位……不具有确定的话语实践的知识是不存在的，而每一个话语实践都可以由它所形成的知识来确定。”②他在《知识考古学》中澄清了“知识”的本质，直接否认了理性主义传统中将“知识”绝对化、客观化的观念，纠正了“知识”存在于权力之外的认知，揭示了“知识”是生产性的，是权力通过话语实践建构起来的，“权力制造知识（而且，不仅仅是因为知识为权力服务，权力才鼓励知识，也不仅仅因为知识有用，权力才使用知识）；权力和知识是直接相互连带的；不相应地建构一种知识领域就不可能有权力关系，不同时预设和建构权力关系就不会有任何知识”。③ 所以，权力是“知识”背后的深层代码，而“知识”则是微观权力的空间。“在不同的社会和既定时期，话语的生产不是随意的，是有条件的，受一定数量的程序和规则控制，其中话语的生成条件就构成了某个时代‘象征秩序及其表达’的‘阅读格栅’，而且话语不仅仅是一套功能符号和语言表征，更重要的是在话语的背后存在着一套权力关系。”④《易》《礼记》属于“五经”，而《春秋繁露》则是为儒家在西汉初上升为政权统治意识形态、奠定大一统基础的纲领性著作；“经”居于儒家思想体系的核心，是不容辩驳的威权主义话语。自汉初儒家意识形态登上统治意识形态位置起，“经”就是士人进阶必修科目，成为由国家政权

---

① Van Dijk T A. Discourse, Knowledge and Ideology: Reformulating Old Questions[C]. Paper LAUD 2002 University of Amsterdam and Universitat Pompeu Fabra, (second version). 2002.

② 《知识考古学》，(法)米歇尔・福柯著，谢强、马月译，生活・读书・新知三联书店出版社 1998 年版。

③ 《规训与惩罚》，(法)米歇尔・福柯著，刘北成、杨远婴译，生活・读书・新知三联书店出版社 1999 年版。

④ 《福柯的“话语与权力”及其传播学意义》，朱振明著，载《现代传播》2018 年第 9 期。

加持的“知识”，通过官学这一意识形态国家机器进行广泛传播，最终形成一种全社会广泛认同的心理现实。后来的无数儒生如孙希旦、董仲舒正是通过释诂注经的方式，不断开拓这一威权主义话语的内涵与外延，使得儒家意识形态最终在全社会形成“霸权”，而“阴”“阳”概念的伦理化，只是从一个小的纵剖面展示了儒家意识形态如何在语词领域进行权力实践的。一个概念范畴的形成，就是意识形态借助话语权力在一个微观空间完成霸权的过程。

四、结语

“阴阳”既是汉语词汇系统中的复合词，又是古代中国文化体系的关键词，“阴-阳”还是中国哲学体系中独特的方法论，衍生出“五行”这一独特的物质体系观，并且为传统中国医学提供了理论根基，中医的治疗思路就是基于“阴-阳”的生化与平衡之道。“阴-阳”还为古代中国的政治治理模式与社会基本秩序提供了理论基础，为封建等级社会的确立提供了思想与文化支持。“阴-阳”是中国文化体系中包孕最丰富的、同时也是最难阐释清楚的概念之一，其内核从生发、形成再到被征用为意识形态管制的工具，几经变迁。

本书从语词概念史形成的角度入手，用语言学方法体系中的语源学、隐喻与认知机制、批评话语分析为理论框架，从最初的方位名词到物质观、宇宙观，再到道德伦理观，从历时与共时两个层面展现了概念形成过程以及概念内涵层次，探讨了影响隐喻认知以及概念形成的多重因素，是语言学与概念史跨学科研究的一次尝试。

第六章

结　　论

在本书研究之前，汉语的“反义同源”现象虽屡屡被提及，但未有专门之研究。何谓“反义同源”？汉语“反义同源”现象有哪几种表现形式？为什么两个相对或相反的语义会出自同一语源？如何从思维与认知的角度去解释这种现象发生的可能性与合理性？孕育了汉语反义同源现象的独特的语源结构是如何产生的？如果我们将语源结构视为是认知结构，那么这种认知结构可否从类型化、范畴化的角度进行概括归纳？除了古音学中传统的“古今音变、方言音殊”，到底有哪些因素参与制造了这种特殊的语源现象？反义同源是语言中普遍存在的现象，汉语的反义同源现象又有哪些普遍性与特殊性？这种普遍性与特殊性又是如何产生的？现有的对于汉语同源词的研究范式主要还是来自历史语言学的，然而既有研究方法的缺乏导致了上述一系列问题至今未得到详细阐明，作为三级学科的语源学，是否应该拥有自己的核心理论体系，是否应该升级自己的研究方法？如果要扩展研究边界，升级研究方法，又应该往何处去，从哪些研究领域汲取新的研究方法？围绕着上述一系列问题，本书构筑了自己的研究框架，尝试多种研究范式交互；力图从个案考释及理论分析两种路径，对汉语的“反义同源”现象进行全面研究。

在以往既有的同源词研究中，语义相同或相近的同源词是研究的重点，而对于语义相反或相对的同源词，它们之间的语音关系及语义特征还没有得到详细描写，该类型的同源词之间，同源关系的认定也缺乏具体可操作的标准。因此建立一个同源词鉴别的标准，并以此规模化的考释同源词，成为本书开篇首要工作。

学界对于同源词认定的标准可以凝聚为“声近义通”，但是放在个案考释中，需要一个高精度、可操作的体系，同时还需将这个高度凝练的标准细化，即何谓“声近义通”？在此基础上我们详细展示了现有的关于“声近义通”的诸家之说，寻找理论共性；所谓“声近”，是指同源词之间存在着语音通转的可能，具体到声母及韵部，则表现为发音部位及发音方式之间的从近到远的规律性音变，关于“声近”的解释，本书借鉴了历史比较语言学鉴定语言同源关系的“音变规律无例外”。那么上升到词汇系统层面，语源是如何分化的？词是音、形、义结合体，“反义同源”的本质是一对相反或相对的语义同时寄于一个语源，语源分化，这对相反或相对的语义要各自独立，表现在语词的物质外壳上，就是在发音部位和发音方式上稍作区别，只有沿着规律性音变的道路，才能繁衍出从一到多的系统。所以，所谓“声近”，其实是沿着发音部位及发音方式两条路径的规律性音转。鉴于以上认知，本书将章太炎、黄侃及王力先生所构拟的语音系统进行了对比，选择了王力先生的系统。学界历来有意见分歧，认为将同源词的语音关系置于不同的构拟体系中，会有不同的结果；王力先生构拟的上古音体系，是现代语音学与中国传统语言学的审音相结合的产物，且吸收了各家构拟体系之长，胜在信度高、直观、操作性强；但是本书在个别音如喻母四等的来源问题上，持与王力先生不同的意见，本书采用董同龢先生的意见，认为喻母四等的来源有舌根音一类，这更符合语言实际。

本书通过描写法，将汉语“反义同源”现象归纳为三种类型，第一种是一对反义同源的单音词，它们在语音上具有通转关系，语义上则呈现为相反或相对。本文考释了 79 对个案，对它们的语义及语音关系进行了逐一分析并概括分类，语义关系方面，它们呈现出本义与本义、本义与引申义、引申义与引申义、本义(引申义)与假借义相反或相对四种类型，本义与本义相反的反义同源单音词占据了绝对优势，为 33 个，占比 41.77%；本义与引申义相反的案例为 23 例，占比为 29.11%；引申义与引申义相反的案例为 18 例，占比为 22.78%。由此可见，“反义同源”的单音词，其语义亲缘关系中，近缘关系占据绝对主流；但这并不意味着引申义与引申义、本义(引申义)与假借义相反的反义同源单音词，它们的语义同源关系得不到认定，换一个思路，本义、引申义、假借义是从词汇学角度的区分，从语源学的角度来看，只有语源义的概念，将本义与本义、本义与引申义、引申义与引申义联系起来的是核心义素，而假借义则是文字假借现象产生的特殊情况，其核心义素则来自语源。

在考察反义同源单音词的语音关系时，为了更直观地展示语音亲缘关系，本书将双声、叠韵的情况称为点重叠型，旁纽、旁转、部分通转、对转称为直线型，准旁纽、除了“生|死”外的邻纽、旁对转称为转折线型，语音的亲缘关系由近到远；声纽部分，点重叠 14 组，直线型 32 组，转折线 31 组；韵部部分，点重叠 7 组，直线型 37 组，转折线 32 组，很明显，“反义同源”单音词的语音关系以近缘关系为主。

第二种形式是声符相同的反义同源单音词，它们通常以同源词组的形式出现，源词与派生词之间是以孳乳的形式繁衍的，最早出现的理论即为“右文说”。“右文说”纠正了传统汉字以形表意的观点，强调了汉字以声载义的特点，这一脉发展到清代，段玉裁明确提出了“声与义同原”“以声表义”，段玉裁的结论从理论上证实了训诂三大方法之一“声训”的合理性。进入现代，关于声符的理论建树日趋完善，首推沈兼士先生，他明确提出了同源分化的 6 种形式，其中之一即为“相反义分化式”，正式跳脱传统训诂学的眼光，用现代语言学的视角来分析汉语语词系统增殖规律，同时也正式指出同一声符孳乳出两组语义相反的同源词，原因在于声符本身即承载了相反二义。张世禄先生对于声符同时承载相反、相对二义的解释代表了学界主流观点，张先生诉之于唯物辩证法，认为一个语源同时承载相反二义是事物相反相成的体现。王宁先生的研究将声符表义推向新的理论高度，她认为声符在形声字中是主体性构件，声符不仅标音，更具有示源的功能。殷寄明教授提出了声符载义的三种形式，认为声符承载的多为抽象的、隐性语义，声符是示源性、主体性构件，而形符是附加性、限定性、区别性义素，在《汉语同源词大典》中，他集中考释了一批声符相同而语义相反的同源词组，从实践层面再次证明一个语源可以同时承载一对相反或相对的语义。

以上两种形式都是基于共时层面的，第三种形式则是从历时的层面概括单音词内部含有相反或相对的两个义项。汉语中到底有多少单音词同时包含一对相反或相对的义项，学界对此意见不一，比较谨慎的如王宁教授，对此种形式给出了严格的限定条件，认为凡是能共存一词的两个相反的义项相互之间必然是“相因”的，因而也只能是反向引申的结果。笔者认为，反向引申只是反义同源形成的一种途径，而非原因，触发反向引申的是逆向思维；除了词汇学角度的反向引申，在本部分我们还尝试从认知的视角出发，证明除了逆向思维主导的反向引申外，还有相当一部分的相反或相对的义项，它们来自同一事物的不同方面，并试着从视角、方向、行为主体、作用力与反作用力、量变与质变等不同视阈，对该部分类型进行分类概括。

本书的另一个创见，就是引入“因子”的概念，将“反义同源”现象的成因概括为一个语源同时包含一对语义相反或相对的因子。“因子”是类比“原子”“分子”提出的概念，本书想借此表达一个观点，“语源”是一种客观存在，是语词增殖、语言系统形成的内在根据。“语源”则是类似于分子的存在，语源相同的词才是同源词，而一个语源可以同时包含一对语义相反或相对的因子，这里的因子在结构上类似于原子，在性质上则是一种客观存在。

在本书之前，从未有过深入的成因分析，本书打破学科区隔，从自然科学、认知科学、哲学、社会科学等视角，进行横向的关联分析。同时包含一对语义相反或相对因子的语源，与自然界中的磁现象、干电池、中和反应与分解反应、生物中的雌雄同体现象是同构的，这种同构本身值得关注，因为是语言是人类意识的产物，代表了人类主观意识对客观存在的识解，反义同源作为一种特殊的语言现象，对其成因的解释还是要追溯到客观世界存在的方式上。客观世界的存在方式让我们确信一个语源同时包含一对语义相反或相对的因子，这并非一种虚构。而语言也会投射进思维，中西创世神话中天地的起源即是一例；思维必然会参与语言过程，而语言又会影响思维轨迹，太极中的“阴阳鱼”，道家的“相反相成”都是例证。

本书另一个创新之处就是提出语源结构本质上是一种认知结构，因此对汉语反义同源现象形成原因的分析应该放置于认知科学的视野内进行。通过对反义同源词进行类义素与源义素离析，发现在摒弃了纷繁多变的类义素之后，反义同源词的源义素呈现出高度的同一性特征，即数量繁多的反义同源词组，它们的源义素却可以概括为有限的几种，比如“上|下”“前|后”“开始|停止”“基于感官的标量”等，反义同源词的源义素呈现出类似意象图式的功能。意象图式观是认知语言学体系的重要组成部分，意象图式可以视为是格式塔式的心理结构，源于人类的具身经验；人类凭借自己的感觉器官去感受客观世界，然后再经由认知系统对外界输入信息进行主观加工，而语言则是经过感知后的主观输

出。意象图式代表的是人类的心理结构，亦即人们如何感知，人类的感觉器官与神经系统是高度同化的，语言中的普遍性由此而来；反义同源词的源义素高度同一化，体现的正是这种人类具身经验的高度同一化。意象图式是人类认知世界的模板，或者说是识解的固定范式，因此一个意象图式经由隐喻思维在不同的概念域之间持续映射，比如"上|下"这一意象图式就经由隐喻的思维机制，从空间域映射到时间域，诞生了"夙|夕""潮|汐"这样的反义同源词；从具体域映射到抽象域，诞生了"抑|扬""陟|垫"这样的反义同源词。反义同源词之所以拥有一对相反或相对的语义，是因为这种二元对立的意象图式以及背后所隐含的认知心理，人们选择用这种模板识解世界，并且用语词进行表达。

一个语源为什么能同时包含一对相反或相对的语义？这是转喻思维机制的作用。对立的这对语义本质上属于同一概念域，是这一概念域的两个不同的部分；如果将语源视为一个"容器"的话，这对相对的语义就是容器中互相独立又相互牵连的两个部分；在这种"部分-部分"的转喻类型中，相对的这对语义互相激发了对方的存在，而任何一方语义的成立也必须依赖对方的存在。语源分化，其实就是通过转喻思维机制生成的这对相反或相对的语义，要彼此独立，各自依附于一个完整的音节，受语音规律节制，这两个音节彼此之间存在通转关系。而同源词组的增殖则依赖于隐喻的思维机制，一个意象图式形成后，由隐喻的思维机制驱动，在不同概念域之间持续映射；由同一意象图式形成的同源词组在进行义素分离后，会呈现源义素高度同一的特征；由同一意象图式形成的同源词组虽然在具体语义上呈现出巨大的差异，但是可以视为具有某种相似性特征，并由这种相似性形成一个统一范畴。比如经由"上|下"这一图式结构形成的同源词组"首|足""潮|汐""掩|扬"，它们分属不同概念域，但是分别代表了空间域、时间域以及抽象动作域的"上|下"方位，可以视为同一范畴。简言之，转喻激发了对立语义并促使语源分化，隐喻则促使意象图式在不同的概念域之间映射，最终达成同源词组数量的增殖。

特殊语源结构的形成，源于人类的具身经验，而人类具身经验的趋同，导致反义同源成为一种普遍性现象；但是体认语言观认为，人作为一种自主思考的高等智能生物，除了被动接受外界的信息，还有主动加工的能力，而语言则是经过认知加工后的输出物。在这一"编码-解码-再编码"的过程中，我们所赖以生

存的文化作为情境语境，不可避免地会参与到语言加工中；这种“认知-文化”机制导致了语言特殊性的产生，本书着重讨论了“阴阳”这一反义同源词组以及同属于“阴-阳”概念范畴的其他几组反义同源词组的来源。“阴阳”作为一对反义同源词，仍然是源于人类的具身经验，但是文化作为语境却成为这一概念语义发展嬗变的重要推动力。气化宇宙论推动“阴-阳”从方位词向宇宙观、物质观进展，而儒家意识形态又通过话语实践将这一概念语义改造成伦理秩序观；在这一概念范畴扩容的过程中，“夫|妇”“礼|乐”“男|女”“君|臣”这几组反义同源词在儒家意识形态加工的话语中被塑造成与“阴-阳”具有基于同一框架的概念，语词被征用为权力的话语实践空间，我们称之为文化的这种社会共识塑造了语言的特殊性。本书第五章的跨学科界面研究，将词源、概念以及隐喻机制联合起来考察，结合批评话语分析的思路对“阴-阳”从语词起源、概念义嬗变、范畴扩容的全过程进行分析，突破了传统同源词研究停留在语义关系和语音通转关系考察的形式层面，将历史语言学与认知语言学结合起来，尝试范式突破与研究视野拓展，为汉语语源学研究路径与研究范围的扩展提供一些可能性。

作为一个开创性的研究，本书不回避可能存在的问题。诸如，反义同源的一组单音词，如果将之放置在不同的上古音构拟系统中，是否已经认定的同源关系会被推翻？本研究所考释的个案，只是为了说明“反义同源”是汉语语言中客观存在的事实、“反义同源”现象在汉语言中有三种表现形式，并非是一个穷尽性的考释，数量的限制会否导致错失一些深层规律？在分析单音词内部含有相反或相对的两个义项时，本书尝试在词汇学的反向引申外，引入认知研究，并从认知的角度对语词进行了分类，本书所作的 7 种分类是否精准？在分析“反义同源”现象成因时，本书强调了它与自然科学领域的同构，这种同构现象背后是否还有更深层次的关联？这些也许都有进一步讨论的空间，而这也是在后续的研究中需致力解决的问题；鉴于此，本书不是封闭性的，随着以后研究的逐步深入，笔者将对文中的方法、个案、结论等不断修正，以期呈现上对汉语“反义同源”现象最深刻的解读。

参考文献

[1] Barcelona A. Reviewing the properties and prototype structure of metonymy [J]. Defining metonymy in cognitive linguistics: Towards a consensus view, 2011: 7-57.

[2] Barcelona A. Metonymy [J]. Cognitive linguistics: Foundations of language, 2019: 167-194.

[3] Croft W, Cruse D A. Cognitive linguistics[M]. Cambridge University Press, 2004.

[4] Gibbs Jr R W, Colston H L. The cognitive psychological reality of image schemas and their transformations[J]. 1995.

[5] Hampe B. Image schemas in cognitive linguistics: Introduction[J]. From perception to meaning: Image schemas in cognitive linguistics, 2005, 29: 1-14.

[6] Hedblom M M, Kutz O, Peñaloza R, et al. Image schema combinations and complex events[J]. KI-Künstliche Intelligenz, 2019, 33: 279-291.

[7] Johnson M. The body in the mind: The bodily basis of meaning, imagination, and reason [M]. University of Chicago press, 2013.

[8] Karaman B I. On contronymy[J]. International Journal of Lexicography, 2008, 21(2): 173-192.

[9] Kövecses Z. Metaphor, language, and culture[J]. DELTA: Documentação de Estudos em Lingüística Teórica e Aplicada, 2010, 26: 739-757.

[10] Kövecses Z. Context in cultural linguistics: The case of metaphor [J]. Advances in cultural linguistics, 2017: 307-323.

[11] Kövecses Z. Metaphor in culture: Universality and variation[M]. Cambridge University Press, 2005.

[12] Kövecses Z. Conceptual metaphor theory: Some criticisms and alternative proposals[J]. Annual review of cognitive linguistics, 2008, 6(1): 168-184.

[13] Kövecses Z. Metaphor and culture[J]. Acta Universitatis Sapientiae, Philologica, 2010, 2

(2): 197-220.

[14] Lakoff G. Women, fire, and dangerous things: What categories reveal about the mind [M]. University of Chicago press, 2008.

[15] Lakoff G. Moral politics: How liberals and conservatives think [M]. University of Chicago Press, 2010.

[16] Lakoff G. Language and emotion[J]. Emotion Review, 2016, 8(3): 269-273.

[17] Lakoff G, Johnson M. Metaphors we live by[M]. University of Chicago press, 2008.

[18] Ronald W... Langacker. Foundations of cognitive grammar: Theoretical prerequisites [M]. Stanford University, 1987.

[19] Langacker R W. An introduction to cognitive grammar[J]. Cognitive science, 1986, 10 (1): 1-40.

[20] Lehrer A, Lehrer K. Antonymy[J]. Linguistics and philosophy, 1982: 483-501.

[21] Littlemore J. Metonymy[M]. Cambridge University Press, 2015.

[22] Mandler J M, Cánovas C P. On defining image schemas[J]. Language and cognition, 2014, 6(4): 510-532.

[23] Murphy, Gregory Leo, and Jane M. Andrew. The conceptual basis of antonymy and synonymy in adjectives[J]. Journal of memory and language 32.3 (1993): 301-319.

[24] Panther, Klaus-Uwe, and Linda Thornburg. The role of conceptual metonymy in meaning construction[C]. Cognitive linguistics: Internal dynamics and interdisciplinary interaction (2005): 353-386.

[25] Panther, Klaus-Uwe, and Linda Thornburg. Antonymy in language structure and use. [C] Cognitive linguistics between universality and variation , 2012: 159-186.

[26] Radden, Günter, and Zoltán Kövecses. Towards a theory of metonymy[C]. Metonymy in language and thought ,1999(4): 17-60.

[27] Gibbs, Raymond W. The psychological status of image schemas[C]. From perception to meaning: Image schemas in cognitive linguistics,2005(29): 113-136.

[28] Szwedek, Aleksander. The image schema: A definition[J]. Styles of communication 11. 1, 2019: 9-30.

[29] Talmy, Leonard. Toward a cognitive semantics[M]. Vol. 2. MIT press, 2000.

[30] Voßhagen, Christian. Opposition as a metonymic principle[C]. Metonymy in language and thought ,1999: 289-308.

[31] Van Leeuwen. Discourse and practice: New tools for critical discourse analysis[M].

Oxford university press, 2008.
[32] Van Dijk T A. Ideology and discourse analysis[J]. Journal of political ideologies, 2006, 11(2): 115-140.
[33] Yu N. Metaphorical Expressions of Anger and Happiness in English and[J]. Metaphor and symbol, 1995, 10(2): 59-92.
[34] 许慎,徐锴.说文解字[M].北京:中华书局,2004.
[35] 刘熙.释名[M].上海:上海书店出版社,1989.
[36] 郭璞,邢昺.尔雅注疏[M].上海:上海古籍出版社,1990.
[37] 顾野王.大广益会玉篇[M].北京:中华书局,1985.
[38] 陆德明.经典释文[M].上海:上海古籍出版社,1984
[39] 阮元.十三经注疏[M].北京:中华书局,1980.
[40] 阮元.经籍籑诂[M].北京:中华书局,1982.
[41] 陈彭年.广韵[M].上海:上海古籍出版社,1983.
[42] 丁度.集韵[M].北京:中国书店,1983.
[43] 郝懿行.尔雅义疏[M].北京:中国书店,1982.
[44] 王念孙.广雅疏证[M].北京:中华书局,1982.
[45] 段玉裁.说文解字注[M].北京:中华书局,1988.
[46] 桂馥.说文解字义证[M].北京:中华书局,1987.
[47] 王筠.说文解字句读[M].北京:中国书店,1983.
[48] 王筠.说文解字释例[M].北京:中华书局,1987.
[49] 朱骏声.说文通训定声[M].北京:中华书局,1984.
[50] 于省吾.甲骨文字诂林[M].北京:中华书局,1999.
[51] 李孝定.甲骨文字集释.[M].台北:"中央"研究院历史语言研究所,1965.
[52] 李方桂.上古音研究[M].北京:商务印书馆,1980.
[53] 徐中舒.甲骨文字典[M].成都:四川辞书出版社.1989.
[54] 何九盈.上古音[M].北京:商务印书馆,2001.
[55] 何九盈.中国现代语言学史(修订版)[M].北京:商务印书馆,2008.
[56] 高本汉.汉文典[M].潘悟云等,译.上海:上海辞书出版社,1997.
[57] 章太炎.章太炎全集[M].上海:上海人民出版社,1999.
[58] 沈兼士.沈兼士学术论文集[M].北京:中华书局,1986.
[59] 刘师培.刘申叔先生遗书[M].南京:江苏古籍出版社,1997.
[60] 杨树达.积微居小学金石论丛[M].上海:上海古籍出版社,2007.

[61] 高本汉. 中国音韵学研究[M]. 北京:商务印书馆,1995.
[62] 徐复. 广雅诂林[M]. 南京:江苏古籍出版社,1992.
[63] 高明. 古文字类编[M]. 上海:上海古籍出版社,2008.
[64] 王力. 同源字典[M]. 北京:商务印书馆,1982.
[65] 王力. 汉语史稿[M]. 2 版. 北京:中华书局,2004.
[66] 王力. 古代汉语[M]. 2 版. 北京:中华书局,1986.
[67] 胡朴安. 中国文字学史[M]. 上海:上海书店,1984.
[68] 黄侃述,黄焯. 文字声韵训诂笔记[M]. 上海:上海古籍出版社,1983.
[69] 杨树达. 积微居小学述林全编[M]. 上海:上海古籍出版社,2007.
[70] 张世禄. 张世禄语言学论文集[M]. 上海:学林出版社,1984.
[71] 潘悟云. 汉语历史音韵学[M]. 上海:上海教育出版社,2000.
[72] 李方桂. 上古音研究[M]. 北京:商务印书馆,2001.
[73] 郭锡良. 汉字古音手册[M]. 北京:商务印书馆,2010.
[74] 唐作藩. 上古音手册[M]. 增订本. 北京:中华书局,2013.
[75] 唐作藩. 音韵学教程[M]. 北京:北京大学出版社,2005.
[76] 何九盈. 上古音[M]. 北京:商务印书馆,2001.
[77] 何九盈. 音韵丛稿[M]. 北京:商务印书馆,2002.
[78] 丁声树,李荣. 古今字音对照手册[M]. 北京:中华书局,1981.
[79] 曾运乾. 音韵学讲义[M]. 北京:中华书局,2000.
[80] 董同龢. 汉语音韵学[M]. 北京:中华书局,2004.
[81] 魏建功. 古音系研究[M]. 北京:中华书局,2004.
[82] 罗常培. 罗常培纪念论文集[C]. 北京:商务印书馆,1984.
[82] 罗振玉. 增订殷墟书契考释(中卷)[M]. 民国十六年(1927)东方学会石印本.
[83] 赵振铎. 训诂学纲要[M]. 西安:陕西人民出版社,1987.
[84] 赵振铎. 训诂学史略[M]. 郑州:中州古籍出版社,1988.
[85] 陆宗达. 训诂研究[M]. 北京:北京师范大学出版社,1981.
[86] 陆宗达,王宁. 训诂与训诂学[M]. 太原:山西教育出版社,2005.
[87] 王宁. 训诂学原理[M]. 北京:中国国际广播出版社,1996.
[88] 郭在贻. 训诂学[M]. 修订本. 北京:中华书局,2005.
[89] 许威汉. 训诂学导论[M]. 北京:北京大学出版社,2004.
[90] 齐佩瑢. 训诂学概论[M]. 北京:中华书局,2004.
[91] 胡朴安. 中国训诂学史[M]. 北京:商务印书馆,1998.

[92] 曹先擢,苏培成主编.汉字形义分析字典[M].北京:北京大学出版社,2000.
[93] 董莲池.说文解字考正[M].北京:作家出版社,2005.
[94] 殷寄明.汉语语源义初探[M].上海:学林出版社,1998.
[95] 殷寄明.语源学概论[M].上海:上海教育出版社,2000.
[96] 殷寄明.中国语源学史[M].长春:吉林人民出版社,2002.
[97] 殷寄明.汉语同源字词丛考[M].上海:东方出版中心,2007.
[98] 齐冲天.声韵语源字典[M].重庆:重庆出版社,1997.
[99] 刘又辛.刘又辛语言学论文集[M].北京:商务印书馆,2005.
[100] 李国英.小篆形声字研究[M].北京:北京师范大学出版社,1996.
[101] 林沄.古文字学简论[M].北京:中华书局,2012.
[102] 张永言.语文学论集[M].北京:语文出版社,1999.
[103] 赵克勤.古代汉语词汇学[M].北京:商务印书馆,2005.
[104] 张斌,许威汉.中国古代语言学资料汇编[M].福州:福建人民出版社,1993.
[105] 蒋绍愚.古汉语词汇纲要[M].北京:商务印书馆,2005.
[106] 张舜徽.说文解字约注[M].武汉:华中师范大学出版社,2009.
[107] 刘均杰.同源字典补[M].北京:商务印书馆,1999.
[108] 刘均杰.同源字典再补[M].北京:语文出版社,1999.
[109] 黄易青.上古汉语同源词意义系统研究[M].北京:商务印书馆,2007.
[110] 唐兰.古文字学导论[M].济南:齐鲁书社,1981.
[111] 滕堂明保.汉字语源辞典[Z].日本:学灯社.1995.
[112] 徐通锵.汉语研究方法论初探[M].北京:商务印书馆,2004
[113] 姚孝遂.殷商甲骨刻辞类纂[M].北京:中华书局,1989.
[114] 俞敏.俞敏语言学论文集[M].哈尔滨:黑龙江人民出版社,1989.
[115] 张世禄.中国古音学[M].北京:商务印书馆,1930.
[116] 张世禄.中国音韵学史[M]香港:香港泰兴书局,1963.
[117] 孟蓬生.上古汉语同源词语音关系研究[M].北京:北京师范大学出版社,2001.
[118] 张希峰.汉语词族丛考[M].成都:巴蜀书社,1999.
[119] 张希峰.汉语词族续考[M].成都:巴蜀书社,2000.
[120] 张希峰.汉语词族三考[M].北京:北京语言学院出版社,2004.
[121] 杨剑桥.汉语音韵学讲义[M].上海:复旦大学出版社,2005.
[122] 黄焯.古今声类通转表[M].上海:上海古籍出版社,1981.
[123] 臧克和.中国文字与儒家思想[M].南宁:广西教育出版社,1996.

[124] 臧克和.汉字单位观念史考述[M].上海:学林出版社,1998.
[125] 臧克和.汉字学概论[M].南宁:广西教育出版社,2001.
[126] 李玲璞,臧克和,刘志基.古汉字与中国文化源[M].贵阳:贵州人民出版社,1999.
[127] 高明.中国古文字学通论[M].北京:北京大学出版社,1996.
[128] 裘锡圭.古文字论集[M].北京:中华书局,1992.
[129] 陈梦家.中国文字学[M].北京:中华书局,2006.
[130] 唐兰.中国文字学[M].上海:上海古籍出版社,2004.
[131] 裘锡圭.文字学概要[M].北京:商务印书馆,1988.
[132] 陆志韦.古音说略[M]//陆志韦.陆志韦语言学著作集(一).北京:中华书局,1985.
[133] 罗常培,周祖谟.汉魏晋南北朝韵部演变研究[M].北京:科学出版社,1958.
[134] 梁启超.清代学术概论[M].上海:上海古籍出版社,1998.
[135] 洪诚.中国历代语言文字学文选[M].南京:江苏人民出版社,1982.
[136] 徐通锵.阴阳对转新论[M]//《北京大学百年国学文粹》语言文字卷.北京:北京大学出版社,1998.
[137] 吴泽顺.汉语音转研究[M].长沙:岳麓书社,2005.
[138] 侯占虎.汉语词源研究(第一讲)[C].长春:吉林教育出版社,2001.
[139] 杨光荣.词源观念史[M].成都:巴蜀书社,2008.
[140] 徐志民.欧美语义学导论[M].上海:复旦大学出版社,2008.
[141] 张舜徽.说文解字约注[M].武汉:华中师范大学出版社,2009.
[142] 高明.中国古文字学通论[M].北京:北京大学出版社,1996.
[143] 姚孝遂.殷墟甲骨刻辞摹释总集[M].北京:中华书局,1981.
[144] 刘钊.古文字构形学[M].福州:福建人民出版社,2006.
[145] 秦永龙.西周金文选注[M].北京:北京师范大学出版社,1992.
[146] 鲁国尧.鲁国尧语言学论文集[M].南京:江苏教育出版社,2003.
[147] 王力.中国语言学史[M].太原:山西人民出版社,1981.
[148] 胡奇光.中国小学史[M].上海:上海人民出版社,1987.
[149] 濮之珍.中国语言学史[M].上海:上海古籍出版社,1987.
[150] 黄德宽,陈秉新.汉语文字学史[M].合肥:安徽教育出版社,1990.
[151] 许进雄.简明中国文字学[M].北京:中华书局,2009.
[152] 刘晓南.汉语音韵研究教程[M].北京:北京大学出版社,2007.
[153] 徐志民.欧美语言学简史[M].上海:学林出版社,1990.
[154] 徐友渔等.语言与哲学:当代英美与德法哲学传统比较研究[M].北京:生活·读书·

新知三联书店,1996.
[155] 刘放桐.新编现代西方哲学[M].北京:人民出版社,2000.
[156] 束定芳.认知语义学[M].上海:上海外语教育出版社,2008.
[157] 张厚粲.行为主义心理学[M].杭州:浙江教育出版社,2003.
[158] 袁珂.中国神话史[M].上海:上海文艺出版社,1988.
[159] 袁珂.古神话选释[M].北京:人民文学出版社,1979.
[160] 管志宁.地磁场与磁力勘探[M].北京:地质出版社,2005.
[161] 郭庆光.传播学概论[M].北京:中国人民大学出版社,1999.
[162] 王寅.体认语言学——认知语言学的本土化研究[M].北京:商务印书馆,2015.
[163] 王寅.认知语言学[M].上海:上海外语教育出版社,2007.
[164] 章宜华.语义·认识·释义[M].上海:上海外语教育出版社,2009.
[165] 爱德华·萨丕尔.语言论——言语研究导论[M].陆卓元,译.陆志韦,校订.北京:商务印书馆,1985.
[166] 本杰明·沃尔夫.论语言、思维和现实[M].高一虹,译.长沙:湖南教育出版社,2001.
[167] 雅克·德里达.论文字学[M].高一虹,译.上海:上海译文出版社,1999.
[168] 布龙菲尔德.语言论[M].高一虹,译.北京:商务印书馆,2008.
[169] 威廉·冯·洪堡特.论人类语言结构的差异及其对人类精神发展的影响[M].姚小平,译.北京:商务印书馆,1999.
[170] 达尔文.物种起源[M].周建人,叶笃庄,方宗熙,译.叶笃庄,校订.北京:商务印书馆,1997.
[171] 海德格尔.存在与时间[M].陈嘉映,王庆节,译.北京:生活·读书·新知三联书店,1999.
[172] 海德格尔.人,诗意地安居[M].郜元宝,译.桂林:广西师范大学出版社,2000.
[173] 施拉姆.传播学概论[M].何道宽,译.北京:中国人民大学出版社,2010.
[174] 福柯.词与物——人文科学考古学[M].莫伟民,译.北京:生活·读书·新知三联书店,2002.
[175] 米歇尔·福柯.知识考古学[M].谢强,马月,译.北京:生活·读书·新知三联书店,1998.
[176] 米歇尔·福柯.规训与惩罚[M].刘北成,杨远婴,译.北京:生活·读书·新知三联书店,1999.
[177] 中野美代子.中国人的思维模式[M].北雪,译.北京:中国广播电视出版社,1992.
[178] 列维·斯特劳斯.野性的思维[M].李幼蒸,译.北京:商务印书馆,1987.

[179] 恩斯特·卡西尔.符号、神话、文化[M].李小兵,译.北京:东方出版社,1988.
[180] 乔治·莱考夫.乔治·莱考夫认知语言学十讲[M].北京:外语教学与研究出版社,2007.
[181] 高守纲.试论词义引申的两种相反趋势[J].天津师范大学学报,1984(05):83-89.
[182] 刘叔新.汉语反义词语的类别和特点[J].世界汉语教学,1988(03):135-139.
[183] 张公瑾.语言的文化价值[J].民族语文,1989(05):1-7.
[184] 李先耕.汉语同源反义动词试论[J].学术交流,1990(03):135-142.
[185] 寻仲臣.喻四来源的再探索[J].齐鲁学刊,1990(03):121-126.
[186] 王玉鼎.反义同词的产生、发展和消亡[J].古汉语研究,1993(02):22-27.
[187] 陈中立.混沌学与真理论[J].中国社会科学院研究生院学报,1994(02):9-19.
[188] 郜元宝."语言的存在—存在的语言"——海德格尔论语言和存在的同一性关系[J].天津社会科学,1995(02):86-91.
[189] 殷寄明.上古喻纽字浅议[J].杭州大学学报(哲学社会科学版),1995(03):59-64+81.
[190] 陈保亚.语言影响文化精神的两种方式[J].哲学研究,1996(02):28-34.
[191] 朱声琦.喻母四等产生时代考辨[J].扬州师范学院学报(社会科学版),1996(04):109-112+144.
[192] 王宏印.存在与语言——前期海德格尔语言观剖析[J].陕西师范大学学报(哲学社会科学版),1997(04):44-50.
[193] 金理新.再论喻母古读[J].温州师范学院学报(哲学社会科学版),1998(02):2-8.
[194] 郑丽华.混沌中的哲学[J].广东社会科学,1998(01):71-74.
[195] 高一虹.沃尔夫假说的"言外行为"与"言后行为"[J].外语教学与研究,2000(03):182-189+239.
[196] 高一虹.沃尔夫的普遍主义思想[J].外语研究,2001(02):24-27+31-80.
[197] 兰萍.语言共性对"沃尔夫假说"的修正[J].外语教学,2001(06):26-31.
[198] 刘方.从创世神话看中西文化特性与审美精神[J].外国文学研究,2001(03):85-91.
[199] 王宁,黄易青.词源意义与词汇意义论析[J].北京师范大学学报(人文社会科学版),2002(04):90-98.
[200] 陈春文.海德格尔:语言的言说与物的分延[J].兰州大学学报,2003(01):53-57.
[201] 曾昭聪.同声符反义同源词研究综述[J].古汉语研究,2003(01):72-74.
[202] 李岗."媒介即讯息"与沃尔夫假说[J].西南民族大学学报(人文社科版),2004(01):411-414.
[203] 卢植.语言相对论对当代认知语言学的影响[J].外语学刊,2006(03):32-37+112.

[204] 彭富清.地磁模型与地磁导航[J].海洋测绘,2006(02):73-75.
[205] 吴锺.喻_四邪等母从上古到东汉的演变[J].温州师范学院学报(哲学社会科学版),2006(01):106-112.
[206] 叶起昌.重思真理、时间和话语——海德格尔语言观解读[J].外语学刊,2007(05):13-18.
[207] 张生新.混沌理论的哲学启示与理性重建[J].求索,2007(05):138-141.
[208] 郜元宝.汉语之命运——百年未完的争辩[J].南方文坛,2009(02):15-23.
[209] 陈光明.萨丕尔·沃尔夫假说:误读与重读[J].西安外国语大学学报,2011,19(04):21-25.
[210] 万秋菊.喻四上古读音试探[J].科教导刊(中旬刊),2011(04):142-143.
[211] 胡壮麟.人·语言·存在——五问海德格尔语言观[J].外语教学与研究,2012,44(06):803-814+959.
[212] 王俊,董勇英.中西创世神话相似性比较[J].时代文学(下半月),2012(03):94-96.
[213] 裘晨晖.再看沃尔夫假说——重读《论语言、思维和现实——沃尔夫文集》[J].西安外国语大学学报,2016,24(03):18-21.
[214] 高福进.太阳崇拜与太阳神话探源:一种原始信仰的世界性透视[J].青海社会科学,1999(05):90-95.
[215] 纪晓建.《楚辞·天问》之"阳离"与楚人太阳崇拜[J].兰州学刊,2010(11):152-155.
[216] 李修松.上古时期中国东南地区的太阳崇拜[J].历史研究,2002(02):20-31+189.
[217] 王晓毅."天地""阴阳"易位与汉代气化宇宙论的发展[J].孔子研究,2003(04):83-90.
[218] 朱振明.福柯的"话语与权力"及其传播学意义[J].现代传播(中国传媒大学学报),2018,40(09):32-37+55.
[219] 王寅,蔡琴.从MRC认知视野探索《果赢转语记》中的同源词[J].外国语文,2020,36(04):65-73.
[220] 吴淑琼.反义同词的转喻阐释[J].西华师范大学学报(哲学社会科学版),2010(06):77-82.